| **新文科** · 公共课精品教材 |

Etiquette Course
礼仪教程

蒋璟萍　主编

清华大学出版社
北京

内 容 简 介

礼仪是起源最早的文化活动,随着人类历史的发展而逐渐成为一种世界性的文化现象,并始终在人类社会生活中发挥着重要作用。进入现代社会,礼仪作为社会交往中必须遵循的行为规范和准则,影响并指导着人们各方面的生活,成为一个国家文明进步和公民素养的标志。本教材从阐述礼仪的起源与发展、礼仪的原则及功能入手,系统论述了个人礼仪、家庭礼仪、公共礼仪、职业礼仪、涉外礼仪的基本内容与要求。在对礼仪理论知识进行系统梳理的基础上,强调新颖性、形象性和实践性,使学生在理论学习和技能操作中掌握敬人、自律、适度、真诚等礼仪原则和相关的礼仪知识。本教材融入了国家社会科学基金课题"礼仪的伦理学视角"以及湖南省哲学社会科学重点研究基地——湖南省公民礼仪素质研究基地的最新研究成果,既可作为高等院校礼仪课程的教材使用,也可作为人们提高修养、陶冶情操的参考书。

版权所有,侵权必究。举报: 010-62782989,beiqinquan@tup.tsinghua.edu.cn。

图书在版编目(CIP)数据

礼仪教程/蒋璟萍主编. —北京:清华大学出版社,2021.8(2025.1 重印)
ISBN 978-7-302-58721-7

Ⅰ.①礼… Ⅱ.①蒋… Ⅲ.①礼仪—教材 Ⅳ.①K891.26

中国版本图书馆 CIP 数据核字(2021)第 143109 号

责任编辑:纪海虹
封面设计:傅瑞学
责任校对:宋玉莲
责任印制:宋 林

出版发行:清华大学出版社
网　　址:https://www.tup.com.cn,https://www.wqxuetang.com
地　　址:北京清华大学学研大厦A座　　邮　编:100084
社 总 机:010-83470000　　邮　购:010-62786544
投稿与读者服务:010-62776969,c-service@tup.tsinghua.edu.cn
质量反馈:010-62772015,zhiliang@tup.tsinghua.edu.cn
印 装 者:三河市龙大印装有限公司
经　　销:全国新华书店
开　　本:185mm×260mm　　印　张:17　　字　数:304 千字
版　　次:2021 年 8 月第 1 版　　印　次:2025 年 1 月第 13 次印刷
定　　价:68.00 元

产品编号:084390-02

主 编 简 介

蒋璟萍,女,1964年生于湖南道县。长沙理工大学副校长、二级教授、博士,享受国务院特殊津贴专家,湖南省新世纪121人才工程二层次人选,湖南省哲学社会科学研究基地——湖南省公民礼仪素质研究基地首席专家。长期从事礼仪文化研究与礼仪教育教学工作,擅长将礼仪学与伦理学、管理学等学科融会贯通,在礼仪文化的研究和传播方面有突出贡献。主持国家社科基金项目《礼仪的伦理学视角》《中国传统礼仪文化创造性转化和创新性发展研究》,主持教育部人文社会科学基金项目1项,主持湖南省哲学社会科学基金重大项目1项、重点项目3项、一般项目6项,主持湖南省自然科学基金项目1项、湖南省教育厅重点科研项目1项、教改项目2项。先后出版《礼仪的伦理学视角》《诚信的伦理学分析》《大学生创业教育讲座》《大学生创业环境论》《女性伦理与礼仪文化》《新经济时代的品牌理论》等著作,主编教育部推荐教材《现代礼仪教程》以及本科院校教材《现代礼仪》、中职教材《中等职业学校文明礼仪读本》、教育部礼仪训练教材《礼仪训练教程》,在《人民日报》《光明日报》《管理世界》《中国行政管理》等报刊发表论文70多篇,被《新华文摘》、中国人民大学复印报刊资料、人民网、中国社会科学网等转载11篇。获省高等教育教学成果奖二等奖1项、三等奖1项,省社会科学优秀成果奖3项。创造的"3+3"教学模式为高校礼仪教育提供了一种有效方法,为国家教育行政学院、国家部委以及高校机关、企事业单位和基层群众开设礼仪讲座400多场,主讲的现代礼仪系列讲座在"湖湘讲堂""湖湘大学堂"和湖南交通频道播出,产生了广泛的社会影响,被评为"全国城市妇女巾帼建功标兵"、湖南省"三八红旗手"和全国优秀社会科学普及名家。

| 第一章 | 礼仪概论 | 1 |

第一节　礼仪的起源 …………………………………… 1
第二节　礼仪的发展 …………………………………… 3
第三节　礼仪的内涵 …………………………………… 21
第四节　礼仪的功能 …………………………………… 29
第五节　学习礼仪的途径 ……………………………… 36

第二章　个人礼仪 ………………………………………… 41

第一节　个人礼仪概述 ………………………………… 41
第二节　仪容礼仪 ……………………………………… 43
第三节　举止礼仪 ……………………………………… 49
第四节　服饰礼仪 ……………………………………… 65
第五节　语言礼仪 ……………………………………… 77
第六节　持之以恒地涵养个人形象 …………………… 83

第三章　家庭礼仪 ………………………………………… 89

第一节　家庭礼仪概述 ………………………………… 89
第二节　家庭礼仪的主要内容 ………………………… 93
第三节　塑造民主和谐的家庭关系 …………………… 118

第四章　公共礼仪 ………………………………………… 120

第一节　公共礼仪概述 ………………………………… 120

第二节　公共礼仪的主要内容 …………………………………………… 122
　　第三节　以得体的方式彰显公民形象 …………………………………… 168

第五章　职业礼仪 …………………………………………………………… 173
　　第一节　职业礼仪概述 …………………………………………………… 173
　　第二节　商务礼仪 ………………………………………………………… 174
　　第三节　公务礼仪 ………………………………………………………… 194

第六章　涉外礼仪 …………………………………………………………… 210
　　第一节　涉外礼仪概述 …………………………………………………… 210
　　第二节　涉外礼仪基本内容 ……………………………………………… 216
　　第三节　外事活动礼仪 …………………………………………………… 222
　　第四节　常见国家礼俗 …………………………………………………… 235
　　第五节　塑造不卑不亢的交往形象 ……………………………………… 257

主要参考文献 ………………………………………………………………… 262

后记 …………………………………………………………………………… 265

第一章 礼仪概论

礼仪是起源最早的文化活动,随着人类历史的发展而逐渐成为一种世界性的文化现象,并始终在人类社会生活中发挥着重要作用。西方礼仪一般被理解为人际交往方面的风俗习惯、礼貌礼节以及基本的公德观念,与上层建筑和经济基础的重要方面结缘不多;而中国之礼仪自古涉及国家的典章制度,包含于经济、政治、法律、宗教、哲学、习俗、文学、艺术等范畴,产生过广泛而深远的影响,蕴含着深刻的伦理意蕴。进入现代社会,礼仪成为一个国家文明进步和公民素养的标志。在国际交往中,礼仪体现国格;在人际交往中,礼仪体现人格。礼仪是社会和谐行为的校正器,人际关系的润滑剂,影响并指导着人们各方面的生活,成为个人进步和组织发展不可或缺的工具和手段。

第一节 礼仪的起源

礼仪的起源和发展伴随着于人类历史的起伏。为了更好地了解礼仪的丰富内涵、功能和作用,有必要对礼仪的起源进行全方位的认识。

礼仪起源,可追溯到原始社会。随着原始社会生产力水平的不断提高,社会交往扩大,财产和权力的分割出现,原始先民意识到,要想构建和谐的社会关系,减少纷争和摩擦,必须遵循一定的行为准则,礼仪由此产生。关于礼仪的起源,可以归纳为以下几种。

一、礼仪源于俗

所谓俗,即民间的风俗。英国民俗学创始人汤姆斯(W. J. Thomas)将民俗称为"民众的知识"(或"民间的智慧"),即 Folklo。我国近代思想家刘师培曾说过:"上古之时,礼源于俗。"俗是礼的源头。自从有了人类社会,风俗就随之产生。原始社会最早的社会习俗,其实就是共同生活的人们用以维护人际关系的规矩,是一种约定俗成的规矩。只不过这种"规矩"被视为当然,内化成了习惯,人们没有意识到它是"规矩"而已,它其中某些内容经过演变,一旦上升为"礼",就变成了统治者所规定的言行准则。它包括了言行的外部表现——仪节,也包括仪节所蕴含的内容——思想。"俗",不过是现时的或过时的"礼"在百姓生活中的实践形式。礼仪在更高的文化层面上剥离了民俗原始的含义和价值取向,以更典范的行为方式更优雅地表达出主体的感情和动机。而民俗因其根植于民众生活的沃土,有着更强的现实感和历史内容,也因此更富有活力。

二、礼仪源于祭祀

远古先民对生存环境中出现的风雨雷电、洪水猛兽、日月星辰、自然界生老病死等自然现象感到迷惑不解,认定冥冥之中存在着一种超越现实和自然的力量即鬼神,认为一切不可解释的神秘奇迹和令人惶恐的灾祸现象,都源于鬼神的意志驱使。为了去祸降福,原始先民把最好的食物虔诚地供奉给鬼神,由此形成了庄严而隆重的祭祀仪式。郭沫若就曾说过:"礼是后来的字,在金文里面我们偶尔看见有用'豊'字的,从字的结构上来说,是在一个器皿里面盛两串玉以奉事于神,《盘庚篇》里面所说的'具乃贝玉'就是这个意思。大概礼之起,起于祀神,故其字后来从示,其后扩展而为对人,更其后扩展而为吉、凶、军、宾、嘉的各种仪制。"[①]因此,许多学者都认为礼仪源于人们敬神祈福时的祭祀活动。

三、礼仪源于人际交往

中国人认为礼仪起源于男女交往。在古人眼里,男女有别,必须用礼来区分。古人传说,华夏第一对夫妻伏羲与女娲在结婚时,伏羲"制嫁娶以俪皮为礼",从此就有了礼。人们在交往中,难免有喜怒哀乐,礼的作用在于使之"发而皆中节"(《中庸》),即恰到好处,而不对别人造成伤害,于是便有相应的种种规定。司马迁认为:"缘人情而治礼,依人性而作仪"(《史记·礼书》)。人的喜怒哀乐有合理的一面,也有容易失控的一面,礼仪源于节人之欲和协调人际关系的需要,儒家制礼就是要促使人的性情得以其正。西方人认为礼起源于原始人类的交往活动。法国文化人类学家莫斯在他的名著《礼物》(The Gift)中认为古代社会曾流行过一种"全面馈赠制",即原始人的物品交往是通过一种"全面馈赠礼物的形式进行的"[②]。

其实,礼仪的产生不仅仅局限于一物一事。它是风俗、祭祀、人情等交往活动的

---

① 郭沫若.十批判书·孔墨的批判[M].北京:人民出版社,1954:82-83.
② [法]马尔塞·莫斯.礼物[M].汲喆译,上海:上海人民出版社,2002:102.

综合产物。由于礼仪产生于蒙昧社会向文明社会的过渡阶段,其所涉及的范围十分广泛,实际上渗透于社会生活的方方面面,因而它的产生有着深刻的人类文化根源和社会基础。随着社会的发展,礼仪在各国的发展轨迹各不相同。在中国,原始的礼仪被引入到宗法社会人们日常的行为规则中,又延伸为区分尊卑贵贱、亲疏等级的严格的礼法礼典,进而扩展到政治体制,形成了一整套维护统治秩序的系统而完整的社会治理程式。礼不仅成为日常行为的规范与准则,同时还是古代社会的政治、经济制度的体现,起着"经国家、定社稷、序民人、利后嗣"(《左传·隐公十一年》)的作用。而在世界其他民族,礼仪虽然也是起源最早的文化之一,但随着第一代文明的消亡,礼仪文化并未形成制度和系统的思想,而是随着宗教与神学的兴起而渐隐其中。在中世纪,特别是在欧洲,对于一般社会群众,"礼"作为"礼俗"存在于人们的生活之中;对于上层社会,"礼"则作为交往之仪节、礼貌之表征。西方人也非常重视礼仪,他们将礼仪视为一切"美德之源",只不过,礼仪并未成为其民族文化的根本特征,只成为仪礼或仪式活动的总称,英语为 rite。

第二节 礼仪的发展

随着经济的发展,礼仪活动的物质条件得以改善;随着政治的发展,礼仪成为维护政治秩序的手段。礼仪在发展过程中,受到经济和政治因素的重要影响,这是一条基本规律。礼仪的发展也有着相对的独立性和历史继承性,体现着文化的源流和进步。同时,礼仪作为一种文化形态,还有其发生作用的独特机理:一是礼仪从观念、行为到习惯的内化机理;二是从规范、风俗到秩序的外化机理。礼仪通过群体内部的文化认同形成凝聚力,通过社会角色的扮演体现群体的外部形象。礼仪具有文化控制手段的软约束特征,具有非正式制度的非直接强制性特征,礼仪控制主要通过社会评价和内心反省的途径来实现。

一、中国传统礼仪的发展历程

中华民族的礼仪文化源远流长,绵延数千年,独具内涵,被称为"礼仪之邦"。与其他民族的礼仪相比,中国传统礼仪具有独自的发展路径和独特的文化内涵。

(一)从萌芽到发展

大约公元前3500—前2100年,夏朝建立前的原始社会,大致可认为礼仪文化开始萌芽。

那时国家尚未出现，原始氏族部落内部用风俗习惯将社会生活的各个方面加以了详细而又具体的规定，形成了各氏族成员之间的关系准则。虽然这些风俗习惯比较简单而且不成文，但对氏族成员的行为具有很大的约束力。

根据大量的考古资料，在黄河、长江中下游和辽西、燕山地区，许多公元前3500—前2000年的遗址上都发现了"礼制""礼仪"和"礼器"的遗迹。如一些特殊的玉器、漆木器和陶器造型精美、纹饰独特、质料上乘，为权贵拥有并具有特殊含义，这应该可以说成是"礼器"。

"礼器"的出现，意味着有"以礼配器"的等级名分制度也就是"礼制"的存在。一些先民留下的祭坛以及后来传入夏、商、周的祭礼的出现，也说明当时已出现了祭祀礼仪。

夏、商、周至两汉时期，中华传统礼仪于螺旋式的发展中趋于基本成形。

夏礼最早出现，较为简朴，从《诗经》《礼记》可以看出当时忠孝之道已基本形成；已有学校，入学择春仲吉日；乡人于十月跻公堂，行饮酒之礼；礼器众多，宗庙器具颇为讲究，一般雕刻成鸡、龙等形状，等等。

殷商巫祀之礼发达，礼器复杂多样，肃穆神秘，用于礼乐的乐器也十分发达。殷人好占卜，把占卜的行为与言辞都刻在龟甲与兽骨上，称为甲骨文，又称殷墟卜辞。

周礼更为成熟完备。孔子曾说："周监于二代，郁郁乎文哉！吾从周。"（《论语·八佾》）应该说，周礼是我国奴隶社会最严谨、最庞大、最文明的礼仪制度。历史上有名的"周公制礼"就发生在这一时期，其时制定了《周礼》《仪礼》《礼记》，世称"三礼"，开始区分贵贱、尊卑、顺逆、贤愚等人际交往准则。在这一阶段，经过西周统治者的不断改造，礼仪被赋予宗法封建的等级规定，严密而繁复，成为一种政治制度和伦理体系。

春秋战国时期，诸子百家争鸣，礼仪也产生了分化。一部分礼仪成为制度进入国家典章，成为国礼；一部分礼仪随着民众交往变成礼俗或成为家礼。《管子·牧民》中有"大礼"和"小礼"之说，注释为："礼其大者在国家典章制度，其小者在平民日用居处行为之间。"当时社会对于礼仪的态度也有分歧，比较有影响的有：儒家，以孔子、孟子为主的儒家学者系统地阐述了礼的起源、本质和功能，在理论上全面而深刻地论述了礼在社会生活和国家治理中的作用与意义；道家，崇尚自然无为，主张废除一切礼仪；法家，推崇强权政治，主张以法代礼；墨家，主张平等、博爱、利他，强调以义代礼。其中，儒家礼制的形成，对后世治国安邦、施政教化、规范社会行为、培养道德人格起到了不可估量的作用。

秦朝尊尚法家,但历时不长,随秦朝崩溃而告一段落。到汉朝,汉武帝深感没有严格的君臣礼仪,国家必乱,于是"罢黜百家,独尊儒术",将《诗》《书》《礼》《易》《春秋》合称为"五经",其中的《礼》就是"三礼"中的《仪礼》。汉武帝使儒学所倡导的礼真正上升至国家治理层面,并直接影响之后的中国。由此,中国传统礼仪基本成型。

从三国、魏晋南北朝到隋唐五代和两宋时期,中华传统礼仪不断发展和完善。

魏晋南北朝是中国礼仪的重要发展阶段,吉礼、凶礼、军礼、宾礼、嘉礼——"五礼"成为国家的礼仪制度就发生在此时。五礼体系始于魏晋之际。汉末三国是五礼体系的孕育期,魏晋之际到萧梁前(北朝至北魏末)是五礼体系的发育期,萧梁至隋是五礼体系的基本成熟期。师古与适用是此时期人们制定礼规的原则。魏晋南北朝时期的五礼不仅仅是一种制度,也是一种实践。其重根本、尚往来的思想,既是对秦汉时期礼仪的继承,同时又具有鲜明的时代特征。五礼在魏晋之际制度化,有其深刻的历史和现实原因。儒学内部古文经学战胜今文经学,是魏晋之际五礼制度化的历史及学术原因,而迫切的社会需要,则是五礼制度化的现实原因。[①] 魏晋南北朝对五礼的实践,于五礼制度作用的呈现具有重要意义。

在魏晋南北朝时期,曾经出现过玄学、佛教、道教对儒家礼学的挑战,但传统礼仪并未受到重创,倒是引起统治者顺应形势,注意变革。如曹操父子对薄葬风气的倡导,就对魏晋两朝的丧葬礼仪产生过积极的影响。而刘备告诫其子刘禅的遗诏中"勿以恶小而为之,勿以善小而不为",诸葛亮《诫子书》中"非淡泊无以明志,非宁静无以致远"等,无不开家训类文字之先河。北齐颜之推的《颜氏家训》,堪称家礼之典范,古今家训,无不受其影响。

隋唐文化空前繁荣,同时也给礼仪的发展注入了强大活力。隋朝开国之初,即对南北朝礼仪文化兼收并蓄,制定《仪礼》百卷,整理制定《露布礼》,并于开皇十四年定封禅礼。之后,随着国家的统一,政治稳定,经济繁荣,又修订"五礼"。大业元年,制定舆服之制,使礼制定于一尊。唐太宗贞观十一年编订了《贞观礼》,唐高宗显庆三年又编订了《显庆礼》,到开元盛世,唐玄宗在隋礼和《贞观礼》《显庆礼》的基础上,主持纂修《大唐开元礼》。《开元礼》以其系统性和完整性,成为传统礼仪的最高典范。杜佑撰写《通典》,其中《礼典》一百卷,更是仪制研究的里程碑。

随着宋代理学的兴起,理学家对礼治思想的阐述,进一步强化了礼治秩序。程颐解释《论语·八佾》说:"礼者,理也,文也;理者,实也,本也;文者,华也,末也。理是一

[①] 梁满仓.论魏晋南北朝时期的五礼制度化[J].中国史研究,2001(4):27.

物,文是一物。"(《二程集·遗书》)朱熹又说:"礼者,天理之节文,人事之仪则也。"(《论语集注》卷一)在理学家看来,礼仪只是一种外在的形式,而其实质就是"理"。这个理,就是所谓的天理,也就是传统礼仪的核心——纲常伦理。同时,宋代一些学人致力于家礼、乡规民约、家训格言一类文字的撰写,成为传统礼仪的重要补充,对于民众的行为规范有着重要的指导意义。如南宋朱熹在《书仪》的基础上撰写《家礼》,北宋京兆蓝田的吕大忠也曾为家乡制订乡约,人称《蓝田乡约》。在家训方面北宋司马光的《居家杂仪》和南宋陆游的《放翁家训》对后世也产生了很大的影响。他们谆谆告诫自己的子女"谨守礼法""宽厚恭谨",充分重视家庭在整个社会生活中的重要作用。总之,唐宋以后,礼仪开始从朝廷典章制度走向民间,其内涵外延开始发生变化。

元、明、清三代,随着封建社会逐渐走向衰亡,传统礼仪也受到很大冲击。

从宋至元,游牧文化与农耕文化就一直碰撞与交融,特别是元朝时蒙古族入主中原,带入了大量游牧民族的风俗习惯,对中原的传统礼仪造成巨大的冲击。元朝时将人分为四等,汉人与南人屈居蒙古人、色目人之后;将职业分为十等,知识分子屈居工匠、娼妓之后而位居"老九",所谓"九儒十丐",可见统治者对农耕文化的排斥心态。虽然忽必烈也曾改革旧俗,推行汉制,但仅仅对朝廷礼仪予以重视,对民间礼俗则少有顾及。

至明朝,朱元璋认为"贵贱无等,僭礼败度"是元朝崩溃的主要原因,所以特别注意礼仪制度的推行,按贵贱等级差别将衣食住行规定得格外严格,不许有丝毫僭越之举,"凌侮者论如律",当时的德庆侯廖永忠就是因为僭用龙凤花纹被处以极刑。从嘉靖年起,出现了一股逾越礼制的思潮,对传统礼仪形成了一定的冲击。

至清朝,满族入主中原,再度强化了礼仪的地位,特别是与传统礼仪相结合,将礼仪制度的封建性推向极端。清朝国家法律明确承认宗族的司法权,族长教训子弟,施以家法甚至处死,都是无罪的。乾、嘉年间礼学研究又趋于昌盛,礼经学的名家、名著为数不少,如徐乾学的《读礼通考》、凌廷堪的《礼经释例》、胡培翚的《仪礼正义》、黄以周的《礼书通故》、孙诒让的《周礼正义》等,都在礼学史上占有重要位置。清末,随着西方文化的进入,中西文化的碰撞以及新文化的崛起,中国传统礼仪开始面对剧烈挑战。

辛亥革命以后,受西方资产阶级"自由、平等、民主、博爱"等思想的影响,中国传统礼仪中与宗法、专制制度相关联的行为准则受到强烈冲击。

孙中山当选南京临时政府大总统时期颁布了一系列法令文告,"废除贱民身份,许其一体享有公民权利""革除前清官厅称呼""晓示人民一律剪辫"等,表明了与封建制度的彻底决裂。"剪辫子""易服装""脱帽、鞠躬、握手、鼓掌、洋式名片",见面称呼"同志"、"先生"、"君",男女公开接触,自由恋爱,女子放足,婚礼新办等,掀起一股礼仪革新的新风。1919年爆发的五四运动使传统礼仪中一些封建的东西逐渐被抛弃,同时接受了一些国际上通用的礼仪形式,自此开启了中国传统礼仪近代化的新阶段。

中华人民共和国成立后,逐渐确立以平等相处、友好往来、相互帮助、团结友爱为主要原则的具有中国特色的新型社会关系和人际关系,标志着中国礼仪进入了一个崭新的阶段,也为中国传统礼仪的创造性转化和创新性发展奠定了良好的社会条件。

虽然"文化大革命"期间,传统礼仪文化受到很大冲击,但改革开放以来,随着经济社会的发展,传统礼仪文化的创造性转化和创新性发展逐渐摆上议事日程。1981年,全国工、青、妇等单位联合向全国人民特别是青少年发出倡议,开展以讲文明、讲礼貌、讲卫生、讲秩序、讲道德和心灵美、语言美、行为美、环境美为主要内容的"五讲四美"文明礼貌活动。中宣部等单位下发的关于开展文明礼貌活动的通知指出:"我们的国家和民族历来有'礼仪之邦'的称誉。我们在社会主义现代化建设中,要继承和发扬中华民族的优良传统,建设高度的社会主义精神文明。"礼仪文化建设作为思想道德建设的任务受到重视和褒扬。2001年,中共中央、国务院印发的《公民道德建设实施纲要》,把"明礼诚信"作为基本的道德规范之一加以倡导,强调要开展必要的礼仪、礼节、礼貌活动,引导公民增强礼仪、礼节、礼貌意识。党的十六大提出了全面建设小康社会的奋斗目标,要求在加强物质文明、政治文明建设的同时,大力加强精神文明建设。而加强精神文明建设关键是要抓住两条:第一,要立足改革开放和现代化建设的实践,培育人民群众的伟大创业实践所需要的思想道德观念;第二,要立足中华民族的伟大民族精神,培育具有民族特色的道德精神和道德观念。其中,礼仪作为精神文明建设的重要内容成为社会道德实践的迫切需要,我国的礼仪文化建设迎来了一个新的春天。

(二)中国传统礼仪的独特内蕴

孟德斯鸠在《论法的精神》中曾精辟地指出:中国政体的特殊性在于中国的立法者"把宗教、法律、道德、礼仪都混在一起,这一切都是行善,都是美德。有关这四方面的箴规就是礼教。正是由于严格遵循这些礼教,中国的统治者取得了胜利。"[1]绵延数千年的中国礼仪文化举世无匹,独具内涵:中国传统伦理中的"礼",既包含了礼,也

---

[1] [法]孟德斯鸠.论法的精神[M].陈立坚等译.陕西:陕西人民出版社,2001:355.

包含了礼仪、礼教,礼、礼仪、礼教是礼的结构中三个重要的范畴,它们共同构成了"礼"的基础性的逻辑构架,有着紧密的内在逻辑关联。

1. "礼"是典章之礼

在中国,"礼"字的出现,不只是文化上的创新,而且是制度上的提升。从周公制礼开始,其所设计改造的礼仪就与分封制、宗法制相辅而行,作为最根本的国家制度,对维护宗法等级制度产生着重要作用。在"礼"的名义下,各种礼仪、仪节被整合成系统化的礼制,成为统治天下的手段和工具。经过以孔子为代表的儒家的不懈努力,礼的形态开始趋于成熟和完备,《周礼》《仪礼》《礼记》等礼书的出现,让礼以文本形态得以固定,使礼治有了具体的参照,使礼仪的传承得以跨越时空的限制而长足地发展,形成了以"礼治"为核心,由"礼制""礼仪""礼器""礼乐""礼教""礼学"等内容融会而成的形态完备的礼。由此,礼不仅成为日常行为的规范与准则,同时还是社会的政治、经济制度的体现,被非常突出地用于国家的治理,即所谓的"礼治"。统治者通过"礼制""礼仪""礼器"等内容和手段,来维护和协调人伦、等级关系,从而达到社会的稳定和牢固。由于政治与宗法的合一性,使得礼学带有浓厚的宗法和伦理色彩。它注重传统,以宗法血缘家庭的观念理解和处理人际关系,提倡群体本位,强调等级秩序,追求社会的和谐。它所倡导的人际交往的准则,是由"老吾老以及人之老,幼吾幼以及人之幼"等亲亲敬长推演而来,并因此形成父子有亲、君臣有义、兄弟有敬、朋友有信的内在逻辑链条。

2. "礼"是道德之礼

早在周公制礼时,就在礼仪中导入了道德的意蕴,使周礼在内蕴上更为广博。王国维说:"且古之所谓国家者,非徒政治之枢机,亦道德之枢机也。""制度典礼者,道德之器也。"[①]故知周之制度典礼,实指为道德而设,"德"与"礼"的结合在此得到了很好的体现。在中国古代,循礼尊德重人事,内在具有逻辑的相关性。礼,不仅是典章之礼,同时还是道德之礼,伦理之礼,教化之礼,个人内在的德性之礼。著名礼学家钱玄先生说,礼的范围之广,与今日"文化"之概念相比,有过之而无不及,礼学实际上就是"上古文化史之学"[②]。的确,中国的"礼",实际上是儒家文化体系的总称,是中国社会的行为规范和准则,体现了道德意识与道德行为的有机统一,体现了传统道德价值系统的根本特征,因而成为传统社会制度的巨大维系,成为传统文化之核心和精髓。

---

① 王国维.观堂集林(卷十):殷周制度论[M].北京:中华书局,1959:475.
② 钱玄,钱兴奇.三礼辞典·自序[M].江苏:江苏古籍出版社,1998:1.

3. "礼"是教化之礼

在中国传统教育中,礼仪是道德教育的核心。《礼记》说:"礼者,德之端也,乐者,德之华也。"认为礼是培养德行的启蒙之物,"不学礼,无以立。"(《论语·季氏》)"人无礼则不生,事无礼则不成,国家无礼则不宁。"(《荀子·修身》)以孔子为代表的儒家们,自觉地承担起宣传、论证礼的任务,逐步形成了较为完整的礼的理论体系。孔子将礼与仁、义联系起来,以仁释礼,将传统的礼与宗法制结为一体,使之成为国家之礼;将礼作为修身之本,视为人们普遍的行为准则,使之成为道德之礼;将礼作为教化的重点,开启了"礼下庶人"的历史进程,使之成为教化之礼,他本人也成为礼教的"至尊先师",其礼学思想备受后世统治者的推崇,成为维护皇权的绝好工具。儒家礼学经历了先秦元典礼学、汉唐礼学和宋明礼学等不同理论形态,随着中国社会的历史变化而不断演变,至尊地位得以确立,礼学的内容和理论思辨层次得以不断提升,学礼、用礼、保礼成为治理国家、教育民众的强大工具。

4. "礼"是民俗之礼

中国文化的发生是多源的,地域性文化可以追溯到史前时期,可谓"十里不同风,百里不同俗"。"中国传统社会不同于西方古代社会依恃宗教,也不同于西方现代社会依恃法律,而是利用礼俗进行调控。"[①] 从周代开始,中国社会就有了"采风""观俗"的现象。官员、文人到民间去"移风易俗",一方面了解民间的风俗,进行整合;一方面加强教化,以礼化俗。这种雅与俗、庙堂文化与民间文化的沟通,使"礼"与"俗"互相调适,不断融合。既可"缘人情而制礼,依人性而作仪",又可"礼失而求诸野",根据风俗的变化,对礼进行调整和变通。正因为如此,形态、内涵各异的习俗,与礼制、礼教才没有发生特别激烈的冲撞和激荡,这正是礼俗统一的一个效应。另外,礼仪与宗教的整合,也是中国文化的一种独特品性。汉代以后,儒、释、道开始在中国多元并存,它们互相影响,互相渗透,逐渐走向"三教合流"。特别是南北朝隋唐以后,"三教合流"更是成为社会发展的一大趋势。不仅反映在社会上层,而且还体现于民间生活。虽然记录在《仪礼》《礼记》中的儒家传统的礼仪规则,一直被社会沿用,然而佛、道以及阴阳家对民间活动的影响、浸染,也逐渐加深。但儒家对佛、道、阴阳家的观念和方式的接受是局部的,被采入礼制的只是一些细节,对于礼的基本问题则不可侵犯、坚决维护。虽然儒、释、道共存共融,在某些方面界限并不明确,但统治阶级用礼来保持与佛、道等的泾渭分明,从而在典章制度的层面上,有效地维护了中国传统社会的宗

---

① 杨志刚.中国礼仪制度研究[M].武汉:华中师范大学出版社,2001:566.

法、专制制度,以及与之相关联的一套行为准则。

(三)中国传统礼仪的现代转型

由于中国传统礼仪的发展经历了太多的曲折,人们对礼仪的认识出现了偏差。在现代中国,传统礼仪的"典章之谓"已不存在,礼仪已不再是社会政治、经济制度的集中体现,其用于国家的治理的功能淡化;礼仪的"教化之谓"逐渐淡化,礼仪不再是教育的核心内容,在我国的教育体系里,没有礼仪的专业与课程,没有统一的教学内容和师资培养渠道,一以贯之的礼仪教育难以形成;礼仪的"道德之谓"也已弱化,虽然文明礼貌一直是道德建设的重要内容,但运用礼仪的道德功能去规范人格的养成和塑造,规范人们的行为方式,使礼仪成为人们乐意接受的道德约束,自觉遵循的道德规范,努力追求的道德修养,明显做得不够;礼仪的民俗性虽然得以传承,但民间的礼仪活动有点杂乱无章。有的对传统礼俗津津乐道,精华糟粕,一并继承;有的却将传统礼俗视为繁文缛节,全盘否定、追求西化;还有人认为礼仪的遵循纯属个人私事,与他人无关,全凭个人好恶等等。中西文化的碰撞,新旧思想的交锋,使得我们这个时代的礼仪实践格外纷乱,出现了旧"礼"渐去,新"礼"未构,功能模糊的状况,研究新时代下中国礼仪文化的内涵、构架及其功能,并基于新时代社会的发展需求对**中国传统礼仪进行创造性转化和创新性发展**显得格外紧迫。

2011年1月20日,教育部印发《中小学文明礼仪教育指导纲要》,认为:礼仪对于提升全民族的文明素质,增强国家的文化软实力具有重要意义。提出中小学文明礼仪教育的总目标是:让学生知道中国是具有悠久历史的文明古国,礼仪之邦,礼仪文化源远流长。让学生懂得文明礼仪是当代公民必备的基本素质,是做人的基本要求。让学生了解文明礼仪的基本内容,懂得文明礼仪是个人文化、艺术、道德、思想等修养的表现形式,是人们完善自我、与人交往的行为规范与准则。让学生掌握基本的谈吐、举止、服饰等个人礼仪,以及在家庭、校园、公共场所等社会生活领域的交往礼仪,养成文明礼貌的行为习惯,做优雅大方、豁达乐观、明礼诚信的合格公民。这是我国在基础教育领域首次对礼仪教育进行总体规划和具体安排。

2019年10月,中共中央、国务院印发《新时代公民道德建设实施纲要》(以下简称《纲要》),认为:"中国特色社会主义进入新时代,加强公民道德建设、提高全社会道德水平,是全面建成小康社会、全面建设社会主义现代化强国的战略任务,是适应社会主要矛盾变化、满足人民对美好生活向往的迫切需要,是促进社会全面进步、人的全面发展的必然要求。""加强公民道德建设是一项长期而紧迫、艰巨而复杂的任务,要适应新时代新要求,坚持目标导向和问题导向相统一,进一步加大工作力度,把握规律、积极创新,持之以恒、久久为功,推动全民道德素质和社会文明程度达到一个新高度。"《纲要》共有七个部分,包括:新时代公民道德建设的总体要求;重点任务;深化道德教育引导;推动道德实践养成;抓好网络空间道德建设;发挥制度保障作用;加强组织领导。《纲要》对什么是新时代的公民道德以及如何建设新时代的公民道德进行了总体安排。

《纲要》在第二部分"重点任务"中,提到要发挥各类阵地道德教育作用,营造明德守礼的浓厚氛围。在第四部分"推动道德实践养成"中,明确提出充分发挥礼仪礼节的教化作用,认为礼仪礼节是道德素养的体现,也是道德实践的载体;要制定国家礼仪规程,完善党和国家功勋荣誉表彰制度,规范开展升国旗、奏唱国歌、入党入团入队等仪式,强化仪式感、参与感、现代感,增强人们对党和国家、对组织集体的认同感和归属感;要充分利用重要传统节日、重大节庆和纪念日,组织开展群众性主题实践活动,丰富道德体验、增进道德情感;要研究制定继承中华优秀传统、适应现代文明要求的社会礼仪、服装服饰、文明用语规范,引导人们重礼节、讲礼貌。

相较于2001年的《公民道德建设实施纲要》,《新时代公民道德建设实施纲要》(以下简称《纲要》)对于礼仪的作用以及发挥作用的途径界定得更加清晰明了,为新时代的礼仪文化建设提供了理论支撑和实践指导。《纲要》把礼仪作为基本的道德规范加以倡导,这是目前我国的主流语境对礼仪界定最明确的表述,这意味着在当代中国,礼仪被确切地定位于道德的层面,成为一切社会活动的德性要求。这个定位是准确的。因为在我国的文化视野中,礼仪本身是蕴含着伦理学意义的"仪",礼仪与道德的结合是中国传统文化的重要特征,作为人们在社会生活中遵循的行为规范和准则,礼仪与道德的关系如水乳交融。从领域、内容上划分,礼仪是社会公德;从层次、形式上划分,礼仪是行为道德;从部门、行业上划分,礼仪是职业道德。对礼仪的伦理功能进行现代解读,有助于我们深刻理解礼仪的重要意义,从而充分发挥礼仪在道德建设和精神文明建设中的作用。

由此,中国的礼仪文化建设,步入了一个新的时代。

二、西方国家礼仪的发展轨迹

东方与西方具有不同的地域和文化含义。就地理位置而言,中、日、韩、越南、泰国等处于东半球欧亚大陆东部、南部和中西部的国家,通常被称为东方国家,而欧盟国家、北美、澳大利亚和新西兰等处于西半球、北半球的国家,通常被称为西方国家。生活于此的人们,通常被称为"东方人"和"西方人"。菲利普·尼摩在《什么是西方》

中指出,五个关键基本要素或称"五大奇迹"构筑成当今的西方,它们是:(1)古希腊民主制、科学和学校;(2)古罗马法律、私有财产观念、人的个性和个人主义;(3)《圣经》的伦理学和末世学革命;(4)中世纪教皇革命的人性、理性将雅典、罗马和耶路撒冷三要素融合;(5)启蒙运动的自由民主改革。因此,有时候西方意识形态占主流的国家也被称为西方国家。①

(一)西方国家礼仪的产生和发展

西方国家的礼仪产生与西方"公民"的出现密不可分。"公民"最早起源于古希腊城邦的政治生活,当时公民不仅表示人的地位和身份,也表示"高尚的人""道德的人"。13—14世纪,欧洲一些城市的独立和自治运动推动了城市的发展,形成了通常意义上的"公民",公民道德得到长足发展。随着近代西方社会的兴起和社会契约论的确立,出现了公民权利的要求,围绕追求个人权利和公共的善,形成了各种具有道德意义的行为方式,那时,尊重他人、善待自己就成为社会普遍的善,西方国家的礼仪就是在这种背景下产生的。

西方礼仪最早起源于12世纪法国地区的骑士精神,可以追溯到更早的西班牙摩尔人时期。那时在法国的阿基坦逐渐形成了一种主要由皇室、贵族和教士组成的新型上层阶级社会。它遵循一种新型的社会规范,逐渐发展起来影响了整个西欧。新规范限制暴力,约束暴躁和伤人的欲望,它极大地改变了社会。

自骑士时代以来,法国人便成了礼仪方面的专家,他们把自己对礼仪的建议和阐述传播到欧洲其他国家,又从欧洲传播到美洲,现在许多已经成为国际礼仪通则。如今,大量关于服饰、言行和举止的礼仪书籍,实际上源自中世纪的西欧宫廷礼仪。那个社会要求谙识世事又有修养的绅士既要刚直不阿,又要勇敢、忠诚、富有正义感,妇女则要谦虚、温顺、贞洁、富有同情心。西方人普遍认为,稍微烦琐的礼仪能避免品行上的疏忽,这些礼仪常识在很大程度上决定着人们是否能够愉快交往,所以特别注意基本礼仪常识的培养,将礼仪看成维护公共秩序的重要手段,认为培养公民遵守行为的规则、礼节性的规则,如"不要说粗话,不要打断别人的说话,不要拥挤,不要偷东西,不要撒谎……"等,是一切道德之源。认为"文雅举止先于并且导致善良的行为,道德犹如一种心灵的礼貌,一种自我约束的礼仪,一种内心生活的礼节,一种我们责任的法规,一种最重要的仪式。反过来说,礼貌好比一种身体的道德,一种行为的伦

---

① [法]菲利普·尼摩.什么是西方[M].阎雪梅译,广西:广西师范大学出版社,2009:27-28.

理,一种社会生活的法规……它只是美德的表象,却能使美德变得可爱……因此道德——通过礼貌——从最底部开始"。① 于是,礼仪在符合公民仪式的个人行为中习俗化、惯性化,成为公民的日常行为准则和普遍性的道德要求。

(二)立足于道德教育中的礼仪教育

在西方国家,道德教育被称为培养人的德性教育,即通过培养道德情感、道德判断、道德实践动机与态度,提高道德素质与实践能力的教育。礼仪和道德教育在西方也是一个古老而又崭新的问题。

英语 morality 的词源是拉丁语的 mos mores moralis。起初意味着传统的习惯之意,而 ethical 的词源则是希腊语的 ethika,源于 ethos,意为风俗、习俗、传统性的惯例。在《尼各马可伦理学》中所谓 ethika 具有"习俗、人品"的涵义,认为人所具有的种种的德性可以大体划分为两类,一类是牵涉理智的德性,另一类是牵涉人品的德性。理智德性大部分可以通过教育方式而产生或增长,而人品之德性则出于习惯。② 可见,第二类的德性中牵涉风俗、习惯、传统惯例和人品之德性,当然也包含人们的礼仪习惯。因此可以说,西方的道德教育包含礼仪教育,礼仪教育是道德教育的重要组成部分。

在美国,学校道德教育的主要目标和内容,一是注重热爱国家、对国家忠诚的教育;二是注重"责任公民"的教育;三是注重个人基本道德品质的教育,这是美国学校道德教育一贯强调的目标之一。从各州的规定以及各种有关道德教育的教材中可以看到,美国强调的基本的道德品质,主要包括诚实、真诚、正直、勇敢、公正、自律、善良、乐于助人、尊重他人、自我完善等。学校还开设有"人际关系"课,该课程中注重讲授人类之间的相互联系与制约,使学生认识到自己既是独特的个人,同时也是人类整体的一部分,帮助学生从整个世界和全体人类社会出发来确定自己的道德观念和行为。具体地说,也包括人际交往中的礼仪准则。

在英国历史上,道德教育主要是通过宗教教育来实施的,目的是培养典雅高贵的古典绅士所应具有的道德规范和行为举止。学校注重按英国社会传统、用贵族的道德规范和行为举止要求来教育学生,偏重于日常言行和服饰礼仪方面的内容,注重个人品德的培养教育。英国在学校课程的规定中指出:学校教育的内容和方式必须适当地反映社会的基本价值观。英国历来提倡培养一种有德性、有礼仪、有学问的绅士

---

① 蒋璟萍.东西方礼仪教育之比较[J].湘潭大学学报(哲学社会科学版),2006(5):144.
② 苗力田.古希腊哲学[M].北京:中国人民大学出版社,1990:572-573.

风度的人。英国小学教育的目标中规定:鼓励儿童对文明的兴趣和关心;帮助儿童树立责任感;启发他们树立理想;培养他们的情操,能理解并效法生活中最优秀的范例。在国家规定的学校课程中指出:学校道德教育旨在谋求促进正直、体谅他人的行为以及学生对行为和信仰之间的关系具有一种正确的认识。从 20 世纪 70 年代以来,在英国学校中普遍使用了《生命线》系列教科书,通过正式上课来进行道德教育。这门道德课是作为学校的一门选修课,注重于倡导人们体谅关心他人、为他人着想的道德教育宗旨;主张气质修养、行为举止的培养应与发展学生道德教育宗旨;主张气质修养、行为举止的培养应与发展学生道德判断力结合起来,创造一个关心人的课堂环境、学校环境和社会环境。在这种环境中,可以观察、体验、学到许多道德准则,其中也包括一些文明、高雅的行为举止和礼仪习惯。

在德国,1919 年的德国宪法就十分强调所有学校均须按照德意志民族性的精神及各民族和解的精神努力进行道德、公民意识、个人技能和职业技能方面的教育。"二战"后,德国法西斯政权的垮台,使德国人跌入了一种精神低谷,甚至对以前提倡高尚和崇高美德也不再相信。德国的教育家鲍勒诺(O. Bollnow)针对当时的情况提出了"朴素道德"的新观念。朴素道德观主张:自觉忠实地承担自己的责任;老实坦诚地和人交往;同情他人,乐于帮助处于困境中的人;尊重他人,理解他人的行为习惯;言行一致,举止端庄。德国的学校一般不设专门的品德教育课,德国中小学校里的思想品德教育,一般称为"个人的社会健康教育",或者"社会化过程"。其目的是让孩子懂得平常做人的基本道理,如何自律以融入社会,成为社会的一分子。"个人的社会健康教育"主要包括四个核心观念:热爱生命、公正平等、诚实、守信。

在法国,18 世纪法国大革命之前的漫长历史时期中,法国属于一个以农业经济为主的封建制国家。当时的学校并不开设专门的道德课,而主要是通过传授天主教的教义、教规,通过参加宗教仪式、活动来培养具有虔诚的宗教信仰,符合封建贵族举止、礼仪的一代人。第二次世界大战后,在学校道德教育目标中,增加了培养学生具有群体生活的良好态度和习惯,与人和睦相处并能自律行为;同时也加强了公民课与社会现实相联系,如使学生了解社会生活的基本准则、爱护公共设施、尊重他人等,使学生了解个人、财产以及合同的概念、选举程序、社会保险、交通安全等。在 20 世纪 80 年代,法国学校道德教育的目标侧重于使学生追求自由并能自律,具有集体观念,成为有教养的公民。可见,法国学校道德教育目标是随不同历史实际发展而有所侧重的,其中心点就是强调把一个人培养成理想的社会公民。随着现代科技的发展和社会的开放,法国学校道德教育包含了三个重要方面:个人道德教育、国家和社会公民教育、国际公民教育。法国学校道德教育主要有两种形式,第一种是与各科教学相结合的道德教育,相互辉映,融会贯通;第二种是相对独立于各科教学的公民道德教育课或者宗教课。法国学校道德教育采取以第二种形式为主、第一种形式为辅的方式,即以公民道德教育课为主,其他各科相应地承担德育任务。法国学校开设的公民与道德课,传授系统的公民学的知识体系和规范的道德品行,按照学生各年级的年龄特点,该课程安排程度深浅不同的内容。在教学方式方面,小学低年级的教学,主要围绕简单的故事、简易读物以谈话的方式来进行;高年级采取讨论、实践指导等方式来进行。例如,法国小学是五年制,公民与道德课按年级划分三个阶段:第一阶段是预备阶段,主要对象是小学一年级的学生,讲授最基本的行为规范,如讲卫生、良好的饮食习惯、注意安全、努力学习、爱护公物、尊重他人,培养互相帮助和团结友爱的精神。第二阶段是基础阶段,主要对象是小学二至三年级的学生,讲授最基本的公民知识,如国家的概念、自由、平等、博爱的信条、选举过程、公民的基本权利和义务、政府各部门的职责等。第三阶段是中级阶段,主要对象是小学四至五年级的学生,讲授基础的国家与公民的知识,如法国的人权宣言精神、自由与权利的关系、国家制度与机构、法国在世界上的地位和作用等。这种教育中也有礼仪教育,包括个人礼仪、交往礼仪和国家礼仪等方面的内容。

三、东方国家的礼仪和道德教育

与西方各民族和国家在伦理思想史上有着高度的历时态关系不同,东方伦理思想的主线不是时间性的,而是空间性的,并呈现出相当的地域性和民族性差异。印度教—佛教伦理文化圈、阿拉伯—伊斯兰教文化圈以及儒家文化圈,其主流伦理思想和道德传统也是不一样的。[①]

关于道德,东方国家有着比较一致的理解。中国儒家用"道"表示事物运动和变化的规则,而"德"则表示对"道"的感知、践行而有所得。东汉刘熙注道:"德者,得也,得事宜也。"把"德"看作处理好人与人之间关系,从而使双方有所得。许慎进一步解道:"德者,外得于人,内得于己也。"认为德可在用以处理人与人之间关系时能"以善念有诸心中,使身心互得其益",又可"以善德施之他人,使众人各得其益"。《荀子》中最早使用"道德"概念:"故学至乎礼而止矣,夫是之谓道德之极。"荀子把"礼"作为道德之大成,指明道德是人们在社会生活中形成的道德观念、道德品质和用于制约相互

---

① 李萍.东方伦理思想简史[M].北京:中国人民大学出版社,1998:3.

关系的原则和规范。这些观点对儒家文化圈中的主要国家影响深刻。

在日本，公元9世纪以后在吸收、消化中国文化的基础上，结合本民族的文化传统，开始形成了独特的日本民族文化。到了封建末期，日本的道德教育形成了两个教育重点：一是武士道德教育。幕府统治时期的教育，根据身份等级不同，其内容也完全不一样。但不论哪种教育，都有一个共同的特定，那就是特别重视道德教育，强调礼节、秩序、等级。尤其是对武士的教育，道德的比重就更大。武士道精神要求武士忠于主君、信佛敬礼、崇尚武勇、重恩义、轻生死，甘愿为主君和本家族的利益而捐躯。从德川家康夺取政权后，综观整个江户时期的教育，都是围绕道德教育展开的。江户时期的伦理道德教育几乎都是袭用汉学儒家的一套，强调武士在内要修身齐家，出外要治国平天下。这就较以前的只强调武艺的教育不同，要求武士也要像儒生一样，言谈举止重礼节。二是庶民道德教育。当时在民间也崇尚"亲"、"信"、"序"等武士道德标准，但更重要的是勤劳、俭朴、节约等庶民传统美德，所公布的庶民道德准则，其内容为"忠孝、夫妇和睦、弟兄亲和、勤俭节约、实业精励、慈悲"六大项。可见，无论是武士道德教育还是庶民道德教育，其中都包含有礼仪和礼节的教育。而到了现代，日本社会更加重视公民素质、礼仪行为等方面的教育。

在韩国，儒学文化影响深厚。儒家伦理为德育之基础。儒家思想自一千多年前传入韩国以来，获得了三次历史性更新。一方面，注入韩国社会生活的各个层面，塑造了独特的大韩民族性格，形成家族共同体的社会结构；同时，又把韩国的社会需要注入儒家学说之中，使之产生重大的时代转型，使儒学精神成为维系韩国社会发展和力争民族自立的崭新民族气概和民族精神。韩国学校德育注重与社会活动的结合，引导学生在参加社会活动和社会服务中锻炼思想，砥砺情操。如1970年倡导的目标明确的新生活运动：培养忠、孝、勤勉、合作、信义、爱、宽容等美德的新观念运动；建立新公共道德新秩序的行动秩序运动；整顿生活环境，绿化都市的净化环境运动。在这些活动中，礼节和礼仪教育也成为不可缺少的重要内容。

在新加坡，历史上曾经出现了三个德育目标。从内容上看，特别重视公民素质和礼仪素质，从形式上看，提出的要求具体实在，特别重视可操作性，体现了新加坡德育的主要内容和鲜明特色。第一，《中小学公民课程训练纲要》中的德育目标。通过对各项必要的道德价值观念和社会态度的培养，造就具有良好素质和忠诚老实的公民，必须使青年一代在个人行为品质、社会责任意识和忠诚于国家等方面得到良好的发展。在小学，具体是灌输国家观念，培养爱国意识；养成良好的生活习惯；培育优良品德及坚强意志；阐明自己的界限，养成服从纪律的风气；认识个人与家庭、学校、社会、国家及世界的关系,从而培养正确的态度与力求进步的理想;指导儿童明了多元种族及文化的因素,启发他们具有不分种族、语言、宗教而都为进步而团结的思想;明了国家的环境及经济发展情况,确知勤劳节俭、努力生产,可以促进生活的改善和国家的繁荣;认识国家的基本政策,以及在这政策之下,作为一名公民应尽的责任。在中学,公民训练的目标在于培养学生具有高尚之品德,善良之性情,强健之体魄,优良之习惯,爱国爱民之意识及各民族互助合作之精神,以期成为完好优秀之青年,借以成为国家社会之中坚。第二,《公民与道德教育课程纲要》中的德育目标。要求中小学实施的道德教育的宗旨是培养身心健康的个人,使他们具有强烈的道德意识,良好的人际关系,同时能对社会作贡献。为了达到这个目标,道德教育从知识、技能及态度三方面着手,在知识方面使学生了解作出正确决定前要注意的道德准则,面临困难时,学生要掌握应付、处理的技能;在态度方面,通过灌输各种道德价值观,使学生具有良好的行为,并对自己的行为负责。根据上述目标开发7个主体和相应的目标:培养坚强的个性;发挥个人潜能;培养和谐的人际关系;珍惜家庭生活;发展社会协作精神;尊重文化和宗教;形成建设祖国的责任感。每个主体的相应目标又有相应规定,如"培养和谐的人际关系"又包括三条:使学生能理解和谐关系的构成要素;了解自己的价值、观点和对待友谊的情感;培养良好的人际关系等。第三,《好公民》中的德育目标。1992年,新加坡小学开始使用新的《好公民》教材,开设这门课程的宗旨是培养具有以下素质的好公民:社会利益高于个人利益;维护组成社会的家庭;提倡种族和宗教之间的宽宏大量和相互体谅;协商解决问题的美德。其目标体现为四个方面:向学生灌输适合新加坡的东方道德价值观;训练学生的道德判别能力;教导学生处世待人须为他人设想的道德;使学生明白身为年轻公民的责任需要。1988年,新加坡教育部课程发展署成立《好公民》教材组,负责修订新的小学道德教育教材《好公民》。新的《好公民》课程的架构是建立在不断扩展的人际关系范畴的基础上,而这个范畴正好反映了儿童的成长历程。其主题是先以个人作为起点,再扩展到家庭、学校、社会与国家。新的"好公民"课程包括了35个德目。低年级注重个人修养以及个人与家庭、个人与学校的关系处理;高年级则扩展到个人与社会和个人与国家、个人与世界关系的处理。新的"好公民"教育有7个主题,它们是培养品格;发挥个人潜能;培养人际关系;肯定家庭生活的意义;促进社区精神;助长文化与高尚品德;发扬献身国家建设精神。新教材有15个领域、35个德目,分别是:仁(1.爱己〈自尊〉;2.爱人;3.爱物);孝(4.孝顺;5.缅怀祖先);家庭和谐(6.手足情深;7.维护家庭声誉;8.家和万事兴);礼(9.尊敬别人;10.尊敬老师;11.尊敬长辈;12.守法);责任感(13.对己;14.对家庭;15.对他人;16.公德心);恕(17.容忍;18.为他人着想;19.原谅别人);忠(20.爱校;21.以我校为荣;22.敬业乐业;23.爱国);信(24.守诺言 25.自信);诚(26.);勇(27.);毅(28.);节俭慷慨(29.节俭;30.慷慨);义(31.公正;32.平等);协作精神(33.);睦邻精神(34.睦邻;35.种族和睦)。新加坡政府认为,对年轻一代的道德教育不单是学校的事情,更是社会的事情,社会各方面必须密切配合,共同为学生的健康成长创造良好的社会环境。比如,通过开展礼貌、清洁、植树、禁烟、遵守秩序等社会活动,把新加坡建设成整洁的花园城市,人们守秩序、有礼貌、社会风气良好;由学校、家庭、课外活动中心、社区机构、文化部门等组成道德教育的综合体,对学生进行道德教育。

四、礼仪是东西方文明的共同财富

由于文化背景不同,东、西方礼仪在一些方面存在一些不同,特别是在礼仪观念和礼仪表达上,有的甚至完全相左。

在血缘亲情方面,东方人非常重视家族和血缘关系,"血浓于水"的传统观念根深蒂固,人际关系中最稳定的是血缘关系。西方人独立意识强,相比较而言,不十分重视家庭血缘关系,而更看重利益关系。他们将责任、义务分得很清楚,责任必须尽到,义务则完全取决于实际能力,绝不勉为其难。处处强调个人拥有的自由,追求个人利益。

在礼仪的表达形式方面,东方礼仪以"让"为礼,比较谦逊含蓄。西方礼仪强调实用,表达率直坦诚。面对他人夸奖,东方人常常会说"过奖了""惭愧""我还差得很远",表示自己的谦虚;西方人面对别人的赞美或赞扬,往往会用"谢谢"来欣然接受对方的美意。

在礼品馈赠方面,东方国家人际交往讲究礼尚往来,往往将礼物作为人际交往的媒介和桥梁。东方人送礼的名目繁多,除了重要节日互相拜访需要送礼外,平时的婚、丧、嫁、娶、生日、提职、加薪都可以作为送礼的理由。西方国家人际交往强调交际务实,在讲究礼貌的基础上力求简洁便利,反对繁文缛节和过分客套造作。西方人一般不轻易送礼给别人,除非相互之间建立了较为稳固的人际关系。在送礼形式上也比东方人简单得多。一般情况下,他们既不送过于贵重的礼品,也不送廉价的物品,但非常重视礼品的包装,特别讲究礼品的文化格调与艺术品位。同时在送礼和接受礼品时,东西方也存在着差异。西方人送礼时,总是向受礼人直截了当地说明:"这是我精心为你挑选的礼物,希望你喜欢",或者说"这是最好的礼物"之类的话;西方人一般不推辞别人的礼物，接受礼物时先对送礼者表示感谢，接过礼物后总是当面拆看礼物，并对礼物赞扬一番。而东方人则不同，中国人及日本人在送礼时费尽心机、精心挑选，但在受礼人面前却总是谦虚而恭敬地说"微薄之礼不成敬意，请笑纳"之类的话。东方人在受礼时，通常会客气地推辞一番，接过礼品后，一般不当面拆看礼物，唯恐对方因礼物过轻或不尽如人意而难堪，或显得自己重利轻义，有失礼貌。

在对待身份地位方面，东方礼仪一般是老者、尊者优先，讲究论资排辈。西方礼仪崇尚自由平等，等级的强调没有东方礼仪那么突出。西方人独立意识强，不愿老，不服老，特别忌讳"老"这个字眼。

在对待时间观念方面，东方一些国家特别是信奉佛教的国家，使用时间比较随意，时间观念比较淡漠。包括改变原定的时间和先后顺序，开会迟到，作报告任意延长，上课拖堂等等，这在西方人看来是不可思议的。西方人时间观念强，做事讲究效率，认为不尊重别人拥有的时间是最大的不敬。他们出门常带记事本，记录日程和安排，有约必须提前到达，至少要准时，且不随意改动。西方人不仅惜时如金，而且常将交往方是否遵守时间当作判断其工作是否负责、是否值得与其合作的重要依据，在他们看来这直接反映了一个人的形象和素质。遵守时约，使西方人养成严谨的工作作风，办事井井有条。西方人工作时间和业余时间区别分明，休假时间不打电话谈论工作，甚至在休假期间断绝非生活范畴的交往。

在对待隐私方面，东方礼仪非常注重共性拥有，强调群体，强调人际关系的和谐，邻里间的相互关心、嘘寒问暖，被认为是一种富于人情味的表现。西方礼仪强调个人尊严，尊重隐私。在西方，冒犯对方"私人的"所有权利，是非常失礼的行为。他们尊重别人的隐私权，同样也要求别人尊重他们的隐私权。

尽管东西方礼仪有许多不同，但它们都是人类文明的共同财富，是人类文明发展的标尺和象征。

（一）礼仪是人类文明的重要标志

礼仪是社会历史发展的产物，并且有着鲜明的时代特征。虽然对于礼仪内涵的定义，各个时代、各个民族的认识和理解不尽相同，但对于礼仪是文化中起源最早的文明活动的界定，一般不会有所质疑。礼仪是人类文明的标尺，也是人的社会化的重要内容。一个具备良好文明素养的民族，必定是一个循规守礼的民族。文明素养的形成，是一个渐进的过程。它是人们遵照社会所提出的文明行为规范与行为模式，不断实践、不断修正而逐渐提高的，当一个人还是婴儿的时候，他是没有善恶之辨的，是大人们教育他"别干这个""这个危险""那样不好"，他于是知道了有所为而有所不为。

许多文明的举止,其实来自训练、来自模仿。当孩子们将"请""谢谢""对不起"重复一千遍之后,他就会将礼貌的语言当作习惯,并自然地于日常举止中显露出来。表面上看礼仪的规范是烦琐的,但它都是"为大事作准备的小事"。① 正是由于礼仪对人们行为举止的规范,才使得人们在仪容、服饰、举止上注重修养,在接人待物上彬彬有礼。对礼仪的学习与践行,促进着人类文化的延续和文明水准的提高。因此,世界各国各民族都把处事得宜、待人以礼当作文明和美德的标志。

(二)礼仪是中西文明的不朽精华

在社会发展的浪潮中,不同的礼仪规范在不断地整合、交融、碰撞,成为人们社会交往中表达善意和尊重的方式,成为中西文明的不朽精华。礼仪是"和谐",它将人的行为规范约束在一定的礼仪范畴中,使人们各就其位,各行其是,各尽其职,不因为争乱而带来灾祸,保持着人类社会健康有序地发展;礼仪是"尊重",礼仪的行为,实际上就是人们在尊重他人、尊重社会的意识的支配下,在人与人交往中表现出来的礼貌与礼节,它使人们做到遵守、自律、敬人、宽容、平等、从俗、真诚与适度,自觉地对交往对象一视同仁,给予礼遇;礼仪是"善良",善与恶是人们会对某一种社会现象以及个人的行为品质作出道德评价的标准,虽然在同一历史条件下,不同阶级由于经济、政治地位不同,遵循的道德原则不同,善恶观念也不尽相同,但还是存在着一些共同的善恶观念,例如,都认为偷盗抢、破坏公共环境是恶行,都认为维护公共卫生、遵守公共秩序、爱护公共财产是善行。礼仪作为用来处理人与人以及人与社会之间关系的行为规范,它本身就是一种人类共同生活的准则,是人类共同生活必须遵循的善;礼仪是"美",世界上美的事物千姿百态,自然美,社会美,科技美,异彩纷呈。美的本质是以宜人的形式呈现出对人的本质力量的确认与肯定,审美可以陶冶情操、美化人格、规范行为。礼仪的制定与践行并不是审美活动,但它的确又蕴含着审美的因素,礼仪本身就是规范美的体现,也是一个人的审美情趣与文化品位的窗口,遵循礼规更是为了满足他人与社会的审美需求。随着时代的发展和民族的、地域的审美要求,现代礼仪正变成一种追求人生美、社会美的手段与工具。

(三)礼仪是中西伦理的融合之处

在当今世界,地球似乎变得愈来愈小,人们之间的交往变得空前的活跃与频繁。交

---

① [法]安德烈.孔特—斯蓬维尔.小爱大德[M].吴岳添译,北京:中央编译出版社,1998:14.

往的目的是为了合作,而良好的合作又基于一种"如何对待他人的人际共识"。[①] 于是,公共道德成为一种普遍的诉求,那些人们公共生活中普遍存在的公共生活准则,比较易于为人们所接受,礼仪就是这样的基本准则。礼仪是人类和谐共生的基本规则,是社会公德中那些最简单、最易于操作的部分,这就使它易于成为中西伦理的融合之处。在全球化的过程中,那些既蕴含各国、各民族礼仪特点又是不同国家不同民族人们可以互相懂得的国际礼仪正在逐渐地形成。国际礼仪能认同所接触到的越来越多的不同文化和习俗,因为礼仪本身是一种文化现象。英国的文化人类学家马林诺夫斯基说过:"文化是包括一套工具及一套风俗——人体的或心灵的习惯,它们都是直接的或间接的满足人类的需要。"[②]可见,文化既包括思想观念,又包括风俗习惯;既包括心灵的习惯,又包括身体的习惯。礼仪明显具有这种思想观念与风俗习惯相结合、心灵的习惯与身体的习惯相结合的文化特质,它体现了道德意识与道德行为的有机统一。因此,许多国家都注重将国际礼仪与国内礼仪创造性地结合起来,将现代礼仪与道德建设结合起来,与一定的制度规范结合起来,运用礼仪的道德功能,强调人格的养成和塑造,规范人们的行为方式,协调人际关系,维护社会的安定和健康发展,并建立具有国际视野的新的道德体系。这就使礼仪在中西社会中获得比较恰当的位置,成为人们乐意接受的道德约束,自觉遵循的道德规范,努力追求的道德修养,也成为中西伦理的融合之处。

第三节　礼仪的内涵

礼仪是人类社会历史发展的产物,具有鲜明的时代和地域特征,因此,不同时代,不同民族对于礼仪内涵的理解不尽相同。

一、礼仪的析义

中国《辞源》对"礼"的基本含义的解释是:规定社会行为的法则、规范、仪式的总称。中国历代思想家从不同的角度阐述"礼"的含义和内容,归纳起来,大体上可分为三个层次:一是指封建社会的等级制度、法律规定和伦理规范的总称;二是指社会的道德规范和伦理准则;三是指礼节仪式和待人接物的方法。杨志刚先生认为,"中国传统社会不同于西方古代社会依恃宗教,也不同于西方现代社会依恃法律,而是利用

---

① 赵汀阳.论道德金规则的最佳可能方案[J].中国社会科学,2005(3):70-79.
② [英]马林诺夫斯基.文化论[M].费孝通译,北京:华夏出版社,2002:15.

礼俗进行调控。在这个意义上,中国传统社会可称之为礼俗社会"。[①] 在礼俗社会中,形成了一整套通过社群关系规范和调控人们行为的文化体系。从礼仪的本质看,它实质上是一种通过社群关系来规范人的行为和社会秩序的文化体系。社群是由于共同的价值、规范和目标的实体,社群的主要标志不是契约和利益,而是人们的出身、地位、习惯和认同。礼仪就是通过村落、城镇和国家这样的社群,形成基于血缘、地缘和心态的社会关系,各成员拥有共同的习惯和价值观念,遵守共同的行为规范和准则,从而构建维护某种社会秩序的文化体系。

西方"礼仪"一词据说始于法语的 etiquette,原意是"法庭上的通行证"。古代法国的法庭把那些进入法庭后所必须遵守的规则都写在一张长方形的通行证上,发给进入法庭的每一个人,让他们遵守。这中间的含义跟汉语中的"礼仪"已经十分接近。当这个单词进入英语后,演变成"人际交往的通行证",这个含义已经可以跟汉语中的"礼仪"相对应了。后来,又经过不断的演化,英语中的"礼仪"一词的含义逐渐明确起来。目前的英语中具有"礼仪"意义的单词主要有以下四个:Courtesy:指谦恭有礼的言行、礼貌、风度;Etiquette:指礼仪、礼节和各种规矩;Protocol:指外交、军事等特定领域里的相处准则; Rite:指礼仪、典礼,也泛指习俗中的礼仪行为。

世界各国对礼仪的理解各不相同。西班牙女王伊丽莎白曾说:"礼节乃是一封通行四方的推荐书。"英国社会学家艾米莉·波斯特说:"表面上礼仪有无数的清规戒律,但其根本目的却在于使世界成为一个充满生活乐趣的地方,使人变得平易近人。"另一位美国学者夏洛特·福特则认为:"礼节就是行为举止温文尔雅,使我们作为个人在为自己营造的生活中能够平和地、有成效地与他人共处。随着我们在具有不同文化要求的世界各地频繁旅行,我们必须变得更为灵活机动、更容易适应新的环境。"而玛丽·简·麦卡佛里和柏林·英尼斯二人却为此说了一段很风趣的话:"礼仪一词来自希腊语,意思是'首胶',的确可以这么说,正式礼仪是把我们社会中各正式场合的生活粘连在一起的胶质。"也就是说,倘若没有礼仪,生活中就难免常常要"脱胶"。

在现代礼仪,礼仪文化活动立足于人际交往,目的是人与人之间和谐相处,并且通过礼规来约束和规范人们的行为。礼仪从传统礼仪演变而来,随着时代的进步,在内容和形式上已经发生了很大的变化。虽然中国与外国对礼仪内涵的定义各不相同,但随着世界现代化的浪潮,各种文明的不断交融碰撞,不同的礼仪规范在不断地整合,各民族对礼仪的认识、定位也逐渐趋同。

---

① 杨志刚.中国礼仪制度研究[M].武汉:华中师范大学出版社,2001:566.

概括地说,礼仪是指人们在社会交往中形成的、以建立和谐关系为目标的、符合"礼"的精神的行为规范、准则和仪式的总和。

二、礼仪的原则

礼仪作为人际交往的行为规范,必定遵循相应的原则加以实行和贯彻,才能使礼仪发挥应有的功能。

(一)和谐的原则

自古以来,礼仪就是建立和谐社会的基本规范之一。我国古代就很重视和谐,和谐思想是中国传统文化的核心价值。孔子在《论语·学而》中说道:"礼之用,和为贵。先王之道,斯为美,小大由之。"商业经营中的和气生财,儒家思想中的中庸之道,其实质就是适中的意思,也含有中和的意思。我们一直提倡以和为贵,把和谐思想贯彻到各行各业、各个方面。建立一个和谐有序的社会,是当今全人类的共同追求。人类社会是一个群体的社会,群体中的人们要和谐相处,必须确立共同的游戏规则,并遵循这些规则,否则就会天下大乱。

(二)尊重的原则

礼仪的核心是"律己敬人"。在现代礼仪中,尊重原则是指在礼仪行为实施的过程中,要体现出对他人真诚的尊重,而不能藐视别人。礼仪本身从内容到形式都是尊重他人的具体体现。在交往中,任何不尊重他人的言行,都会引来别人的反感,更不会赢得别人对自己的尊重。心理学认为,人们对尊重的需要分两类,即自尊和来自他人的尊重。自尊包括对获得信心、能力、本领、成就、独立和自由的愿望。来自他人的尊重包括威望、承认、接受、关心、赏识等。自尊往往人们容易做到,要获得来自他人的尊重,首先要学会尊重他人。尊重他人是礼仪的重要原则。与人交往,不论对方的地位高低、身份如何、相貌怎样,都要尊重他人的人格,使人感到他在你的心目中是受欢迎的,从而得到一种心理上的满足,进而产生愉悦。亚当·斯密认为:"对那些普遍的行为准则的尊重,恰当地说,即所谓的义务感,是人类生活的一项最重要的原则,是大多数可以借以指导其行为的唯一原则。许多人举止得体,行为优雅,一生都避免受人重责,然而,他们或许从未感受到他人对其行为的合宜性所表达的赞许之情。他们的行为只是出于对他们所知道的既定的行为准则的尊重。"[1]孔子也强调"修己以

---

[1] [英]亚当·斯密.道德情操论[M].蒋自强等译,北京:商务印书馆,1997:67.

敬",认为修养好自己的品德是严肃、尊敬地对待一切事物的基础。礼仪从本质上来说就是人际关系的润滑剂。在现代社会,物质需要已基本得到满足,人们越来越重视受尊重的高层次的需要。在人际交往活动中,人们都希望得到他人的尊重,而且对尊重自己的人有一种天然亲和力、认同感。礼仪的行为,实际上就是人们在尊重他人、尊重社会的意识的支配下,在人与人交往中表现出来的礼貌与礼节,是基于对他人和社会需要的自觉认识而表现出来的行为。只有遵循尊重的原则,人们才会做到遵守、自律、敬人、宽容、平等、从俗、真诚与适度,才会自觉地对交往对象一视同仁,给予礼遇。要达到和谐交往的目的,就要尊重自己、尊重别人,将一定的礼仪原则和规范付诸行动,使自己获得他人和社会的尊重。

(三)善良的原则

善良是人类道德的坚固基石。柏拉图说过:"真实的善是每个人心灵的追求,是其一切行为的目的。"孔子思想的核心"仁"即"善"。他一向倡导助人为乐、舍己为人、见利思义、舍生取义,要求人们通过立志、明耻、自省等来修炼个人道德。他将仁道思想作为培养和铸造理想人格的标准。美国伦理学家蒂洛认为所有道德体系都建立在"善良"基础上,即我们应该努力做个"善良"的人,努力做出"正确"的行为。[①] 反过来说,我们应当努力不做"丑恶"的人,避免"错误"的行为。在现实中,善良原则要求人们努力做到:"扬善抑恶;不做坏事;制止坏事。"德国哲学家康德曾提出"善良意识"说,主张善良意志是评价人的道德行为的唯一标准,认为判断一个人的善恶,最重要的是根据他自身的完全发自纯理性的道德律令的善良意志,人们只要有了善良意志,则无论行为是否能达到预期的效果,都是有道德的人。[②] 古希腊伟大的思想家亚里士多德指出:人生追求的目的是至善,善就是人的心灵合乎德性的活动。道德是一种在行为中造成正确选择的习惯,扬善抑恶是人类道德的根本目的。在现实生活中,人们会对某种社会现象以及个人的行为品质作出道德评价,评价的标准就是善与恶。虽然在同一历史条件下,不同阶级出于经济、政治地位不同,遵循的道德原则不同,善恶观念也不尽相同,但也存在着一些共同的善恶观念,例如,都认为偷盗抢劫、破坏公共环境是恶行,都认为维护公共卫生、遵守公共秩序、爱护公共财产是善行。礼仪作为用来处理人与人以及人与社会之间关系的行为规范,它本身就是一种人类共同生活的准则,是人类共同生活必须遵循的善,因而,礼仪的制定与践行也必须遵循善的原则。

---

① [美]雅克·蒂洛.伦理学:理论与实践[M].孟庆时等译,北京:北京大学出版社,2003:70-76.
② 转引自.哲学进展[M].武汉:汉斯出版社,2012:47.

(四)审美的原则

现代礼仪文化融入了审美的内涵。礼仪在其发展过程中逐渐显示出审美的功能,使礼仪变成一种审美文化。美国学者凡勃伦认为,随着经济发展而愈益受到重视的礼仪,"在容态举止上要求革新、要求精益求精的直接目的,是在于要使关于求美或关于表情方面的新方式达到更进一步的有效程度"[①]。人们所创造的符合礼仪的精细的制度、整齐的动作、多彩的服饰和有序的形象,能够带来审美的感受。在现代社会中,礼仪文化的审美价值得到提升。

礼仪的制定与践行必须遵循审美的原则。美是合乎人的本性的存在。审美可以陶冶情操、美化人格、规范行为。礼仪本身不仅蕴含着审美的因素,而且在礼仪活动中,也自始至终贯穿着审美体验。比如我们在个人礼仪修养中做到举止优雅、服饰得体、仪容整洁、语言礼貌,其实就体现了对美的追求。培根说过:"相貌的美高于色泽的美,而秀雅合适的动作的美又高于相貌的美,这是美的精华。"行为的美,谈吐的美是有感染力的,对促使周围人际关系的和谐发展产生正效应。礼仪活动的每个参与者既是审美的主体,又是审美的客体,既是对方欣赏的对象,又以审美目光欣赏对方,双方从审美的视角,认识、把握对方的言行、思想,使情感得到一定的交流。遵循礼规,以礼待人不仅令人愉悦,而且也满足他人与社会的审美需求。因此,礼仪的制定与践行必须遵循审美的原则,使礼仪随着时代的发展和民族的、地域的审美要求,变成一种追求人生美、社会美的手段与工具。

三、礼仪的特点

现代礼仪之所以能够被全世界接纳,并广泛应用于全球各个领域,就在于它拥有相对传统礼仪不同的特点。

(一)规范性

礼仪的规范和准则可以用语言、文字、动作进行准确的描述和规定,具有严格的规范性、程式性。个人礼仪、家庭礼仪、职业礼仪、涉外礼仪、习俗礼仪等等,无不具有自身的规范性。礼仪学习表现为对礼仪原则和规范的认识,它是礼仪行为的基础。人们只有知道应当遵守什么行为规范,知道什么是有礼的,什么是无礼的,什么是对的,什么是错的,才能在行为上有所依据,成为"达礼"之人。因此,接受、掌握一定的

---

① [美]托斯丹·邦德·凡勃伦.有闲阶级论[M].蔡受百译,北京:商务印书馆,1964:39.

礼仪规范,是道德修养的基础,它贯穿于礼仪学习的全过程。

不同于规定的强制性、指令性,规范意味着示范性和引导性。由于礼仪具有广泛的群众基础,容易被受众所接受和认同,甚至褒奖,并且被普遍践行或被努力追求,具有价值导向性和价值评判性,因此,礼仪还具有价值导向性和价值评判性的特征。这种价值导向性和价值评判性能够促使个体加强内省和修为,从而规范自己的行为,达到个体的自治;而非礼的行为则容易被受众所批判和指责,通过外在的压力与约束,从而促使个体矫正失范的行为,达到治人的目的。

此外,礼仪的规范性还体现为一种适时适当的修正和矫正。礼仪是日常生活中相对习惯化了的生活方式。礼仪素养的形成,必须按照礼仪的规范,不断地操作,经过长期反复的陶冶、磨炼和实践。不但使人们形成对礼仪规范的认知,而且要求实现礼仪行为上的自觉。因此,现代礼仪的学习特别注重规范的践行,注重把礼仪原则、规范运用到交往实践中,运用到生活和工作中去对照、检查和修正,如此不断循环,克服非礼行为,培养礼仪品质。这种规范性和操作性所带来的重复性和惯常性,恰恰显示出充分的可靠性,形成了礼仪的实用性特征。现代礼仪运用到具体的社会交往中,相应的产生了各种行业礼仪,如公务礼仪,商务礼仪等。礼仪与特定行业的结合,不仅能为各行各业增光添色,使从业者素质有效提高,而且也使礼仪本身,从抽象理论的说教变成指导生产生活实践的正确行为。

(二)实践性

从价值观的视角看,礼仪文化代表了一种"和为贵"的价值观,强调个体的德性修养。《礼记》曰:"礼者,履也!"就是说,礼仪是需要践行的,只有通过践行才能养成。

礼仪的践行,要激发个体的积极性和自觉性。一般而言,个体在思想意识上如果是真心实意接受与学习礼仪道德规范,那么个体就会积极主动地去学习礼仪,并逐渐把对礼仪的认识转化为个体的情感、意志和信念,从而自觉主动地去遵守和践行。如果个体没有发自内心地想去践行礼仪,那么,不论是家庭教育,还是学校教育,也不论是具体的礼仪训练,都无法取得实效。所以,在践行礼仪的过程中,让个体明白为何要践行礼仪,社会为何要倡导礼仪至关重要,这是激发个体践行礼仪的动力所在。个体有了渴望践行礼仪的内驱力,然后进一步在日常礼仪实践中反复强化,个体文明的习惯便养成了。礼仪对于人的影响是由内而外的,既有内在的礼,又有外显的仪。在礼仪的践行中,礼仪并不能够自发地规范人的行为,而是通过人的主动践行来实现。礼仪作为一种社会行为规范,为人们划定了行为的得体或失礼的范围,制定出人们应该怎样行为的模式和标准,这种标准不同于依靠国家强制力推行的法律,而是人的自尊使然。人作为社会中的一员,是需要社会的认可的,缺失了礼仪,则可能被冷落,被排斥,正所谓"不学礼,无以立"。人们只有主动践行社会基本的礼仪规范,才能立身处世,获得事业的发展和进步。

礼仪的践行,要重视礼仪的可操作性。礼仪的可操作性特别强,可以用语言、文字、动作进行准确的描述和规定,可以在社会交往中进行标准化操作,从而使人们的行为举止、仪态容貌、语言文字都有章可循,明确具体。孔子的"非礼勿视,非礼勿听,非礼勿言,非礼勿动"说,实际上就是以"礼"的明确标准来约束、规范人的视、听、言、动这四个方面的。所以眼要观六路,但不能偷看,偷看则失礼;耳要听八方,但不能偷听,偷听则非礼,个体的言行举止都要受礼的约束,合礼则可以做,不合礼则坚决不可以做。通过多次反复的实际操作训练,能使礼仪的精神与意识逐渐深入到人的内心,去除非礼的行为,养成守礼、循礼的习惯,从而提升个体的礼仪修养,促进个体礼仪品质的形成,引导人们的社会交往活动趋于和谐、美好。

礼仪的践行,要与时俱进。随着现代社会的发展,新的社交工具的产生,社交方式发生改变,礼规也会随之发生改变。譬如微博、微信等社交媒体的发展普及,让人们的日常交流逐渐从线下转移到线上。线上交往较之线下交往,礼仪的表达方式发生了一些变化,如人们更加注重沟通的快捷高效、平等友善、开放分享等特征。而在某些特殊情况下,礼仪还会进行适时适当的调整,以满足人们的特定需求,适应人们的日常生活。如在新冠疫情防控期间,人们将日常通行的握手礼调整为碰肘礼、拱手礼等,以减少病毒接触传播的可能性,既能够适度保持社交距离,又不失礼节礼数。

(三)传承性

在人类发展的历史长河中,礼仪文明作为文化的一个重要组成部分,其内容十分丰富。特别是中国的礼仪,是中国传统文化的核心内容之一,其博大精深,蕴含着丰富的思想内涵,代表着社会的价值观念。从基本框架看,礼仪文化蕴含着善良、和谐、秩序的价值观念。从个人的视角看,礼仪是一种"向善"的价值追求。孟子认为,"辞让之心,礼之端也",它同"恻隐之心""羞恶之心""是非之心"皆为"善端",由此形成仁、义、礼、智"四德",进而达到至善。礼仪表现出善良的人性,雍容大度的仪态,彬彬有礼的行为,庄重诚敬的仪式,表明与人为善的态度,善良宽容的心灵。从社会的视角看,礼仪是一种"为和"的价值追求。儒家强调,"礼之用,和为贵"。礼仪是以建立和谐关系为目标的行为规范,礼让包含对自我的克制,对他人的理解,体现以礼待人的尊重,乐群贵和的美德。从国家的视角看,礼仪是一种"有序"的价值追求。"礼,经国家,定社稷,序民人,利后嗣者也""国无礼则不宁"。孔子以礼为基础,提出一套完整的规范体系,进而建立有条不紊的社会秩序。礼仪是经世治国的道德秩序,人们遵循礼仪规范,各就其位,各司其职,国家就会秩序井然。

时至今日,现代的礼仪与古代的礼仪已有很大差别。中国礼仪文化根植于传统社会,不可避免地带有封建思想的印迹。然而,遵循"取其精华,去其糟粕"的原则,挖掘其中的合理内核,就可以提炼一些超越时空的价值观念。将礼仪文化中蕴含的向善、为和、有序的价值观念,放进现代文化的框架下进行科学的阐释,就可以融入现代社会,使之与友善、和谐、文明、法制等现代价值观念相联系,成为涵养核心价值观的重要源泉。

我们必须舍弃那些为封建的落后的礼仪规范,着重选取对今天仍有积极、普遍意义的传统文明礼仪,如尊老敬贤、仪尚适宜、礼貌待人、容仪有整等,加以改造与承传。这对于修养良好个人素质,协调和谐人际关系,塑造文明的社会风气,进行社会主义精神文明建设,具有现代价值。我们要认真汲取中华优秀传统文化的思想精华和道德精髓,使中华优秀传统文化成为涵养社会主义核心价值观的重要源泉。[①] 以礼仪文化为核心内容之一的中国传统文化,积淀着中华民族深层的精神追求,代表着中华民族独特的精神标识,既是我们增强文化自信的力量源泉,也是我们在世界文化激荡中站稳脚跟的根基之一。

(四)互鉴性

文明因多样而交流,因交流而互鉴,因互鉴而发展。[②] 交流互鉴是推动世界文明进步和和平发展的重要动力。科学技术的迅猛发展,把世界变成了一个"地球村"。"世界是平的"成为一种共识,伴随着世界各国各民族人民之间的交往愈加频繁和密切,礼仪的"世界语"特征愈发明显。

我们现在谈的礼仪,是中国文化与国际礼仪融通的结果。礼仪是社会发展的产物,具备鲜明的时代特征。中国礼仪根植于本民族的传统文化之中,是我们本民族特有的循礼方式和规则。随着全球化进程的加快,现代礼仪的国际性特征也在凸显。特别是近代以来,西方礼仪借助国际交往平台形成国际礼仪通则,在言谈举止、服饰惯例、节日礼俗等方面对世界进行着广泛的渗透,这些规则也在潜移默化地影响着我们的生活。中国要走向世界,不可以无视国际礼规的存在。也因此,中国现代礼仪的内涵,必然不只是民族的,而且一定还是时代的和世界的。

---

① 摘自 2014 年 2 月 24 日,习近平总书记在中共中央政治局第十三次集体学习时的讲话。
② 摘自 2019 年 5 月 15 日,习近平主席在亚洲文明对话大会开幕式发表的主旨演讲。

首先，礼仪形成了国际化的标准，国际礼仪通则为各国在国际交往中共同遵守，规范着交往行为，体现着平等友好，展现着文明风貌。其次，礼仪呈现出共通并存的特点。虽然不同民族都有自己独特的礼仪，但蕴含在礼仪之中的内涵趋于一致，它们都表现着人类善的一面，都是人类本性最真挚的情感表达。如点头礼、握手礼、微笑礼、鞠躬礼、拥抱礼、作揖礼、注目礼、挥手礼、脱帽礼在世界通行无阻；军礼和宗教礼仪虽然只在军队中、宗教界流行，但是，世界上的人都对它有所认知和相对接受。

礼仪广泛存在并触及社会生活的方方面面。不论是在家庭生活中，还是在社会交往中，抑或是在职场生涯中，礼仪广泛存在并且被社会普遍认可和遵从。在任何社会形态中，一个人的举止优雅、仪容整洁、服饰得体、语言礼貌都是受人欢迎的，而一个人的举止失范、仪容脏乱、服饰欠妥、语言粗俗都是被人嫌弃的。不论你是阳春白雪，还是下里巴人，不论你是居庙堂之高，还是处江湖之远，礼仪的触角都可以伸向你、感染你。现代礼仪的灵活性，一方面体现在礼仪活动主体应变的灵活性，能迅速觉察出社交场合、礼仪活动中情景、情况的变化，机敏地做出必要恰当的反应，从容而不失体面地做出决策，采取应变的措施。另一方面，现代礼仪本身的形式内容是灵活多样的，传统与现代礼仪的相互渗透，国外与国内礼仪的有机融合，使现代礼仪既彰显时代风貌，又蕴含文化道德精神。

第四节 礼仪的功能

礼仪具有能动的社会作用，它渗透于社会生活的方方面面，因而对社会生活的作用是积极的、巨大的。在现代社会中这种作用主要体现在交际功能、道德功能和管理功能上，它在社会生活中的能动作用既广泛，又深入。

一、交际功能

美国著名成功学家卡耐基有句名言："一个人的事业成功只有15%是出自他的专业技术所决定，另外85%，则要靠人际关系。"现代社会的发展给人们拓展了交往的空间，人生充实自我、展现自我、发展自我的舞台变得如此之大，在这个舞台上，礼仪是个人素养的体现，人际关系的基础，交往成功的保证。

（一）培养文明素养

礼仪是人类文明的标尺，也是人的社会化的重要内容。对礼仪的学习与践行，促进着人类文化的延续和文明水准的提高。一个具备良好文明素养的民族，必定是一个循规守礼的民族。文明素养的形成,是一个渐进的过程,它是人们遵照社会所提出的文明行为规范与行为模式不断实践、不断修正、逐渐提高的。正是由于礼仪对人们行为举止的规范,使得人们在仪容、语言、服饰、举止上注重修养,在待人接物上彬彬有礼,从而有所为,有所不为。礼仪是全体社会成员在社会生活中,应当遵守的最基本、最起码的公共生活准则。礼仪规范从最简单的环节入手,对人的喜怒哀乐起到抒发、陶冶、节制的作用,给人的自然的本性及行为以理智的指导,使其承担起各种社会角色责任,并在礼仪实践中,彰显出良好的文明素养。

(二)奠定人际基础

藏族有句谚语:"有枝有节的树容易攀登,知情达理的人容易接近。"人与人之间的交往,只凭表象去判断,一定是错误的,但我们又实在不能否定表象的作用。心理学里著名的"首因效应",说的就是这样的道理。有时候,一个细节就会成为交往的最大障碍,比如说在商业社会中,服装和仪表往往成为判断一个人工作情况的标准,肩上的头屑、皱巴的西装、衬衣领子与袖口上的污渍,会让首次与你见面的成功人士对你不屑一顾。在交谈中,声调略低、平静而语速适中的说话方式让人情感亲和;而节奏太快、口不择言、咄咄逼人会使人产生戒心。在人际交往中,遵循表示尊敬、友好的礼仪程序,通过礼貌的言行来获得人们的好感,树立良好的社交形象,是打开人际关系的金钥匙。

(三)保证交往成功

人际交往,贵在有礼。在现代社会中礼仪被称为人际关系的"润滑剂""调节器"。良好的礼仪可以指导和纠正人们的行为方式,促使人们在社会交往中敬人、自律、适度、真诚,从而在尊重他人的同时获得他人的尊重,左右逢源,无往不利;良好的礼仪可以弥合人际关系的裂痕,使人际矛盾成为"礼让"所化解,沟通已经疏远的人际关系。如我们给久不往来的朋友发一条祝福的短信,给有矛盾的同事送上一份生日的礼物,甚至于争吵过后的一个真诚的微笑,都会使得前嫌尽释;良好的礼仪还可以创造谋生求职的机会。礼仪让你懂得如何称呼、介绍和问候;懂得如何着装,怎样待客,得体的对待赞美与批评;还懂得如何同各种文化背景的人打交道,在不断变化的工作场所游刃有余,充满自信的活跃与职业舞台。因此,良好的礼仪又被称为"就职黄页"。在职业活动中,礼仪始终是各级组织对员工职业道德的基本要求。它要求人们热爱本职工作,在职场人际交往中彬彬有礼,与同事和睦相处、互相信任、诚意合作,营造出礼貌、诚意、公平的环境,最终赢得良好的信誉。礼仪促使职业人遵循社交原则,仪表服饰、言谈举止受人欢迎和尊重,从而增强职业自信心,自如地进行工作、学习和生活。

二、道德功能

在现代社会,礼仪作为人们行为基本的规范、修身的基本途径、为人的基本品格,是人类所共有的一种具有普遍意义的基础性的伦理规范,是人们处理好与他人、家庭、社会等各种关系的基本道德准则,也是一个公民履行社会职责过程中必须遵守的基本社会原则,它作为社会公德、职业道德、家庭美德的重要组成部分,在调节社会关系方面具有强大的道德功能。

(一)德性修养的支点

人的德性修养,就是通过道德践履和自我反思的方法,提高道德觉悟,培养高尚品格,以达到人格的完善。德性属于内在的东西,它本身不能直接地被感知,而要通过礼仪等行为表现出来。《礼记》说,礼的最高境界是"德辉动于内","礼发诸外"。德是礼的源泉和动力,礼是德的载体和表征。礼仪对于德性的塑造和完善,是通过它的教育功能和激励功能来实现的。所谓礼仪的教育功能,就是指它能够通过认知的方式,帮助人们理解礼仪的价值及其在人格塑造中的作用,从而自觉地培养礼的精神和礼仪素质;所谓礼仪的激励功能,就是指它能够通过评价的方式,激发人们的道德情感和道德意志,引导他们坚持不懈地追求良好的礼仪形象,塑造一种将内在的思想素质与外在的礼仪修养有机结合的完善的人格形象。

礼仪是一个知识系统,它是以约定俗成的方式建立起来的行为规范,它通过对个体的教化,植入人们的意识之中,使之形成自律感、耻辱感、厌恶感等,从而将规范的外在压力化为内在的要求。由于礼仪规范熔铸着社会、时代的道德伦理原则及价值观念,成为个体、群体用以衡量、决定、评价自身行为的准则和依据,因而既有对人类的自然习性进行陶冶塑造、规范、限定的一面,同时又有愉悦感官、提升觉悟、培养品格的一面,习礼、践礼的过程正是人生成长的过程。礼仪有一个重要的特点,就是可以把内在的修养与外在的形象很好地结合起来,既以德带礼,又以礼显德。"礼"的精神是理想人格的重要内涵,"礼"的形象是理想人格的外部表现。礼仪不仅是一种美德,也是一种境界。从人性而言,它是真的;从道德而言,它是善的;从审美而言,它是美的。遵循礼仪的人,在敬人律己中会获得一种极大的伦理优势,这种优势会敦促他不断地修养完善自我,从而达到人格修养的高尚境界。

(二)道德教育的载体

道德教育是培养理想的道德人格、道德品质、道德风尚的重要手段。人的道德水平都是通过不断努力,循序渐进,逐渐提高的。道德教育必须面向社会实际,充分考虑社会生活的多样性、层次性和复杂性,确保普遍的道德准则为社会所公认。而礼仪作为普遍的道德准则及其将德性与实践性紧密结合的特征,自古以来就是道德教育的基础和核心内容。在中国古代,孩子们一开始识字,就要有步骤地接受礼仪的启蒙教育,从《三字经》《增广贤文》《百家姓》《千字文》《弟子规》《仪礼蒙求》《蒙养礼》等蒙书教材中,可以看出"礼教"内容的丰富和广泛。15岁以后,开始接受成人系统的礼乐教育,《周礼》《仪礼》《礼记》为读书人的必读书目,可见礼仪教育之普及程度。在社会实践中,古人强调以吉礼敬鬼神;以凶礼哀邦国;以宾礼待宾客;以军礼慑不协;以嘉礼亲万民。"礼"无处不在、无时不有。古人之所以将"礼"作为道德教育的有效载体,不仅因为礼仪渗透于社会生活之中的道德意蕴,更因为礼仪是传统美德的价值表现形式。礼仪首先是一种观念形态的东西,而当人们把那些观念性的东西变为交往中的言行举止时,就会形成礼仪行为,当这些行为变成全社会的惯例时,就变成了习俗。"习俗要求各种等级的人们互相恭敬和谦逊;谁要是在这一方面越犯规矩,如果是为了利益,则被人指视为鄙卑,如果是由于无知,则被人指现为愚蠢。"[①]这大概就是礼仪得以成为社会规则的深层原因吧。礼仪的践履,使人们内得于己,外施于人,在礼仪行为的实践中促进人与社会的完善,从而形成了尊礼重德的良好习惯。这种习惯是对道德践行的一种特殊的调控机制,是影响和制约人们思想行为的客观的社会力量。

在现代中国,公德教育是道德教育的重点,也是道德教育的软肋,我国国民的公德意识及行为一直饱受诟病,要求我们特别要注重道德行为的教育。现代礼仪是日常生活中相对习惯化了的生活方式。

(三)社会关系的秩序

虽然在现代社会礼仪已从治国安邦的典章回归于社会公德的基本范畴,但礼仪规范性的特征依然十分明显。个人礼仪、家庭礼仪、职业礼仪、涉外礼仪、习俗礼仪等等,无不具有自身的规范性,这种规范性具有一个最基本的功能,即通过调节功能控制人的行为,并形成良好的社会秩序。在调节社会关系的过程中,礼仪以其特有的方

---

① 大卫·休谟著,楼棋译.人性论[M].北京:中国社会出版社,1999:460-462.

式评价人们的行为,告诉人们哪些行为是有礼的、哪些行为是无礼的,哪些行为是善的、哪些行为是恶的,哪些行为是美的、哪些行为是丑的,并以特有的感召力引导人们扬善抑恶、趋美避丑,把人们的思想和行为纳入社会所需要的秩序的轨道。而且,礼仪作为一种操作性很强的道德规范,可以用语言、文字、动作进行准确的描述和规定,可以在社会交往中进行标准化操作,可以落实到人们的行为举止、仪态容貌、语言文字上,使人们按照"礼"的精神做符合道德的事情,对人们的社会行为、家庭行为、职业行为均有很强的调节作用。

(四)民族形象的标杆

礼仪是人类活动的规约,是社会交往的通行证,也是最能体现民族特质的东西。在国际交往中,国民言行举止的文明程度,反映一个国家的伦理修养和道德品性的高低。在国际社会,个人礼仪、家庭礼仪、职业礼仪、涉外礼仪、习俗礼仪常常被视为民族形象的标的。个人礼仪以个人为支点,是个人仪容、举止、服饰、谈吐等方面的行为规范与准则,其主要表现形式为整洁的仪容、优雅的举止、得体的服饰、礼貌的谈吐;其核心是律己敬人,表里如一。家庭礼仪包括家庭语言礼仪、家庭关系礼仪、家庭迎送与拜访礼仪、家庭仪式礼仪等,是家庭成员处理内部关系、家庭与社会关系以及家庭习俗方面的行为规范与准则,是家庭成员维系并增进彼此的感情、巩固家庭关系、加强家庭的内部沟通的重要手段。公共礼仪是指人们在公共交往活动中所遵循的相互表示尊重、敬意、亲善和友好的行为规范与准则。公共交往中的称呼、介绍、致意以及使用公共设施的礼节;交际中的语言礼仪、馈赠礼仪、访送礼仪;沙龙、舞会与宴请礼仪以及界域礼仪等等,都属于公共礼仪的范畴。公共礼仪要求人们安分守己,行为有序,在公共生活中自觉维护公共道德要求。职业礼仪是人们在职业生活所必须遵循的行为规范和准则,公务礼仪、商务礼仪、服务礼仪都是职业礼仪的范畴,职业礼仪是构建和谐职业关系的重要纽带,个人礼仪、涉外礼仪、习俗礼仪中所有与职业生活相关联的部分,都是职业礼仪的重要范畴。中国历史上被誉为礼仪之邦,为世界学习的榜样。在现代,相对于西方国家以西方礼仪作为通行证,从容地应对各种社会场景,在行为表现上保持的良好礼仪与修养,我们还有一定的差距。导致这种现象的原因,并不仅仅因为西方人依托早先进入国际交往空间将自己的礼仪形成国际标准所表现出的自信与优越感;更在于其礼仪体系的完整与传承,以及对自身礼仪文化的高度认同和深刻觉悟。在国际化的今天,中国要想在世界舞台上一展风采,必须适应世界游戏规则,塑造自己的国际形象。目前最具可操作性的就是重树社会生活动中的礼仪规范,用礼仪的方式约束公民的言行,利用礼仪的传统积淀性、规范约束性和民俗渗透性,为建设和谐文明的国家社会形象创造有利条件。

三、管理功能

自从20世纪初美国著名管理学家泰勒提出科学管理理论,从而为管理学奠基之后,对于组织的科学管理就成为全世界管理者们孜孜以求的目标。礼仪的功能作用其实不仅仅体现在人类社会交往中,同时也体现于社会组织自身发展的需要上。

(一)提高人才素质

进入21世纪以来,世界管理理论的发展早已从"物的管理"向"人的管理"实现质的转变。谁拥有了高素质的人,谁就掌握了未来,这已是共识。在日益激烈的组织竞争中,每一个组织都为拥有和培养一支高素质的员工队伍而各显神通。那么,所谓"高素质"的定义也在随着时代的发展而不断地变化。在日本,有高层管理者提出:"礼仪的体现,才是人才的体现。"美国著名的形象设计师莫利先生曾对美国《财富》杂志排名前300名的企业执行总裁进行过调查,97%的人认为能展现外表魅力的人,有更多的升迁机会;93%的人认为第一次面试着装不当会被拒绝;100%的人认为应该有职业形象设计课对员工进行培训。[①] 而在中国,对于人才的评价也早已从品行好、能吃苦、业务强等内涵向形象、气质等外延拓展。许多大型组织开始对员工的礼仪与素养提出明确的要求,如"淡妆上岗""正装上班"等已写进了岗位守则之中,被要求必须执行,礼仪培训也被列入员工培训的必修科目。

(二)凝聚组织人心

俗话说:"人心齐,泰山移。"在一个组织的管理中,人心向背是至关重要的。凝聚人心,需要组织成员强烈的认同感,需要构筑良好的沟通渠道,还需要调节好各种利益关系,而良好的礼仪在其中可以起到重要的作用。首先,礼仪可以维系良好的、健康的人际关系,使组织成员满足自身的需要。按马斯洛的需要层次论,人的需要可以依次分为生理的需要、安全的需要、尊重的需要、爱的需要、自我实现的需要等五个层次。这些需要有物质层面的,更高的却是精神层面的。如果一个组织人际关系紧张、混乱,同事之间互相敌视、戒备,人们惶惶不安,行为怪异,是无法满足个人的归属、受尊重和实现自我价值的需要的,组织内的人员必然人心涣散。而如果组织成员之间经常利用礼仪来传递道德和善意,表示互相之间的尊敬与谦让,共同铸造出文明友好

---

① [加]英格丽·张.你的形象价值百万[M].北京:中国青年出版社,2005:145.

的氛围,人们必然会心情舒畅,产生强烈的归属感和认同感。其次,礼仪可以形成良好的沟通渠道。在现代管理中,沟通是最重要的组织职能,礼仪的各种形式是沟通的重要形式。如升旗仪式、阅兵仪式、开业仪式、签约仪式等等仪典、仪式,传递和扩散着本组织的信息,渲染着特殊的组织气氛,是沟通组织与社会的最好方式,使人们乐此不疲;贺信、贺电、聘书、致谢函电等礼仪文书,传达着敬意、关切和问候,是沟通组织成员之间、组织与组织之间关系的最好方式;语言和蔼、言辞有度、举止得体等将口头语言与体态语言相结合,使人们从宜人的话速语调、礼貌的称呼、亲切的微笑、优雅的身姿、热情的握手、拥抱中感悟关心和爱心;还有宴会形式,无论是家宴、便宴,还是正式宴会,都于杯盏往来中传达友好敬意,也是沟通不可或缺的形式。最后,礼仪可以调节各种利益关系。礼仪作为一种规范、程序,作为一种相对固定的文化传统,对人们之间的关系模式起着固定、约束和调节作用。人们在组织中的作用关系、上下位置以及各自的权利与义务,都受着各种礼规的约束。比如在乘坐轿车时、行走时、进餐时、会谈时,次序按位置排序可以使人们各就各位,减去不少麻烦。

(三)塑造组织形象

组织形象是一个组织在社会交往中形成的综合化、系统化的印象。组织形象的内涵十分丰富,在现代社会,人们一般用"知名度"和"美誉度"两项指标来衡量组织形象。知名度是指社会公众对一个组织知道和了解的程度;美誉度是指社会公众对一个组织信任和赞许的程度。知名度高并不意味着美誉度高,"誉满全球"和"臭名远扬"都是"知名度"。美誉度高也并不意味知名度高,"酒香不怕巷子深"的时代早已成为过去。良好的组织形象,应当是知名度与美誉度并重。对于一个组织而言,每一个运作环节都与组织形象息息相关,礼仪则体现在组织活动的各个环节当中,通过组织员工的仪表规范、言辞谈吐、行为方式中的礼貌、礼节表现出来,通过组织参与社会活动中的仪式、仪典体现出来,如果组织的每一个成员能够时时处处按照礼仪的要求去开展工作,以礼仪的准则来协调组织与社会、组织与公众间的关系,注意自身形象的完善和完美,讲求自身行为的有礼和有节,这对塑造组织的良好形象将会起到极其重要的作用。

良好的组织形象,犹如具有一笔无形的财富,为组织的生存、发展创造着种种便利。它能使组织提高社会地位,被社会所认同;它能赢得公众的信赖,获得发展动力;它能使组织内有凝聚力,外有吸引力,团结员工,广揽人才……正因为如此,近年来组织形象设计才大行其道,特别是在成功的企业里备受重视。在20世纪80年代德国人创造的企业形象设计(CI)中,视觉识别的设计是其中的重头戏。它要求将企业所有的外显标志,从企业名称、品牌标志、标准字体、图形色彩,到产品及其包装、办公设备用品,直至员工的工作制服及其饰物、厂旗、厂徽等一切可视物无一例外地标准化、规范化,建成一套完整的、独特的、显示企业个性特性的符号系统,供公众识别、认同。这种注重形象设计的做法,使企业更加重视礼仪的作用,许多礼仪学校、礼仪讲习班和礼仪课程应运而生。经过系统的礼仪知识培训后的人们,学习了知识,陶冶了情操,锻炼了技能,美化了风貌,为组织赢得了极大的赞誉。

(四)构建文化软实力

从国家和社会治理角度看,礼仪文化将成为构建国家软实力的重要元素。著名学者胡鞍钢指出:"今天的中国是前天的中国(1840—1949)、昨天的中国(1949年之后)内生性演化而来,绝不是外生性移植而来。这就决定了中国的国家治理体系更具有'中国性'或'中国特色',它是由中国历史传统、文化传统、历史轨迹、历史选择所决定的。"[①]如何在改革开放的背景下,在经济全球化与政治民主化进程中,在传承传统文化的基础上,形成凝聚人心的礼仪文化认同,筑牢民族国家共同体的根基,如何在多元化条件下,构建尊重传统、包容多元的礼仪文化以促进社会治理,是社会治理题中的应有之义。要以优秀传统文化为根基,通过培育开放、包容的现代礼仪文化,在提升和完善人的精神价值的基础上,逐步建立适应时代需要的公民道德,提高文化创造的效率和价值,增强社会治理的水平。

从根本上看,软实力关乎民族兴衰、国家强弱、人民贫富,对任何国家的发展不可或缺。"在国际较量中,一个国家硬实力不行,可能一打就败;一个国家软实力不行,可能不打自败"[②]。纵观世界,国家间的竞争实质上是国家之间软实力的竞争。国家软实力的核心要素表现为民族凝聚力和社会文明度。这两个方面通过公民的文明素养体现出来,可以说,国家软实力提升的过程,实质就是公民文明素养提高的过程。因此,把礼仪文化融入社会治理中,对于增强礼仪文化的影响力和辐射力,改变国民精神淡薄、社会道德失范、公民理性缺乏、公民素质不高等方面具有其独到的优势。

第五节 学习礼仪的途径

学习礼仪的途径是多种多样的。学校教育和社会实践是两条主要途径。学校是

---

① 胡鞍钢.国家治理现代化不是西方化[N].光明日报,2014-06-23.
② 张国祚.中国文化软实力研究报告(2010)[M].北京:社会科学文献出版社,2010:60-62.

学生受教育的场所,应该成为礼仪道德教育的重要阵地。学校礼仪教育可以使学生在思想上和行为上受到熏陶和训练,将礼仪知识内化为自身的素质,从而真正收到实效。社会实践是学习礼仪的又一途径,社会实践可以使学生提高分辨礼与非礼的能力,掌握礼仪技能。因此,在学习内容上,要做到将礼仪知识与道德要求相结合、传统礼仪与现代礼仪相结合、系统常识与专业特点相结合的"三结合";在学习方法上,要做到理论学习与技能训练相结合、知识接纳与习惯养成相结合、学校学习与社会实践相结合的"三结合"。通过这两个"三结合",将礼仪知识与技能变为实际行动,形成文明的行为方式,达到高尚的人生境界。

一、整合学习内容

在学习内容的选择上,实现礼仪知识与道德要求相结合、传统礼仪与现代礼仪相结合、系统常识与专业特点相结合的"三结合"模式。

(一)礼仪知识与道德要求相结合

将礼仪知识与道德要求相结合,坚持寓礼仪学习于道德修养之中一些礼仪规范虽然稍嫌烦琐,却能避免品行上的疏忽。在礼仪学习中应该把道德要求按照礼仪的方式进行组织,将礼仪与一定的制度规范相结合,充分运用礼仪的道德功能,从行为举止、仪态容貌、服饰语言上规范自己的行为方式,并且将这些规范延伸至生活之中,按照"礼"的精神做符合道德的事情,在社会生活中渗透基本礼仪常识的养成,使礼仪成为自己乐意接受的约束,自觉遵循的规范,努力追求的修养。

(二)传统礼仪与现代礼仪相结合

将传统礼仪与现代礼仪相结合,坚持以传统礼仪为基础,现代礼仪为主导在传统礼仪中,有许多好的观点、观念,有许多好的礼节、习惯。比如,关于"礼"要以"诚"为基础、做人要真诚、待人要诚恳的观点,关于礼主和的精神、包容之理、待客之道的观点,关于协调和处理人际关系要讲究"适度"的观点,关于尊老爱幼、孝敬父母的规矩,礼尚往来、入乡随俗的规矩,讲究举手投足、视听坐卧、衣着打扮等仪态容貌的要求。这些观点和规矩,对于处理现代社会人际关系仍然具有普遍的意义。但当今世界发展日新月异,人们交往日益频繁,在相互往来中,逐渐地形成了许多既蕴含各国、各民族礼仪特点又是不同国家不同民族人们可以互相懂得的现代的、国际性的礼仪,这些礼仪能认同所接触到的越来越多的不同文化和习俗。因此,在学习中要注重将传统礼仪与现代礼仪创造性地结合起来,结合当今世界和中国的实际情况,对待传统文化采取批判继承的态度,抛弃其封建糟粕,以便更好地吸收本民族的精华,形成既符合国际惯例,体现现代礼仪精神,又具有中国特色的现代礼仪文化。

(三)系统常识与专业特点相结合

将系统常识与专业特点相结合,把握专业的特点,选择好学习内容礼仪学是一门博大精深的学问,它可以从伦理学、社会学、民俗学、美学等各个角度进行诠释。一般而言,大学生需要掌握的礼仪的基本知识包括以下几个方面:礼仪的概念,主要了解礼仪是一门什么样的学问;个人礼仪,主要包括言谈、举止、服饰等方面的礼仪要求;家庭礼仪,公共礼仪,通常包括交际礼仪、聚会礼仪、宴请礼仪、馈赠礼仪等等;职业礼仪,通常包括办公室礼仪、会议礼仪、公文礼仪、公务迎送礼仪等;商务礼仪,主要包括商务着装礼仪、商务洽谈礼仪、商业礼仪等等;服务礼仪,通常包括服务礼仪准则、服务礼仪形象、服务礼仪技巧;涉外礼仪,通常包括涉外礼仪通则、外交迎送礼仪、外事活动礼仪等等;习俗礼仪,主要包括日常生活礼俗、岁时节令礼俗、人生礼俗(如婚嫁礼俗和丧葬礼俗)等等。但针对不同的专业,学习的侧重点是不同的。如公共管理专业应加大公共礼仪、公务礼仪和习俗礼仪的学习比重;商科专业应加大商务礼仪和涉外礼仪的学习比重等等,根据专业的具体情况,将系统常识与精简实用相结合,选择好学习内容。

二、创新学习方法

在学习方法上,实现理论学习与技能训练相结合、知识接纳与习惯养成相结合、学校学习与社会实践相结合的"三结合"模式。

(一)理论学习与技能训练相结合

由于中国礼仪与外国礼仪、传统礼仪与现代礼仪的发展轨迹、内涵、外延都不尽相同。当今时代,许多旧有的礼规仍在起作用,不容违反;新的礼规却层出不穷,不断变化。因此,必须通过课程学习了解中外礼仪的发展进程,了解现代礼仪的丰富内涵,了解它们的功能和作用,形成对礼仪的全方位认识,真正做到学以致用,运用礼仪规范,培养文明的习惯和素质。又由于礼仪具有很强的实用性与可操作性,从某种意义上说,它实际上是门实用性的科学。因此在掌握了礼仪常识之后,还必须掌握一些操作的技能,也就是说进行一些操作训练,如个人礼仪的技能训练。包括良好的身体姿态的训练,形成良好的站姿、坐姿、走姿、表情与手势;服饰搭配方面的训练,形成良好的着装风格;语言谈吐方面的训练,形成良好的语速、语调,掌握敬语的使用;仪容修饰方面的训练,掌握一般的美容、美发常识等等;交往礼仪的技能训练,包括介绍的方式、拜访与接待的方式、宴请的方式、礼品的选择、座次的安排、舞姿舞步、环境的布置等等;礼仪文书的技能训练,掌握用书信和其他文字方式表达情感的礼仪形式等等。这种学习方式的参与性,能够取得很好的学习效果。

礼仪教育是一种综合性的教育,它特别强调理论和实践的同时发力,能力与德性的平衡塑造。礼仪教育的着力点并不在于教会学生多少礼仪知识,形成外在的礼仪形式;而是能不能在这个形式中注入礼仪的品质,使学生形成律己敬人的道德情感和秩序意识。因此,礼仪教育不能单纯以知识的掌握作为着力点,而应该以全面提高学生的道德践行能力为着力点。目前,由于对礼仪教育理解的偏失,使得教育过程过于注重礼仪技能的灌输,如怎样使用体姿、如何使用敬语、如何仪表整洁、如何遵守秩序等,而较少关注德性的实践,对如何理解礼仪的精神,使用礼仪来表达律己敬人的情感,做得很不够,从而使礼仪学习颇显浅薄,呈现重形式轻内涵的弊端。在一些学校,礼仪教育是华丽丽地来,静悄悄地走。如果我们的礼仪教育不能给人以身心合一的情感体验,就缺失了最本质的人文情怀,教育的平衡点就出现了偏差。

(二)知识接纳与习惯养成相结合

礼仪素质的养成,必须从点滴小事做起,从大处着眼,小处着手,寓礼仪知识于日常行为之中,然后逐步渗透于方方面面,最后使自己成为一个时时处处恪守礼规的人。根据礼仪教育自身的规律性,学习过程中应该力求将知识接纳与习惯养成相结合,使自己在理论学习和技能操作中掌握敬人、自律、适度、真诚等礼仪原则和相关的知识,并积极地身体力行,把礼仪原则、规范运用到自己的交往实践中去,运用到自己的生活和学习中去并时刻对照、检查,再把新的认识贯彻到行动中去修正,如此不断循环,从而达到提高礼仪品质,养成良好德性的目的。

(三)学校学习与社会实践相结合

礼仪的实践性是由礼仪学习的特征而决定的。第一,礼仪学习具有侧重性。由于人与人之间的交往关系错综复杂,因而在交往过程中碰到的礼仪问题也会呈现出复杂性特征;又由于个人所处环境、所具有的生活经验以及知识水平不同,因而在礼仪的掌握上也会有所不同。这样学习礼仪的侧重点也就不一样。初学礼仪的人可以把日常礼仪规范作为自我修养的重点;参加公务员工作的人可以把公务礼仪作为自我修养的重点;参加商业工作的人可以把商务礼仪作为自我修养的重点等等,这便是礼仪学习的侧重性。第二,礼仪学习具有重复性。礼仪学习不但要使人们形成对礼仪的认知,而且要求实现礼仪行为上的自觉。要做到这一点,必须经过长期反复的陶冶、磨炼、学习和实践。第三,礼仪学习具有适应性。礼仪学习必须适应当时社会实践的客观状况和客观要求,在承认人与人之间平等协作关系的基础上,实现人与人之间的相互尊重、尊敬、关怀、真诚。礼仪学习还必须注重使自己实际地践行礼仪规范,而不能只停留在主观的范围内。第四,礼仪学习具有渐进性。礼仪学习不是一蹴而就的,每个人的礼仪水平都是通过不断努力,循序渐进,从而逐渐提高的。第五,礼仪学习还具有实践性。任何礼仪学习必须在实践中实行才能得到实际的效果。正由于礼仪学习具有实践性特征,因此,在礼仪学习方面,应该特别强调实践的作用,鼓励受教育者积极参加交往实践活动,从中认识自己的哪些行为是符合礼仪规范要求的,哪些行为是不符合礼仪规范要求的,去克服自己的非礼行为,培养自己的礼仪品质。

思考题:

1. 人类的礼仪起源是什么?
2. 中国传统礼仪的发展经历了几个阶段?
3. 东西方的礼仪教育有什么特点?
4. 礼仪的内涵、原则、功能是什么?
5. 学习礼仪有哪些途径?

第二章 个人礼仪

第一节 个人礼仪概述

　　个人礼仪是个人的公共道德修养在社会活动中的体现,是对社会成员个人自身行动的种种规定。孔子曰"不学礼,无以立",他的意思是说一个不注重个人礼仪修养的人是很难立足于社会的。随着社会的进步与快速发展,人们越来越重视在社会生活中展现自己的个人礼仪风采。对个人来说,有礼、有节、有度的修养和风度是文明行为的道德体现;就民族而论,个人礼仪是民族精神与文化传统的表征。现代公民良好的礼仪水平不仅能反映国家的文明状况和社会的风尚,还有助于整个社会秩序的稳定有序。

　　2019年,党中央、国务院颁布《新时代公民道德建设实施纲要》,强调要把社会公德、职业道德、家庭美德、个人品德建设作为着力点,推动践行以文明礼貌、助人为乐、爱护公物、保护环境、遵纪守法为主要内容的社会公德,鼓励人们在社会上做一个好公民,推动践行以爱国奉献、明礼遵规、勤劳善良、宽厚正直、自强自律为主要内容的个人品德,鼓励人们在日常生活中养成好品行。《纲要》的颁布是新时代加强公民道德建设、提高全社会道德水平,促进社会全面进步、人的全面发展的必然要求,是新时代公民在社会生活中的行动指南。因此,注重个人礼仪修养是顺应时代发展的迫切需要,也是提升新时代公民整体素养、满足人民对美好生活向往的迫切需要。

　　本章主要内容是通过阐释个人礼仪内涵以及个人仪容、举止、服饰、语言等方面的基本礼仪规范,为涵养出内外兼修的个人形象奠定基础。

一、个人礼仪的内涵

　　个人礼仪是社会个体在个人生活领域所体现出来的符合"礼"的精神的行为规范,是个人仪容、举止、服饰、谈吐、待人、接物等方面的具体规定。

　　个人礼仪是从人类历史发展中逐渐形成并积淀下来的指向个人素养的一种文化,它以礼敬的精神约束和支配每个人的行为,反映一个人的道德修养、审美修养、个性气质与文化品位。在社会交往中,每个人都应该以一定约定俗成的程序和方法来表现自己的律己、敬人的语言以及行为。比如,在公共场合,个人在仪容修饰上要求干净整洁,美观大方,在行为举止上应该以不妨碍他人为目的,做到言语文明,举止优雅。

个人礼仪不是简单的个人行为表现,而是个人公共道德修养在社会活动中的体现,因而,内强素质外塑形象是个人礼仪的根本要求。"诚于中则形于外",只有内心具备了高尚的道德情操,才能自觉按照社会文明的要求,规范言行,摒弃陋习;才能严于律己,宽以待人;才能尊重别人、尊重自己。

个人礼仪的核心是律己敬人,表里如一。

二、个人礼仪的特征

个人礼仪具有以下基本特征。

(一)主体性

个人礼仪不是对社会组织或其他群体行为的规范要求,而是对社会成员个人自身行为的种种规定。在社会生活中,个人是行为的主体,每个人都对自己的言行举止负责。个人通过自我修为,遵守社会公德,规范生活行为,以展现自身的社会形象。当然,社会组织或群体都是由一定数量的个体成员组成,个人行为的好坏会直接影响其组织或群体形象。因此,我们强调个人礼仪,规范个人行为,不仅是为了提高个人自身的内在涵养,更重要的是为了促进社会的和谐发展与文明进步。

(二)外显性

"诚于中"而"行于外"。个人礼仪是个人的公共道德修养在社会活动中的体现,它反映的是一个人的内在品格与文化修养。因而,个人礼仪强调以社会公德为基础,以个人品德修养、文化素养为动力源。个人内在的品德、修养必然会通过一定的表现形式呈现于社会生活中,其表现方式则是个人在日常生活、各类场合中通过自身的言行举止,展现个人在礼貌、礼节、仪式等方面的修养。所以,个人礼仪具有外显性特点。

(三)累积性

荀子说"不积跬步,无以至千里"(《荀子·劝学》),个人内在的品德修养、知识积累是由量变到质变发展的过程,即所谓"勿以善小而不为"。因而,良好的个人礼仪修为也不是一日之功所能及的,必须经过个人长期不懈的努力且在实践中不断学习和完善。所以,对个人礼仪规范的掌握切不可急于求成,更不能有急功近利的思想,必须持之以恒,循序渐进,从大处着眼,小处着手,逐渐提高个人礼仪修养,使遵礼、守规真正成为个人的一种自觉行为。

(四)时代性

无论是中华民族的礼仪文化,还是国际礼仪文化,都是跟随社会历史的发展而不断发展完善、不断去陈创新的,每个历史时期都有与之相适应的礼仪规范。因此,个人礼仪具有时代性特征,必须顺应时代发展,让自己的礼仪行为符合时代要求。

三、个人礼仪的原则

个人礼仪必须遵循以下原则:

(一)自律原则

自律即自我约束,人们在社会交往中,要以律己敬人为目的来约束自己的举止行为以及行动态度。要求做到仪态端庄、举止得体,同时要规范对他人的行动态度,"己所不欲,勿施于人",要求别人做到的自己首先做到。不断提高自我约束、自我克制能力,在践行礼仪规范中做到自觉自律。

(二)适度原则

个人在应用礼仪时要遵循适度的原则,注重把握分寸,得体适宜。礼仪讲究规范和程序,而规范、程序本身就是一种"度"。比如,在与人交往中,既要彬彬有礼,又不能低三下四;既要热情大方,又不能轻浮诌谀。无论是表示尊敬还是热情都要恰到好处地以礼相待,过"度"的表现会适得其反。

(三)尚雅原则

孔子曰"文质彬彬,然后君子"(《论语·雍也》),即是说作为"君子"的人应当举止文雅而有礼貌,因此,"礼"与"雅"是内在地统一于个人主体之中,崇"礼"必然要求"尚雅"。内强素质,外塑形象,追崇高尚的内在品德、高雅的文化品位和典雅的审美情趣,塑造仪容举止优雅、语言谈吐文雅、着装搭配淑雅的个人形象,是个人礼仪所应尊崇的重要原则。

第二节 仪 容 礼 仪

所谓仪容,即人的仪表容貌,个人发式、面容以及人体所有未被服饰遮掩的部分所彰显的相貌,通常都称为仪容。

仪容传达出最直接、最生动的第一信息,反映着个人的精神面貌。仪容之美是自然美和修饰美的集合物。自然美是由遗传决定的,通常可遇而不可求;而修饰美是可以后天习得的,适度的修饰能有效地弥补缺陷和不足,凸显自身的优势。仪容端庄不仅是现代社会交往对个人的要求,同时也是个人修养的一个重要标志。

个人仪容礼规包括对发式、面容、颈部和人体四肢的养护和修饰等方面的要求。保持健康、美观、清洁的仪容是爱护自己、尊重他人和热爱生活的表现。

一、保持身体的清洁

讲究个人卫生是保持自身良好形象的基础和前提,也是最起码的文明准则。保持身体各部位的清洁是个人礼仪最基本的要求。

(一)头部的清洁

头部清洁包括头发、面部及五官的清洁。

1. 头发的清洁

要保持每天头发的清洁。一般一周清洗两三次,油性发质可增加洗发次数。保持头发无灰尘、不油腻、无异味。

2. 面容的清洁

一般每天早、晚各洗一次脸为宜。若白天出汗多、外出灰尘污染较严重,必须及时清洗,保持面部的整洁干净。注意清洗脸部时应连同颈部一起清洗。

3. 口腔、耳、鼻、眼部的清洁

每天早、晚要刷牙,保持牙齿、口腔清洁。在参加社交活动前,应注意不吃葱、蒜、韭菜之类的食品,以免口腔异味,如果食用了,可咀嚼口香糖或茶叶以除异味。每天洗脸时,应同时清洗好眼部、耳部和鼻子表层。耳部内侧的清洗可用棉签顺着耳部结构进行清洗,注意不要弄伤耳膜。鼻孔也可利用棉签定期进行清洗,以保证面部整体清洁美观。

(二)手部的清洁

手部被称为人的第二张脸,在待人接物中,手作为仪容的一部分,充当着友谊的使者。做到手部保洁,要自觉坚持"五必洗",即吃东西前洗手,上过卫生间后洗手,外出归来洗手,上班前后洗手,手脏以后洗手。在一些特殊的岗位上工作时,还必须戴上专用手套。

（三）下肢的清洁

一要勤洗脚。人的双脚不但易出汗，且易产生异味，必须坚持每天洗脚。二要经常修剪趾甲，勤换鞋袜。一般要每天换洗一次袜子，才能避免脚臭。还要注意尽量不穿不透气、吸湿性差、易产生异味的袜子。对于鞋子，也要注意勤快换洗、晾晒。

同时，要勤洗澡，勤换衣，清爽宜人，保持身体不发生异味。

二、仪容的修饰

仪容的修饰除了保持仪容的清洁，还包括对仪容的养护和美化。个人先天条件的不足，可以通过后天的修饰来加以弥补。

化妆，是一种修饰仪容的方法。适度得体的妆容可以展现个人风采，也是礼敬他人的一种表现方式。化妆是一门技术，也是一门艺术，"美丽自然"是美容化妆的精髓。

（一）发式修饰

现代社会，头发的功能不仅仅是对性别的鉴别，更多的是能反映出一个人的德行修养、审美修养以及行为规范。人们通过一个人的发型可以判断出其职业、身份、受教育程度、生活状况及卫生习惯等，同时还能感受其对工作和生活的态度。

头发整洁、发型大方、修饰得体是对发式的基本礼仪要求。

1. 头发的养护

要注意头发的养护。一是经常梳理头发，经常梳理头发可保持头发的光泽和柔软。二是经常按摩头部，按摩头部有助于促进头部的血液循环，促进头发的生长，防止头发脱落。三是洗发、护发产品要适合自己发质，进行定期养护，以保持头发的健康、光滑、亮泽。

2. 头发的修饰

(1) 修剪发型

男士应半月左右剪一次头发；女士可根据个人情况而定，如果是短发型，则最长不应超过一个月。

发型应长短适中，在非社交场合，男士头发可稍长，但一般不应长发披肩，梳辫挽髻；女士可以留短发，但一般不剪寸头。女士在头发的长度上虽可以中性化一点，但一般不应超过极限（参见图2-1、图2-2）。

图 2-1

图 2-2

在参加重要应酬前,一定要进行一次洗发、理发、梳发,这是最基本的礼仪要求。

(2)发型的选择

发型的选择要与脸型、体形、年龄、职业、气质和谐统一。

第一,发型应与脸型协调。人的脸型有长、方、圆、尖、凹、凸等类型。发型的好坏,关键在于对人的脸型是否合适。例如,圆脸型应避免后掠式或齐耳的内卷式,可采用轻柔的大波浪,将头发分层削剪,使两颊旁的头发紧贴,盖住脸颊,或将头前部和顶部的头发吹高,使脸部有延长的感觉。方型脸要尽量用发型缩小脸部的宽度,脸颊两侧的头发要尽量垂直,使头部形态显得清秀一些。

第二,发型应与体形、年龄协调。发型的选择与体形、年龄相匹配,会增添个人魅力。比如就女性而言,苗条的姑娘,宜选择较长的发型。体形矮胖的姑娘,则以有层次的短发为佳;年长者适宜的发型是大花型短发或盘发,给人以精神,温婉可亲的印象。而年轻人适合选择活泼、粗放、简单、富有青春活力的发型。

第三,发型应与自己的职业、与周围环境协调。青年学生,发式要活泼大方,以显示出青年人的朝气与活力;教师,应选择端庄大方的发式,以示教师的庄重典雅;演员,则可选择时尚的发型。

第四,发型应与服饰协调。发型必须根据服饰的变化而变化。如女士穿着礼服时,可选择盘发或短发,以显得端庄、秀丽、典雅;穿着轻便服装时,可选择各式适合自己脸型的轻盈发式。

(二)面部修饰

面部是人体最动人的部位,是人际交往中他人所注意的重点。整洁、简约、端庄、美观是面部修饰的基本礼仪要求。

1. 皮肤的养护

护肤是美容的基础,保持容颜的美丽,最重要的是做好日常的皮肤护理,使面部皮肤与颈部、手部皮肤保持光洁和水分,富有弹性。

随着年龄的增长,皮肤会逐渐老化并失去光泽和柔韧,产生皱纹,这是不可改变的生理现象。但采用科学的方法保护皮肤,延缓皮肤的衰老是可能的。

(1)人的皮肤可以分为中性、油性、干性和混合性四种类型。不同性质的皮肤采用不同的护肤品和保护方法,以保证皮肤的健康和美观。

(2)保持乐观的情绪。乐观的情绪是最好的"润肤剂",俗话说"笑一笑,十年少""愁一愁,白了头",可见皮肤与精神状态有着非常密切的关系。

(3)保持充足的睡眠。睡眠充足,会使人精神饱满,容光焕发,皮肤光亮润泽,目光富有神采。

(4)摄取足够的水分和营养一是体内保障足够的水分;二是注意室内空气的湿润;三是从食物中摄取各种营养成分。拥有健康的身体,才会拥有美丽的容颜。

(5)有效的皮肤护理皮肤护理包括面部护理和浴身。保持皮肤清洁,可以促进皮肤血液循环,增强皮肤抵抗力。应使用正确的洗脸方法,还可进行面部按摩,使用适合自己的面膜或营养液敷脸,进行有效的皮肤保养与护理。此外,如果白天化了妆,一定要注重卸妆,不要带妆过夜,以免使皮肤受到伤害。

依据社会交往的需要进行面部修饰,保持整洁、简约、端庄、美观的外在形象,是基本礼仪要求。

2. 化妆的基本技巧

(1)遵循"三庭五眼"的审美标准

面部化妆以突出五官中最美的部分并掩盖或矫正缺陷为目的。面部五官以"三庭五眼"的比例为标准。"三庭"是指,上庭:从额头的发际线到眉线;中庭:从眉线到鼻底线;下庭:从鼻底线到颏底线。"五眼"是指从正面看,右耳孔到左耳孔之间的脸部横向距离,正好相当于自己五只眼的宽度。即两眼角至脸边线各为一支眼睛宽度,两内眼角之间为一只眼睛宽度。如果符合这个比例,就产生匀称感,如果不符,就要在化妆时运用一定的技法进行调整和弥补(参见图2-3)。

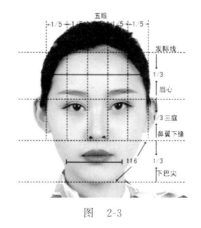

图 2-3

(2)追求美观得体的化妆效果

化妆的目的是使人变得更加美丽,化妆既要求美化、生动、具有生命力,更要求真实、自然、天衣无缝。化妆的最高境界是"妆成有却无",不显露化妆痕迹,达到自然美观的效果。

化妆既要讲究个性又要符合场合,比如,不同的场合选择不同的化妆方法:生活、工作妆宜淡,社交妆宜雅,盛会妆宜浓。又如,不同的年龄选择不同的化妆方法:自然、清新的妆容能体现少女的青春气息;柔和、雅致的妆容能体现中老年女性端庄、优雅之美。

化妆讲究其整体效果,应努力使妆面协调、服装协调、场合协调,以体现自己超凡脱俗的气质和高雅的品位。

(3)掌握化妆的基本步骤

化妆的基本步骤是:清洁面部→修饰眉毛→基础底色→定妆→修饰眼睛→涂腮红→涂唇膏→美化手部。

待所有步骤完成后,全面检查一下整体化妆效果,尽量不要显露修饰过分的痕迹。同时,使妆容与着装、发型、身份、气质、场合等因素相宜,展现出自己既端正、美观又合乎身份、场所的个人形象。

此外,由于性别的差异和人们认知角度的不同,使得男女在面容美化的方式方法和具体要求上有所不同。

男士面容修饰的基本要求是干净、简约、大方。面容修饰重点是皮肤的保养和保持面部的整洁,非职业要求不宜涂脂抹粉。此外,应养成每天修面剃须的良好习惯,如要储须必须考虑工作是否允许,并且要经常修剪,保持干净卫生。

(三)身体其他部位的修饰

1. 颈部的修饰

颈部是人体最容易显现一个人年龄的部位,平时要和脸部一样注意保养,护理脸部皮肤时应连同给颈部涂抹保湿、润肤的护肤品,同时,对颈部进行按摩,使颈部皮肤绷紧,光洁动人。

2. 手部的修饰

手、手指和指甲的美,与人体其他部位的美一样,共同组成了个人的整体风采。除保持手部的清洁,其一要对手部进行日常护理,使用护手霜等产品滋润手部皮肤,防止手部出现干裂、脱皮、粗糙等现象。其二要经常修剪指甲,若留长指甲,则必须注意清洁而富有光泽。其三是可以美化指甲,涂抹指甲油是美化指甲的方法之一。对指甲油颜色的选择要以和谐自然为原则。一般而言,选择无色和自然柔和的颜色,色彩过于鲜艳或凝重一般不适宜职业女性。

3. 脚部的修饰

脚部虽然不是常年裸露在外的部位,但也一样要注意适时、适度地保养与修饰。

一是要保持脚部的清洁,并可使用护理身体的护肤品进行护理,防止其干裂粗糙。二是要经常修剪趾甲。三是女士在夏天穿凉鞋时,可以美化脚趾甲,但应注意选用的颜色要自然美观,并与自身肤色、身份和所处环境等因素协调。

三、仪容修饰通行的礼规

(一)勿当众修饰

勿当众修饰,这是一条重要的礼仪原则。仪容修饰属个人私事,只能在私人空间或无人在场的情况下进行。如果在公共场合若无其事地化妆、补妆、美手、美脚等,会显得缺乏教养,有时还会有辱自身。特别不要在异性面前随意装扮,以免产生搔首弄姿、吸引异性之嫌。

(二)勿以残妆示人

化妆要有始有终,维护妆容的完整性。为此,化妆后要常做检查,特别是在休息、用餐、饮水、出汗、更衣之后,要自察妆容,发现妆面残缺时,要及时抽身补妆,切勿以残妆示人。补妆时也应回避他人。

(三)勿评论他人的妆容

一个人修饰与否,怎样修饰,纯粹属个人自由。除非你是化妆品的销售人员,否则不得议论别人的化妆;除非别人主动讨教,否则不得批评、指责别人的装扮;此外,不得借用他人的化妆品,以免影响卫生。

(四)勿脱离角色定位

化妆应与自己的身份、精神面貌相协调,绝不应以离奇出众、有意脱离自己的角色定位,而追求荒诞、怪异、神秘的妆容,这样的妆容不宜提倡,因为它有损自己的形象。

第三节 举 止 礼 仪

所谓举止,是指人的动作和表情,它是一个人在社会活动中各种身体姿势的总称,人的一颦一笑、一举一动皆可称之为举止。

举止礼仪,是人们在社会交往中以维护道德、秩序和尊重他人为原则,对个人日常行为举止的规范要求。

举止是人体静态与动态的造型。弗兰西斯·培根说:"就形貌而言,自然之美要胜于粉饰之美,而优雅行为之美又胜于单纯仪容之美。"①仪态美的精华就在于从容优雅的行为举止。在人际交往中,人们除了用语言表达思想情感以外,还常常用身体姿势表现内心活动。用优雅的举止表达礼仪,常常比用语言更让受礼者感到真实、美好和生动。人们在人际交往中,尤其在正式场合,要求遵守举止有度的原则,做到行为举止文明、优雅、敬人。

一、了解体态语言

体态语言即通过人体及姿态发出的无声信息,它是以人的动作、表情、界域和服饰来传递信息的一种无声语言。

心理学家认为,无声的语言所显示的意义要比有声语言深刻得多。美国体态语言专家帕蒂·伍德在长期的实验中发现:一个人要向外界传达完整的信息,单纯的语言成分只占7%,声调占38%,另55%的信息都需要由非语言的体态语言来传达,而且因为肢体语言通常是一个人下意识的举动,所以它很少具有欺骗性。

体态语言具有形象性,以生动直观的形象告诉别人所要表达的意思。形体动作使人们的交往更有表达性和渲染性。体态语言还具有约定性,即形体被赋予了他人所能理解的意义,也有约定俗成的意思。比如,"摇头不算点头算",在许多国家和地区能被使用不同语言的人所理解。体态语言本身不是表达的主要手段,但它可以起到辅助的作用,能使实际语言更富有感情色彩,表达更充分,更有感染力。

体态语言可分为动态体语与静态体语两类。

(一)动态体语及其礼仪规范

1. 肢体语及礼仪规范

肢体语主要包括首语和手势语。

(1)首语是通过头部活动所传递的信息。它包括点头语和摇头语。一般来说,点头语的语义是首肯,摇头语的语义是否定。有人曾专门考察了点头语的语义:表示致意、同意、肯定、承认、赞同、感谢、应允、满意、认可、理解、顺从。应该注意的是,首语因文化和环境的差异而具有语义上的差别,例如在保加利亚和印度的某些地方,摇头表示肯定而点头表示否定,首语的语义恰恰相反。

(2)手势语是通过手和手指活动所传递的信息。包括握手、招手、摇手和手指动

---

① [英]弗兰西斯·培根.人生论·论美[M].何新译,上海:上海人民出版社,1983.

作等。手势语在日常交际中使用频率很高,范围也很广泛。人们常常以捶胸表示"悲痛",以搓手表示"为难",以拍脑门表示"悔恨",以相互握手表示"祝贺""感谢"等。在谈吐时运用手势语要优雅自然且符合礼仪。比如,说话时,伸出手的食指向对方指指点点,表示的是对对方的轻视,如果把手指指向某人的脸,则带有侮辱对方的意思了。此外,手势要尊重民族习惯。各个民族都有一些独特的手势语,或者同一手势可以表示不同的意思,同一意思可用不同的手势表示。所以,到了陌生的国度,"不知深浅,切莫下水",最好少用一些较为特殊的手势来表达自己的意思,如要使用就要符合当地的民族习惯。下面介绍几种较常用的手势形式。

"O"形手势:即圆圈手势,19世纪流行于美国。它的含义在美国和德国的意思是"一切都很好";在墨西哥的意思是情况是好的,并不是极好的;但在法国、阿根廷和大多数欧洲国家则表示"零"或者"没有";在日本代表"钱";在西班牙、俄罗斯、巴西、巴拉圭和乌拉圭被看作粗俗的手势;在一些地中海国家用来暗示一个男人是同性恋者;在中国这个手势用来表示"零"(参见图2-4)。

翘大拇指手势:在英国、澳大利亚、新西兰等国,翘大拇指代表搭车;在表示数字时,他们用大拇指表示5;在伊朗表示一种无礼的动作;在中国,翘大拇指是积极的信号,通常指高度的赞扬(参见图2-5)。

拇指朝下:在美国和加拿大表示反对;在希腊被看作粗野的标记,并经常被骑摩托车者用来对疯狂驾驶表示愤怒(参见图2-6)。

图 2-4　　　　　　　图 2-5　　　　　　　图 2-6

"V"形手势:第二次世界大战期间,英国首相温斯顿·丘吉尔推广这个手势,表示胜利,非洲大多数国家也如此。但如果手心向内,在澳大利亚、新西兰、英国则是一种侮辱人的信号,代表"up yours"。在欧洲各地也可以表示数字"2"(参见图2-7)。

紧握拳头:在巴基斯坦是令人厌恶的手势;在黎巴嫩,在空中挥舞拳头意味着猥亵(参见图2-8)。

单手指：单独伸出食指并指向他人，是一种极不礼貌的行为(参见图2-9)。

图 2-7　　　　　　　　图 2-8　　　　　　　　图 2-9

2. 表情语及其礼仪规范

表情语主要有目光语和微笑语。

(1)目光语是在交际中通过视线接触所传递的信息，又称眼神。眼睛被人们称为心灵的窗户。这是因为心灵深处的奥秘常常会自然地从眼神中流露出来。美国作家爱默生曾说："人的眼睛和舌头所说的话一样多，不需要字典，却能够从眼睛的语言中了解整个世界。"[①]通过观察一个人眼睛的变化，可以得到有关他的思想状态和情感状态的重要信息。双方用眼睛交流相互的态度，这两种功能结合在一起，就形成眼睛的"目光语"。

目光接触是人建立思想交流的最基本方式，在交谈中极其重要，专注地望着别人是"倾听"最明显的信号，也是在给讲话者反馈。全神贯注的眼光让讲话者感到支持和力量，并对它产生美好的印象。

目光的接触是一种信息，一个前奏，一种对进一步交往的邀请。在与人交流过程中，要不断应用目光表达自己的意愿、情感，同时要适当观察对方的目光，分析对方的内心活动，调整交谈的气氛。

目光语运用得当，有助于融洽气氛、交流思想、增进感情、加深印象。反之，轻则导致拘谨，重则产生误会。因此，有必要了解不同眼神的含义和目光运用的各种礼仪要求。

眼神表示不同的含义：如交谈时注视对方，意味着对其重视；走路时双目直视，旁若无人，表示高傲；频频左顾右盼，表示心中有事；对来访者，只招呼而不看对方，表明工作忙而没时间接待。相互正视片刻表示坦诚；相互瞪眼表示敌意；斜着扫一眼表示鄙夷；正视逼视表示命令；白眼表示反感；眼睛眨个不停表示疑问；双目大睁表示吃惊；行注目礼表示尊重等等。

---

① 转引自熊经浴.现代实用社交礼仪[M].北京:金盾出版社.2004:80.

（2）目光运用的礼仪规范。用目光注视对方的面部应自然、稳重、柔和,应是一种坦荡、自信的表现。眼神应是诚恳、友善的,表示对对方的尊重和友好。在目光接触中,凝视的部位、角度和时间不同,表明双方关系也不同。

第一,亲密凝视。这是亲人或恋人之间使用的一种凝视行为。主要看着对方的双眼和胸部之间的区域。

第二,公务凝视。这是人们在洽谈业务、磋商交易和贸易谈判时使用的凝视行为。这种凝视是指看着对方脸上的两眼和额头中部之间的区域。

第三,社交凝视。这是人们在社交场所使用的凝视行为。这种凝视是看着对方脸上的两眼到嘴唇之间的区域。眼神的运用则以散点柔视为佳,不要逼视对方。

此外,目光的运用还要注意以下礼规：

注视的时间不可过长,可偶尔将视线移开一下,但不得移开太久,自始至终地注视对方是不礼貌的。

不能死盯着对方某部位,或不停地在对方身上上下打量,或东张西望,这样都是极失礼的。

谈话时眼睛往上、往下、眯眼、斜眼、闭眼、游离不定、目光涣散,是傲慢、胆怯、蔑视的表现,是最忌讳的眼神。

当别人难堪时,不要去看他;交谈休息时或停止谈话时,不要正视对方。

对女子来说,一般要求说话时不要牵动眉眼、频繁眨眼、挤眉弄眼、目光游离等,这些都是有失文雅,很不得体的。

（3）微笑语是通过不出声的笑所传递的信息。微笑是一门学问又是一门艺术。微笑是友善、和蔼、谦恭、融洽、真诚等美好感情的表现。西方有句谚语："不会笑别开店。"中国有句俗语："笑口且常开,财源滚滚来。"微笑能沟通心灵,给人以温和亲切之感,可以消除陌生人初次见面时的拘束感;能有效地缩短人与人的距离,给对方留下美好的心理感受,从而形成融洽的交往氛围。微笑是一种魅力,它可以使强硬者变得温柔,使困难变容易。可以说微笑是人际交往的润滑剂,是广交朋友、化解矛盾的有效手段(参见图2-10)。

图 2-10

微笑不但能保持良好的外在形象,而且也影响着自己和别人的情绪。一张充满愁容、阴云密布的脸,不仅抑制了自己的欢乐,挡住了自己的机遇,也让他人心情沉重,无法开朗。心理学家发现,笑和兴奋一样能刺激大脑快速思维,扩展未被使用的脑区,因而有助于开拓思路和自由联想,有助于计划或决策时保持积极和乐观的心,有助于保持健康的心理状态。研究证明,生活幸福的人的最大特点就是轻松愉悦、笑容满面。

(4)微笑要恰到好处,其基本要求是:

发自内心。要发自内心、自然大方、表里如一、精神饱满,使笑容与自己的举止、谈吐协调一致。

适度优雅　笑的时候,要讲究笑的适时、适度,显示出良好的文化修养和优雅的气质。

表现和谐　从直观上看,微笑是由眉、眼、鼻、口、齿以及面部肌肉所进行的协调动作来完成的。因此,微笑时,一定要使各个部位的动作到位、和谐,否则,笑容就会显得勉强、做作、失真。

每个人都有各自的喜怒哀乐,但从礼仪的角度要求,无论在何种情况下,与人交谈时面部表情都应该自然亲切,经常展现适度的微笑。即使有时心情不好,碰上令人不快的倒霉事,也应当把不愉快放在心里,仍能微笑待人。要做到这一点很不容易,需要加强礼仪修养,增强控制情绪的能力。

微笑要发自内心,才能让人感到自然、坦诚,要防止生硬、虚伪,笑不由衷。为了保持自然、坦诚的风度,在公共场所,还应注意要避免放声大笑,笑得前俯后仰,也不要望着他人没头没脑地笑,或与人偷偷地嬉笑。

(二)静态体语及其礼仪规范

1. 姿势语

姿势语是指身体在某一场景中以静态姿势所传递的信息。

人的基本静姿有三种:躺卧姿势、屈膝姿势和直立姿势。在人际交往活动中,屈膝姿势和直立姿势较为重要。例如,在屈膝姿势中的坐姿,坐式的不同都会反映人的不同心理状态,或紧张、局促,或自信、豁达,或庄重、矜持。直立的姿势不仅反映个人的精神面貌,而且在参加某种仪式时正确的站立姿势能表达尊敬、敬仰之义。

2. 界域语

界域语是交际者之间以空间距离所传递的信息。界域语也称个人空间、人际距离、势力圈范围等,是传播领域中一个很重要的语言符号。美国心理学家罗伯特·索然经过观察和实验研究,认为人都具有一个把自己圈住的、心理上的个体空间,它像一个无形而可变的"气泡"。这"气泡"不仅包括了个人占有物(如写字时的桌椅等),

还包括了身体周围的空间,一旦有人靠得太近,突破了"气泡",就会感到不舒服或不安全,甚至试图马上离开。如游人在公园里不会夹在两个陌生人之间;两人见面交谈时,无论是站着还是坐着都会保持合适的距离进行交流等。

二、举手投足有度

(一)站姿的基本要求及礼仪规范

站姿是人的静态造型动作,是其他人体动态造型的基础和起点。在人际交往中站姿是一个人的全部的仪态的核心,"站有站相"是对一个人礼仪修养的基本要求,良好的站姿能衬托出美好的气质和风度。如果站姿不够标准,其他姿态就谈不上优雅。

1. 站姿的基本要求

身体直立,头正肩平,挺胸收腹,立腰提臀,双臂下垂,双腿直立,脚位规范,表情自然。

具体说来,人的站立姿势从正面看,其身形应当自然挺拔,头、颈、身躯和双腿应与地面垂直,双肩相平放松,两臂和手在身体两侧自然下垂,手指自然弯曲,掌心向内轻触裤缝,胸部稍挺,小腹收拢,双脚的脚后跟靠拢,两脚前掌稍分开(成小 V 字形),整个形体显得端庄、平稳、自信而有力度。

由于性别的差异,男性的立姿要稳健,所谓"站立如松",以显示出男性刚健、强壮、英武、潇洒的风采;女性的立姿要柔美,所谓"亭亭玉立",以体现女性轻盈、妩媚、娴静、典雅的韵味(参见图 2-11、图 2-12)。

图 2-11   　　　　　　　　图 2-12

2. 几种规范站姿

(1)标准站姿。如前文介绍。常用于比较严肃和正规仪式的场合。

(2)叉手站姿。身体按规范站姿标准直立,双手在腹前交叉,右手搭在左手上。男士可两脚分开,分开尺度不超过肩宽。女士可用小丁字步,即一只脚稍微向前,脚跟靠在另一只脚内侧。

这种站姿庄重中略有自由,郑重中略有放松。在站立时身体重心还可以在两脚间转换,以减轻疲劳,是一种常用的接待站姿(参见图2-13、图2-14)。

(3)背手站姿。双手在身体背面交叉,右手贴在左手外面,左手背部贴放于臀部正中稍上。两脚可分可并,分开尺度不超过肩宽,或脚尖展开,脚跟相靠成60度。挺胸立腰,收腹,双目平视。

这种站姿优美中略带威严,易产生距离感,常用于门童和保卫人员。如果双脚并立,则突出了尊重的意味(参见图2-15)。

(4)背垂手站姿

一只手背在身体背面,贴于臀部稍上,另一只手自然下垂,手掌自然弯曲,中指对准裤缝,两脚可并拢也可分开,女士可用小丁字步。

这种站姿多用于男士,显得大方、自然潇洒。女士在迎接宾客引导方向时也常用这种站姿(参见图2-16)。

图 2-13

图 2-14

图 2-15

图 2-16

在日常生活中,各种场合的站姿应依时间、地点、场合的不同而有所变化。但不论哪种站姿,只是改变脚部姿势或角度,身体仍须保持挺直,使站姿自然、轻松、优美。

3. 纠正不良站姿

不论男女,站姿切忌歪头、缩颈、探脖、耸肩、塌腰、撅臀,忌手位不当(手托下巴、抱在胸前、插入衣兜或插在腰间)、腿位不雅(双腿叉开过宽、双腿交叉、双腿弯曲或不停地颤抖等)这些站姿会有失仪表的庄重,也会给人留下不良印象。

4. 规范站姿的训练方法

(1)贴墙法。要求后脑、双肩、臀部、小腿肚、双脚后跟紧贴墙壁,保持身体挺直。

(2)贴背法。两人背对背相贴,部位同上,在肩背部放置纸板不掉下。

(3)顶书法。头顶书本,使颈梗直,收下颏,挺直身体,使书不掉下。

(4)整体训练法。在以上训练基础上,练习手位和脚位的不同姿势,神情与各种站姿相协调。

(二)坐姿的基本要求及礼仪规范

坐姿也是一种静态的身体造型,是人们在社交应酬中采用最多的姿势。端庄优美的坐姿不仅给人以文雅、稳重、大方的感觉,而且也是展现自己气质和修养的重要形式。

1. 坐姿的基本要求

入座轻稳,表情自然,上身挺拔,头正肩平,双目平视,挺胸收腹,手姿优雅,脚位正确。

总体而言,坐姿的基本要求是端庄、大方、文雅、得体。入座时要轻要稳。入座不宜坐满椅面,以占三分之二为宜。女士入座时,若是裙装,应用双手在后边从上往下将裙拢一下,以防止出现皱褶或裙边被椅子挂折后使腿部裸露过多。

2. 几种规范坐姿

比较正式的场合,可采取如下坐姿:

(1)标准式。适用于最正规的场合。这种坐姿要求入座者上身与大腿、大腿与小腿均成直角,且小腿与地面垂直,双膝双脚并拢,立腰,收腹,身体正直,目视前方。此式男女皆宜(参见图 2-17、图 2-18)。

图 2-17　　　　　　　图 2-18

（2）垂腿开膝式。其主要要求与上相同，只是双膝稍许分开，宽度不超过肩宽，此式适合男士（参见图 2-19）。

（3）交叉式。在前伸式坐姿的基础上，右脚后缩，与左脚交叉，两踝关节重叠，双膝并拢，稍向后收，两脚掌着地。此式男女皆宜（参见图 2-20）。

（4）屈直式。在标准坐姿的基础上，左脚前伸，右脚后移，双膝靠紧，两脚掌着地，并在一条直线上（参见图 2-21）。

（5）后点式。在标准坐姿的基础上，两小腿后屈，脚尖着地，双膝并拢（参见图 2-22）。

图 2-19　　　　图 2-20　　　　图 2-21　　　　图 2-22

（6）叠放式。双腿一上一下交叠在一起，男士叠放在上面的腿不要随意抖动（参见图 2-23）。女士叠放在上面的那只脚的脚尖应垂向地面。双脚可以垂放，也可以与地面呈 45 度角斜放。切勿双手抱膝。此式适于穿短裙的女士（参见图 2-24、图 2-25）。

图 2-23　　　　　　　图 2-24　　　　　　　图 2-25

（7）斜放式。双腿并拢后，双脚同时向左侧或右侧斜放，并与地面形成 45 度左右的夹角（参见图 2-26）。也可以右脚尖贴放于左脚脚后跟，双腿向左侧与地面形成 45 度左右的夹角，或左脚尖贴放于右脚脚后跟，双腿向右侧与地面形成 45 度左右的夹角（参见图 2-27）。适用于穿短裙的女士在较低的座椅就座。

（8）前伸后曲式。先将大腿并拢，然后向前伸出一条腿，同时把另一条腿后曲。两脚脚掌着地，前后成丁字位（参见图 2-28）。

图 2-26　　　　　　　图 2-27　　　　　　　图 2-28

3．入座与离座的礼节

（1）遵循"左进左出"的原则，自椅子的左边入座，亦自左边离座。

（2）选择该坐的位置，入座轻稳。

（3）坐于椅子三分之二处，脊背轻靠椅背。

（4）谈话时上身与腿同时转向交谈方，以示尊重。

（5）注意先后。身份高者先离座，身份同等可同时离座。

第二章　个人礼仪

(6) 起身要轻稳。离开座位时动作要缓慢轻稳，不能猛起猛出，发出巨响。

(7) 站好再走。起身时，先右脚向后收半步，再起立，然后右脚向前半步与左脚并齐。再从容移步。

4. 纠正不雅坐姿

在正式场合，不得有下列姿势：双腿过度叉开；高架"二郎腿"或"4"字形腿；腿脚抖动摇晃；左顾右盼，摇头晃脑；上身前倾后仰或弯腰曲背；双手或端臂、或抱脑后、或抱膝盖、或抱小腿、或放于臀部下面；双腿长长前伸，或脚尖指向他人；双手撑椅；又跷脚又摸脚；坐下后随意挪动椅子。

"坐如其人"，一个人的坐姿也是素养和个性的显现。良好的坐姿可以塑造优雅的社交形象，而错误的坐姿，则会给人一种粗俗、没有教养的印象。

（三）行姿的基本要求及礼仪规范

行姿是人体所呈现出的一种动态，是立姿的延续。行姿是展现人的动态美的重要形式。无论是日常生活或公共场合，走路都是"有目共睹"的肢体语言。人们走路的样子千姿百态，各不相同，给人的感觉也有很大差别。有的步伐矫健、端正、自然、大方，给人以沉着、庄重、斯文的感觉；有的步伐雄壮，给人以英武、勇敢、无畏的印象；有的步伐轻盈、敏捷，行走如风，给人以轻巧、欢悦、柔和之感。但另有一些人由于不重视步态美或由于生理原因，逐步形成了一些不规范的步态；或摇头耸肩，左右摇动；或弯腰弓背、步履蹒跚等等，都需要在日常生活中注意纠正。

1. 行姿的基本要求

图 2-29 行姿

上身挺直，头正目平，收腹立腰，双肩齐平，步态优美，步伐稳健，落点直线，动作协调。

正确的行姿，应以正确的站姿为基础。行走时，应挺胸、收腹、立腰，双目平视前方，下颚微收，两肩齐平，精神饱满，表情自然。左脚起步时身体向前方微倾，走路要用腰力，身体重心要有意识地落在前脚掌上。行进时步伐要直，两脚应有节奏地交替踏在虚拟的直线上，脚尖可微微分开。双肩平稳，以关节为轴，两臂前后自然摆动，摆幅以 30 度～35 度为宜（参见图 2-29）。

2. 行姿的礼仪规范

步态是一种微妙的语言，它能反映出一个人的情绪。当心情喜悦时，步态会轻盈、欢快,有跳跃感;当情绪悲哀时,步态就会沉重、缓慢,有忧伤感;当踌躇满志时,步态就会坚定明快,有自信力;当生气时,步态就强硬、愤慨。所以,人们往往可以从步态中觉察出人的心理变化。

步态要适应不同着装而有所变化。穿平底鞋时,行走轻松大方,脚跟先落地,膝关节不要弯曲,前行力度要均匀,行走在一条直线上。穿高跟鞋时,身体重心自然前移,膝关节要绷直,步幅要稍小一些,虽同样是脚后跟先着地,但因高跟鞋的缘故,感觉是脚尖先着地,两脚落地时脚跟要落在一条直线上,显得脚步轻盈、优雅。

穿西装时,行走以直线为主,身体立直,步幅可略大,手臂放松伸直摆动,尽显挺拔、优雅的风度,行走时男士不要晃动,女士不要左右摆髋。穿旗袍时,要求女士身体挺拔,步幅不宜过大,脚尖略微外开。穿长裙时显出女性身材的修长和飘逸感,行走步幅可稍大些,穿短裙时,要表现轻盈、敏捷、洒脱的风度,步幅不宜过大,但脚步频率可以稍快些。

步态还应因场合的不同而有所变化。脚步的强弱、轻重、快慢、幅度及姿势,必须同出入场合相适应。在室内走路要轻而稳,在公园里散步要轻而缓,在阅览室里走路要轻而柔,在婚礼上步子要欢快、轻松,在丧礼上步子要沉重、缓慢。总之,步态要因地、因人、因事而异。

3. 纠正不雅行姿

走路最忌内八字、外八字;弯腰驼背、歪肩晃膀;走路不要大幅度甩手,扭腰摆臀,左顾右盼,重心后移或前移;迈步不要太大或过于碎小;不要脚蹭地面;不要双手插裤兜;与多人走路,勿勾肩搭背,大声叫喊等。

(四)蹲姿的基本要求及礼仪规范

在公众场合,人们从低处取物或俯身拾物时或与小孩交流时,都要采用下蹲的姿势,下蹲时不要突然下蹲,下蹲时速度不宜过快,还应注意和身边的人保持一定距离,同时最好是和他人侧身相向,不要正面他人或背对他人,这样通常都是不礼貌的。

1. 蹲姿的基本要求

上身挺直,略向前倾;收腹立腰,屈膝下蹲;双腿靠紧,臀部向下;重心平稳,形态优美。

优雅的蹲姿要注意身体各部位的协调动作,合理恰当的蹲姿是,注意将双腿靠紧,臀部向下。如果使头、胸和膝关节不在一个角度,展现出文雅、优美的下蹲姿态。

2. 几种规范蹲姿

(1)单膝点地式,即下蹲后一条腿弯曲,另一条腿跪着。其具体要求为:下蹲之后,一腿单膝点地,臀部坐其脚跟之上,脚尖着地;另一条腿屈膝,小腿垂直于地面,全脚着地,女士双腿应尽力靠拢(参见图2-30、图2-31)。

图　2-30　　　　　　　　图　2-31

(2)双腿交叉式,即下蹲时双腿交叉在一起。适用于女性,尤其是穿短裙的服务人员。其具体要求是:下蹲时,左脚向前一小步,左小腿垂直于地面,全脚着地,左腿在上,右腿在下,二者交叉重叠。右膝由后下方伸向右侧,右脚脚跟抬起,脚尖着地。两腿前后靠近,合力支撑身体,上身略向前倾,臀部朝下(参见图2-32)。

(3)双腿高低式,即下蹲后双腿一高一低,互为倚靠。其基本要求是:下蹲时,右脚在前,左脚稍后。右脚完全着地,小腿基本上垂直于地面;左脚脚跟提起,脚尖着地。左膝内侧靠于右小腿内侧,臀部向下,重心在左腿上。女士应靠紧两腿,男士可适度地分开(参见图2-33)。

图　2-32　　　　　　　　图　2-33

无论哪种蹲姿,女士都要注意将两腿靠紧,臀部向下,使头、胸、膝关节在同一个角度上,以塑造典雅优美的蹲姿。

3．纠正不雅蹲姿

在公共场合要下蹲时,忌弯腰曲背、低头撅臀;忌双腿敞开、平衡下蹲,尤其是穿裙子的女士下蹲不要两腿敞开,否则既不雅观,更不礼貌。在公共场合还应特别注意不要蹲在凳子、椅子和沙发上,这是很不文雅的行为。

三、一颦一笑合仪

孔子曰:"质胜文则野,文胜质则史。文质彬彬,然后君子。"(《论语·雍也》)意思是说,只重品质朴实,而不重仪表、礼节,则显得粗野;只重仪表礼节的文雅,而缺乏质朴的品格,则显得浮华。只有既重学识品德修养,又讲究仪表礼节,举止文雅,才是值得尊敬的君子。一个人的风度优劣、举止美丑给别人的直觉和印象往往是有声的交谈难以改变的,树立好自我形象,取得的交际效果影响很大。

日本的《男子汉》杂志曾列举出100条令姑娘讨厌的恶习。如坐下时东倒西歪,把裤脚卷起;谈话时不停地搓手,打响指;走路时屁股扭来扭去,弯腰驼背;用手拔胡子、搔头皮;用手挖鼻孔、剔牙;蘸着唾沫数钱、翻书;一坐下就两腿叉开……这说明在体态举止上不拘小节,恰恰是缺少风度,有碍交际的表现。体态就是一种无声的信息,一举一动,一颦一笑,都在表现一个人的内心修养和气质风度。在现代社会,良好的形象对个人和单位都是一笔无形的财富。因此,在与人交往时,学会运用良好的体态,有意克制一些不良的动作习惯,对提高自身修养、树立个人形象有着重要作用。在公众场合,我们要力求注意以下举止行为禁忌:

1．在众人之中,应力求避免从身体内发出的各种异常的声音、咳嗽、打喷嚏、打哈欠等均应侧身掩面再为之。

2．公共场合不得用手抓挠身体的任何部位。文雅起见,最好不要当众抓耳搔腮、挖耳鼻、揉眼、搓淤泥,也不可随意剔牙、修剪指甲、梳理头发。若身体不适非做不可,则应去洗手间完成。

3．公开露面前,须把衣裤整理好。尤其是出洗手间时,你的样子最好与进去时保持一样,或更好才行,边走边扣扣子、边拉拉链、擦手甩水是失礼的。

4．参加正式活动前,不宜吃带有强烈刺激性气味的食物(如葱蒜、韭菜、洋葱等),以免因口腔异味而引起交往对象的不悦甚至反感。

5．在公共场所里,高声谈笑、大呼小叫是一种极不文明的行为,应避免。在人群集中的地方特别要求交谈者加倍地低声细语,声音的大小以不引起他人注意为宜。

6．对陌生人不要盯视或评头论足。当他人作私人谈话时,不可接近之。他人需要自己帮助时,要尽力而为。见别人有不幸之事,不可有嘲笑、起哄之举动。自己的行为妨碍了他人应致歉,得到别人的帮助应立即道谢。

7. 在人来人往的公共场所最好不要吃东西,更不要出于友好而逼着在场的人非尝一尝你吃的东西不可,爱吃零食者,在公共场所为了维护自己的美好形象一定要有所克制。

8. 感冒或其他传染病患者应避免参加不适宜的活动,这是最起码公德观念。不随地吐痰,不随手乱扔烟头及其他废物。非吐非扔不可,那就必须等找到污物桶后再行动。

9. 在大庭广众之下,不要趴在或坐在桌上,也不要在他人面前躺在沙发里。走路脚步要轻放,不要走得咯咯响,遇到急事时,不要急不择路,慌张奔跑。

让站姿带给你强大气场

在"哈佛社交礼仪课"中曾讲到这样一则小故事:

美国某公司在培训新员工时,约瑟夫发现一件非常重要的事情:或许是因为刚刚从书桌前解放,有好几位新员工在站立的时候都给人一种有气无力的感觉。他问这些新员工为什么会采取那么不谨慎的站姿,他们反而有些惊讶:"这个很重要吗?我们平日里都是这么站的啊!"新员工已经完全习惯跟随身体的本能去活动,所以在听到进入职场站姿都需要调整时自然会惊讶不已。

约瑟夫摇了摇头:"我们所从事的是保险行业,需要通过自己的一举一动带给顾客安全感与可依赖的感觉。试想一下,如果一个向你推销保险的人表现出漫不经心的样子,走路的时候一摇一晃,还总是眼睛下视的话,你会有什么样的感觉?"

一位新员工回答:"我决不会将自己的钱交给他!"

约瑟夫知道,只是言语上告诉他们站姿的重要性并没有太大作用,于是他嘱咐新员工,第二天他要请几位杰出的老员工为他们讲一些入职后的做事技巧,他们需要格外地留意对方在演讲时的站姿。

次日,几位优秀的老员工站到台上演讲,新员工真实地看到一个正确的站姿所带来的魅力:除了自信的姿态,那些出色的人还通过挺拔的站姿表现出了强大的气场。

第四节 服饰礼仪

服饰的含义有广义和狭义之分。广义的服饰是指人的服装穿着、饰品佩戴、美容化妆三者的统一;狭义的服饰仅指服装饰品穿戴。本节所指的"服饰"特指后者而言。

服饰是一种文化表征,也是一种无声的交际语言。自从人类进入文明时代,衣服就不仅是用于御寒保暖,而且还具有了审美价值。恰当的服饰可以扬美遮丑,不得体的服饰常常弄巧成拙。郭沫若曾说过:衣裳是文化的表现,是思想的形象,更是一个民族的文化修养素质的具体化[1]。在社交生活中,服饰能传递出一个人的修养、性格、气质、爱好和追求。得体的服饰,可以反映一个人的品位、气质和自我尊严。邋遢不洁的穿着,是一种极不礼貌的行为。

服饰得体的要领,就是把社会性与个体性完美地结合。

一、着装原则与礼仪规范

着装,指服装的穿着。服饰礼仪主要是指对人们以不同身份出席不同场合的着装要求。服装分类有很多种,从社会性角度来讲,可以分为礼服、便服、职业服、演出服、宗教服和补正装等。从民族性上可以分为西式服、中式服、民族服等。从季节性上可以分为春秋服、夏季服和冬装。不同的场合,应着不同类别的服装,选择与之相适应的服装最重要的是要合乎身份,维护形象,并对交往对象不失敬意。对此在着装上必须注意以下原则与要求:

(一)遵循着装原则

1. TPO 原则

"TPO"原则是由日本男装协会于1963年提出的,由于它的科学性与适用性,迅速成为全世界奉行的服饰交际原则之一。所谓"TPO"原则指着装要因时间、地点、目标的变化而相应地调整。

"T"(Time):指早晚、季节、时代等。表示服饰应体现时代特色,不要过分超前或落伍,紧跟时代节拍;着装要合乎季节时令,顺应季节变化;着装要符合时间差异,白天与晚上有不同的着装。

---

[1] 郭沫若.1956 年在北京服装展览会的题词。

"P"(Place):指地点、场合、位置等。表示着装与地点相适宜,不同的国家、不同的民族因不同的文化背景、地理环境、历史条件、风俗人情,在服装上也显示不同格调与特色;与环境相适宜,不同环境应变化不同的着装。例如,上班时的穿着要端庄、大方、规范;休闲场合的穿着讲究方便、自然、舒适得体。

"O"(Occasion):指目的、目标、对象等。表示不同的目的、身份的转换应穿着不同的服装。比如参加婚礼,应着较亮丽的服装;参加职场应聘、洽谈合作事宜等应着庄重、职业化的服装;参加葬礼,应穿着庄重、肃穆的深色服装。

2. 恰切原则

要将服饰的社会性与个体性完美地展现,着装必须讲究与身份、环境及自身条件相恰切,整体搭配和谐美观。

一是着装应与自身的社会角色相匹配。服装的角色表达功能传递出人的身份、地位、职业等信息。着装应满足人们担当不同社会角色的需要,做到着装与角色相匹配,以获得社会的认同感。比如,在单位你的身份是职员,所处的工作环境是严肃、严谨的氛围,着装应是职业装或端正严谨素雅的服饰,以表明职业的责任感和可信赖程度,同时也表达出对他人的尊重。

二是着装应与所处环境相协调。着装环境主要指人们在日常生活与社会交往中的各类场所。不同的场合对服饰有不同的要求,在特定的场合下要搭配与之相适应的服饰,才能获得视觉和心理上的和谐感。如果着装与所处环境的着装要求相差甚远,会使自己陷入尴尬的境地,比如,在正式宴请、外事活动中,某男士穿着背心、拖鞋,会令所有人投射惊讶和异样的目光。若穿西装或中山装,并且穿着规范,行为彬彬有礼,则会得到他人的尊敬和好感,留下良好印象,增进人际交往成功。

三是着装与自身条件相吻合。体现着装的个性美,要求着装应与自身的肤色、体形、年龄、性格相吻合。根据自身条件,选择与自身特点相吻合的服装款式、色彩和质地,做到隐丑扬美,展现个性魅力。比如,面色偏黄的人,不适合穿品蓝、紫色上衣,否则会显得更黄,应选择色彩鲜艳一点的服装,避免面部呆板。性格文静的人,应选择素雅、柔和、造型简洁的服饰;性格活泼开朗的人,宜选择色彩明朗、富有动感造型的服饰等等。

(二)把握礼仪规范

从礼仪的角度讲,在工作、社交、宴会等场所,以及出席公务、商务、外交等活动,着装的规范要求是整齐、清洁、挺括、得体。一个人的着装符合礼规,不仅是对交往对象的尊重,同时也体现着装者的内涵素养和审美品位。

1. 正式场合着装规范

(1) 着装整齐。着装必须整体、整齐,要求从内到外,从上到下,着装文雅、严谨。衣长不露腰部,裤长至脚面,裙长过膝盖。内衣不能外露;不挽袖子,不卷裤腿,不漏系扣,不掉扣。领带、领结、飘带与衬衫领口吻合要紧凑且要系正等。

(2) 保持清洁。着装保持无污垢、无油渍、无异味,领口与袖口处尤其要注意保持清洁干净。

(3) 服装挺括。着装保持无褶皱,无破损。穿着前要熨烫平整,脱下后要用衣架挂好,保持上衣、裤子或裙子平整无褶皱、无破损。

(4) 搭配得体。着装要求整体形象美观、大方、得体。按照着装原则,选择符合场合和自身角色及自身特点的服装。要注意内外服饰的搭配,比如,内层上衣领型过高、过厚、过宽松,内衣太过臃肿、颜色对比太过强烈等等,都会影响其着装的整体形象。另女士若要搭配饰品,不能过多过杂,较正式场合不宜佩戴太张扬和夸张的饰品。

2. 西服着装规范

西服是一种国际性服装,分正式场合和较休闲场合穿着两种类型。正式场合穿着的西服有其约定俗成的规范要求,除了应遵循正式场合的一般着装规范外,应讲究以下着装要求(参见图 2-34)。

图 2-34

(1) 讲究规格。西服有二件套、三件套之分,正式场合应穿同质地、同颜色的深色毛料套装。二件套西服在正式场合不能脱下外衣。按国际礼俗,西服里面一般不能加毛背心或毛衣。在我国,至多也只能加一件"V"字领羊毛衫,否则会显得十分臃肿,以致破坏西服的线条美。

(2) 配好衬衫。搭配西服的衬衫领子要挺括,不能将领子翻在西装领外面。系好领扣和袖扣。领口和袖口不能有污垢、油渍。衬衫下摆要放入裤腰内。衬衫衣袖要稍长于西装衣袖,通常要长出 0.5~1 厘米,衬衣领子要高出西装领子 1~1.5 厘米,以显示衣着的层次感。

(3) 系好领带,戴好领带夹。领带系在西装脖领间的"V"字区部位的中心,领带的领结要饱满,与衬衫的领口吻合要紧凑。领带的长度以系好后下端正好触及腰部皮带扣上端处最标准。领带夹一般夹在衬衫第三粒与第四粒扣子间为宜。西装系好纽扣后,领带夹不能外露。

（4）系好纽扣。西装的纽扣有单排扣和双排扣两种。双排扣的西服必须把纽扣全部扣好，以示庄重。单排两粒扣，只扣上面一粒纽扣，单排三粒扣则扣中间一粒，坐下时可解开。单排西服也可以全部不扣。西方人认为衣服上的纽扣数目必须保持单数。

（5）用好口袋。西服上衣左胸部的口袋只可放装饰手帕或不放任何物品。如要放置如票夹、名片夹之类的物品，可放在上衣内侧口袋里，裤袋亦不可装物品，以求臀部位合体，裤形美观。

（6）穿好皮鞋。正式场合穿西服必须搭配皮鞋，且裤子长度要能盖住皮鞋鞋面，皮鞋还需选配合适的鞋口造型及颜色、质地适宜的袜子，男士宜配深色线织筒袜，忌穿半透明的尼龙或涤纶丝袜及白色袜子。

二、服饰搭配技巧

服装是由面料、色彩、款式三项基本要素构成。掌握好服装三要素的搭配技巧，就能根据礼仪规范选择好适合自身特点和身份的服装，展现美观得体的个性形象。

（一）服装色彩搭配

服装是一门艺术，色彩是一门学问，没有不美的色彩，只有不美的搭配。色彩对人的视觉刺激是极为敏感和强烈的，可以引起一系列的生理和心理反应。因此，要根据礼仪的要求和自身的特点、性格、爱好，选择合适的服装色彩，合理搭配。

1. 色彩常识与视觉效应

色彩具有色相、明度、纯度三属性。色相指色彩所呈现出来的质的面貌。如红、橙、黄、绿、青、蓝、紫等（见色环图2-35）。明度指它的明暗程度，也称光度、深浅度，同一种色相有明度变化，不同色相之间的明度也不同。纯度指色彩的鲜、灰程度，又称彩度、饱和度、鲜艳度等，色彩越鲜明、纯净，其色彩纯度就越高，反之则越灰。

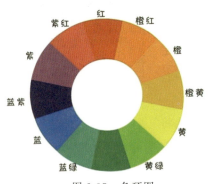

图 2-35　色环图

色彩的色相、明度、纯度综合造成色调，其中某种因素起主导作用，就可以称为某种色调。比如从色彩的明度上分，有明色调、暗色调、灰色调；从色相上分，有红色调、黄色调、绿色调等；从色彩的纯度上分，有清色调、浊色调等。

色彩有互补色、邻近色、间色、无彩色和冷暖色之分，在色环上成180度的对应的两种色彩称互补色,如红与绿,黄与紫,橙与青等。在色环上相邻近的色彩为邻近色或叫相似色。如深红与大红、红与橙,黄与绿、绿与青,青与紫等。间色指红、黄、蓝三原色中的某两种原色相互混合的颜色。如红、黄混合成橙色,黄、蓝混合成绿色,蓝、红混合成紫色。无彩色指黑、白、灰色,能起到色彩的调和作用,故又称"补救色"。冷暖色是指色彩心理上的冷暖感觉。如红、橙、黄、棕等色给人炽热、兴奋、温和的感觉,故称为暖色;绿、蓝、紫等色给人镇静、凉爽、通透的感觉,故称为冷色。

色彩的视觉效应指色彩的视觉感觉。比如浅淡的明色给人轻快、华丽的感觉。深沉的暗色给人凝重、沉稳、质朴的感觉。暖色、纯度高之色、对比强之色、多彩之色显得跳跃、活泼;而冷色、暗色、灰色给人以严肃、庄重之感。黑色有压抑感,白色则显活泼,灰色呈中性。

色彩对视觉还会产生视错感,比如,浅色有扩张或膨胀感,使人显胖,偏瘦者穿着可收到变瘦小为丰腴的效果。深色有收缩感,偏胖者穿着可显得苗条。

2. 服装色彩搭配方法

服装色彩搭配是对服装色彩的色相、明度、纯度进行协调组合,形成服装和谐统一的色调。服装色彩搭配强调整体和谐,避免用色繁杂、凌乱。较正式场合的着装,一般遵循"三色原则",即总体色彩最好控制在三种颜色之内,给人端庄、柔和、严谨之感。

服装色彩搭配通常有以下几种搭配方法:

(1)同类色搭配法。在配色时采用同一色相中几种明度不同的色彩,按照深浅不同的程度进行搭配。比如浅灰配深灰,深蓝配浅蓝、咖啡配米色等。较正式的场合一般采用这种方法搭配,色彩柔和文雅,给人端庄、温和之感(参见图2-36)。

图 2-36

（2）邻近色搭配法。在色环上使用任意颜色的毗邻色彩进行搭配。比如，黄色的邻近色是橙色和绿色，红色的邻近色是橙色和紫色，蓝色的邻近色是紫色和绿色。采用邻近色搭配，色彩之间呈现弱对比，色调易于统一、协调。邻近色搭配时，提高或减低其中一色的明度或纯度，增强服装色彩的对比美和层次感。

（3）对比色搭配法。对比色是指色环上105度～180度范围的两种色彩，色彩反差较强烈，色彩之间呈较强的对立倾向，产生炫目的效果，例如，橙色与紫色，绿色与橘色、黄色与蓝色等。对比色搭配的服装富有动感，生动活泼。

（4）互补色搭配法。互补色是色环上成180度相对应的两种极端对立的颜色，是最不协调的色彩关系。所以，互补色搭配时，要注意其比例关系，两种颜色不可等量面积使用，否则，会给人强烈的排斥感，所以需通过面积大小、使用无彩色或两种色彩之间的中间色进行调和平衡。比如，蓝色和橙色搭配，如果是蓝色调的服装，可以是蓝色长大衣，搭配无彩色系裤子，再以橙色围巾、帽子点缀；或搭配橙色裤子，用无彩色系围巾、帽子点缀。这样能减弱蓝和橙色的强对比视觉效果，达到和谐统一，产生活泼、时尚、醒目的效果。

（5）无彩色与有彩色搭配法。这是指将无彩色与任何有彩色进行搭配。这种搭配能产生互为补充、互为强调的效果，既醒目又和谐。比如，高纯度色彩与无彩色搭配，色感跳跃、鲜明，体现出活跃、灵动感；中纯度与无彩色搭配体现出柔和、轻快感，突出沉静的性格；低纯度与无彩色搭配体现沉着、文静、庄重的色彩效果。

图 2-37

（6）花色与纯色搭配法。这是指将有花纹、图案的面料与纯色面料进行搭配。纯色起着衬托、调和的作用，突出花色面料之美，达到活跃、和谐的效果。如果花色面料包含的颜色较多，应选择该花色中某一种色系作为纯色来搭配，比如，有红、浅蓝、橙色组合的图案，可选取红色或蓝色或橙色进行搭配，其纯色可以在明度、纯度上有所变化，也可以与花色一致。其次还可选择无彩色作为纯色来搭配花色，因为黑、白、灰与任何颜色搭配都能起到色彩的调和效果（参见图2-37）。

此外，服装的色彩应与个人的肤色、性格特点、爱好、职业相配合。有时自己喜欢的颜色不一定适合自己的个性、职业和肤色，所以，服装的色彩要考虑到各种因素，力求达到最好的效果。如高调配色时，能创造明朗、轻松的气质；低调配色时，则有庄重、平稳、肃穆的意味。因而,忧郁的人不妨高调配色,急躁的人不妨穿得淡雅些。律师、公务员的服装色彩应有庄重、整洁、稳重、干练之感,推销员可穿色彩较淡的服装,使人感到轻松、亲切。当然若服装的色彩符合职业与个性而与皮肤色相冲突时,可选用围巾等饰物的色彩进行调和。总之,服装色彩搭配既要整体协调又要符合个性。

(二)服装款式搭配

服装款式是指服装的外部轮廓造型和部件细节造型。服装外部轮廓造型的变化,主要是指人体的肩、腰、底摆的长短与围度变化。服装款式的类型根据外形可概括为H形、A形、X形、T形、O形和S形等基本型。同时,在基本型的基础上稍作修饰变化又可产生多种造型效果。服装的款式搭配,基本依据基本型外观造型进行搭配。

1. 服装款式类型及特点

(1)H形服装:指肩部、三围和裤子或裙子的下脚线宽度基本一致,其特点是平肩、不收紧腰部、筒形下摆,给人一种自由、轻松、洒脱而又不失稳重之感(参见图2-38)。

(2)A形服装:指窄肩、平胸围并夸张裙摆的宽度,其特点为上身收紧,下摆宽大,外形呈正三角形,具有稳重安定感。适合修长和体态轻盈的年轻女性穿着。

(3)X形服装:指夸张肩、胸和衣、裙的下脚线,呈现字母"X"形轮廓,充满柔和、流畅的女性美特征。如束腰的连衣裙,富有活泼浪漫而又庄重大方之感,适合有腰身的女性穿着。

(4)T形服装:指夸张肩部和胸部,顺应人的体形,自肋下逐步变窄,呈倒三角形或倒梯形轮廓,其特点是上宽下窄,具有大方、洒脱、较男性化的特征。用于男装彰显刚健、威严与干练的风度,用于女装体现大方、精干、职业的女性气质。如西服,职业套装。

(5)O形服装:其外观轮廓呈椭圆形,造型特点是肩部、腰部以及下摆没有明显的棱角,特别是腰部线条松弛,整个外形比较饱满、圆润。具有休闲、舒适、随意的性格特征,常运用于休闲装、运动装、家居服中。能掩盖粗腰、粗臀、大肚的缺陷(参见图2-39)。

(6)S形服装:指紧贴身体、符合人体曲线的服装,最具有女性特征的造型,如中国旗袍、合体形的晚礼服等(参见图2-40)。

图 2-38　　　　　　　　图 2-39　　　　　　　　图 2-40

2. 服装款式搭配方法

服装的款式常能展示人的气质和风度,并体现时代风貌。服装款式有以下几种搭配技巧:

(1)套装搭配法。套装是已设计成整体风格的服装,不需要再进行上、下装的搭配。其搭配的重点是对内层服装和饰品的选择。比如,女士西服套装的内层服装可搭配衬衣或吊带装或针织衫,搭配不同的内层上衣同西服领型层叠组合,形成不同形式的造型效果。其次,大多职业套装造型和色彩都比较单一,可适当搭配饰品来进行点缀,能使套装显得生动、亮丽、美观。比如女士西服在衣领上配以小丝巾或胸前别上精致的胸花等。此外,正式场合的套装,可搭配补正装加以修饰,使套装外形更合体修身。

(2)体形特点搭配法。着装不仅要合体,还要利用服装款式的不同来遮掩、修饰自身形体的不足,增强美感。比如,香蕉型体形的人,其特征是肩宽与臀宽基本相等,没有腰部曲线,较瘦,身体外形线条呈直线。应选择 H 形、T 形、O 形款式的服装,可掩盖无腰部曲线的不足,一般不应使用腰带。避免选择 X 形、S 形款式的服装。苹果型体形的人,其特征是上身比较浑厚,胸部过分丰满,其臀部和腿部略显消瘦。这类体形最忌讳紧身连衣裙,避免 S 形款式的服装。适合选择上身较宽松,下身合体紧身的款式,如 T 形类造型的上身为蝙蝠衫、下配紧身裤或一步裙等,以遮掩胸部的太过丰满,突显臀部和腿部优美的线条。

服装款式变化也包括服装内部分割形式的变化,在服装款式搭配时可借助服饰图案、配饰等搭配来扬长避短,彰显个性。比如,个矮或较胖的人不宜选择分割线、装饰线太多的服装。在选择上下装的搭配时,除套装外,应注意上下款式风格一致或相近,以达到整体协调的效果。

(3)个性化搭配法。因个人性格特征、体形特点、气质修养、审美情趣等因素的不同,人们对着装风格也有不同的喜好和追求。要在人群中凸显自己,你的着装一定是与众不同、独具风格的。个性干练、洒脱、率真的人,搭配直线风格的服装,比如可穿西装领型的套装(非正式西服套装)、上衣宽下身紧或上衣紧下身宽的裤装或牛仔裙、皮夹克等。优雅型女性适合选择曲线剪裁的套装、柔软的褶皱或荷叶裙、带花边的衬衣、连衣裙等。身材高大、五官轮廓立体分明、追求时尚的人,在选择服装上要避免中庸,比较适合成熟、大气、时尚的服装,如宽大的外套、大开领、夸张的多层花边、紧身深开衩长裙、阔腿裤等以及男性化的装扮。当然,个性化的着装,同样需要适合自身体形与身份。其次,同样普通的服装,若稍加以配饰搭配就会独具风格,凸显个性,比如简洁的连衣裙配以宽边遮阳帽,较紧身的毛衣套牛仔裤,搭配较宽松的马甲和装饰项链等(参见图2-41)。

图 2-41

个性化着装,一是要结合自身体形、气质、职业等特点,二是要根据场合的不同选择不同款式的服装。

(三)服装面料搭配

面料可称为人体的第二层皮肤,不同的面料具有不同的特性,诠释不同的造型风格,同时,根据不同面料的特点选择适合自身体形特征的材质,可以扬美遮丑,增添个性魅力。

1. 服装面料的特点

服装面料也称服装材质,根据面料质地特性的不同,一般分为柔软型、挺括型、厚重型、光泽型、透明型、镂空型与组合型面料。不同类型的面料,诠释不同的风格和特性,并且直接左右着服装色彩、造型的表现效果。

(1)柔软型面料具有较为轻薄、柔软、悬垂感好的特点,其造型线条一般容易顺从着装者的轮廓自然舒展,能体现出女性柔情、动感、浪漫等特征。针织类、丝绸类、软纱类等属于这类面料。

(2)挺括型面料具有线条清晰,有体量感,能形成丰满的服装轮廓。常见的有棉布、亚麻布、各种中厚型毛料和化纤织物及混合类织物等。

(3)厚重型面料具有厚实挺括和形体扩张感的特点,产生稳定的造型效果,包括厚型呢绒和厚型混合类织物等。

(4)光泽型材质包含面料的光亮和面料上装饰物的光亮,其表面光滑并能反射出光亮,产生华丽耀眼的强烈视觉效果。常见的有缎纹结构的织物(参见图2-42)。

（5）透明型面料质地轻薄而通透，具有优雅而神秘的艺术效果。一般与其他材质的面料搭配使用，产生刚与柔、厚重与飘逸等对比强烈的视觉效果（参见图2-43）。

图 2-42　　　　　　　　图 2-43

（6）镂空型面料具有装饰性特点，一般同其他材质的面料搭配使用。通过其材料特殊的质感和局部细节，可以把不可能出现在一起的风格、材质等元素搭配在一起，能较好地突出面料本身的特色，同时体现服装多元化的面貌。

（7）组合型面料是通过不同面料的悬垂感、厚重感、光泽感、清透感等，创造性地将不同材质的混搭在一起，在一套服装上展现不同质地、肌理、色彩等的完美搭配，凸显个性和风格。

2. 体形与服装面料的选择

比较理想型的身材对面料选择没有局限，而偏胖、偏瘦、偏矮、高大、瘦小等体形者在选择服装时，除了款式、色彩因素外，还可通过面料的质感来掩盖其不足之处，突显其长处。

（1）高瘦体形者。高瘦体形的人大都棱角分明、骨感强、缺乏圆润感。在面料选择上多突出比较柔软的要素会使其显得丰满些。极瘦的人如果选择薄软的面料容易使自己的体形一览无余，可以采取横向分割的视错效果或褶裥等增加量感的方法来改善。太瘦者不宜选择光泽度较高的面料，因为在运动中，光影会显露人体轮廓，暴露其不足，但光泽型面料具有膨胀感，所以，要驾驭好闪亮面料的膨胀效果，可以在面料上做小面积点缀，或用在配饰上。

（2）偏胖体形者。偏胖体形的人大都脂肪过多、缺乏腰部线条，厚实感较强。选择具有悬垂性材质的面料能达到显瘦的效果。精纺毛料、黏胶织物、各类丝绒、竖条纹织物等，是胖体形者用来匀称体形的较佳选择。松软与厚重的材料自身的量感会增大形体的感觉，体形肥胖者要慎用。光泽型面料、大格子花纹、曲线图案等面料也不适宜偏胖体形者。

（3）瘦小体形者。瘦小体形者给人小巧玲珑的感觉，选择柔软类、轻薄类面料，根据自身曲线条件加以造型，可表现活泼可爱的动感。小花格子、曲线图案等面料是较合适的选择。不宜选择过于厚重、悬垂的面料。

（4）高大体形者。高大体形的人有威武、粗壮之感，适合选择挺括型和厚重型面料，可突出自身优势。适合选择中等大小图案的面料，过大和过小的图案都会显出人体更加高大。不宜选择太轻薄柔软的面料，否则会与高大体形不协调。

三、服饰的礼仪细节

服饰要注重整体和细节的和谐统一，这样才能显出着装的品位和个人的审美水平。

（一）服饰整体设计中的礼仪细节

在个人形象的整体设计中，发型、妆容、面料、色彩、款式等因素的组合形成整体形象设计效果。通常一个细节的点缀能使整体形象独具风采。比如，女性若拥有一头秀发，若与服饰进行完美的结合，能增添无限风韵和魅力。在庄重场合，身着礼服或旗袍，可将头发挽在颈后结成低发髻，显得端庄高雅；身着运动服时，可将头发自然系在脑后，给人以活泼、利索之感；身着连衣裙或格调飘逸的服装时，可将头发自然地披散，等等。与服装格调相协调、注意发型的变化，是讲究细节魅力的一个重要因素。当然，男性的发型不必要频繁地变化，只要剪一个适合自己的发型，相对保持稳定，保持干净整洁即可。

（二）饰品佩戴中的礼仪细节

饰品指的是人们在着装的同时所佩戴的装饰品。装饰品分为服饰和首饰。服饰一般指鞋、帽、围巾、手提包、胸饰、腰饰等。首饰原指戴在头上的装饰品，现泛指耳环、项链、戒指、手镯等。在现代社会里，装饰品成为服装最亮丽的点缀，可以起到画龙点睛的效果（参见图2-44）。

图 2-44

由于社会环境不同、文化素养各异，佩戴饰物的方法、水平与习惯也不一样。随着经济和文化生活水平的提高，饰物不仅是财富的象征，更是文化素养、审美格调的表现。它常常被用来弥补着装上的不足、营造整体风采、传递个性特点、思想倾向。每个具有一定文化水平的人都应该学会饰物的合适佩戴，掌握基本的佩戴常识,使饰物的佩戴符合礼规。

1. 点到为止,恰到好处

装饰物的佩戴不要太多,浑身上下珠光宝气,挂满饰物,除了让别人感觉你的炫耀和庸俗外,没有丝毫美感。

2. 扬长避短,显优藏拙

装饰物是起点缀作用的,要通过佩戴饰品突出自己的优点,掩盖缺点。如脖子短而粗的人,不宜戴紧贴着脖子的项链,而适合选择细长的项链,这样从视觉上有拉长脖子的感觉。个子矮的人,不宜戴长围巾,否则会显得更矮。短而粗的手指不宜戴重而宽的戒指,戴一个窄戒指反而能使手指显得细长一些。

3. 环境不同,区别对待

饰品的佩戴要与所处环境相符合,不同的环境对饰物的质地、款式、形式有不同的要求。应根据所赴场合、活动内容选择佩饰,比如,上班、旅游、运动时,少佩珍贵的饰物;宴会、舞会、生日聚会,佩上漂亮、醒目的饰品令你与众不同;吊唁的场合只能戴结婚戒指、珍珠项链及素色的饰品。

4. 男女有别,各显魅力

女性佩饰的种类繁多,选择范围广,而男性能佩用的只是戒指、领饰、袖饰、项链等。故而男性佩饰应少而精,一般情况下,一个戒指足以装饰,不要佩戴得花里胡哨损害男子的阳刚之气。

5. 整体协调,风格一致

在佩戴饰物时还要考虑人、环境、心情、服饰风格等诸多因素间的关系,协调一致地搭配,恰到好处地点缀,才能起到佩饰的目的。如金项链、玉镯、珍珠戒指一起戴上,或是西服套裙内配玉挂、手戴象牙镯子又佩戴金戒指等,都是十分拙劣的佩饰手法。此外,饰物应注意与服装色彩、款式搭配。头饰最好与上衣的颜色一致,具有协调性。腰带、提包、围巾、项链、耳环等可采用对比色彩配合,或采用同类色彩配合。如果穿牛仔或休闲服,可戴贝壳、木质、石头类的饰物;穿礼服则可以佩戴金、银、钻石首饰。

6. 注意内涵,符合常规

饰品的佩戴除了以上礼规外,有时还应注意其所表示的语意含义。比如,戒指的佩戴。戒指一般戴在左手,且戴在不同的手指上所传递的语意是不同的。戴在食指上表示无偶而寻求恋爱对象或求婚的意向;戴在中指上表示正在热恋中;戴在无名指上表示已订婚或结婚;而戴在小指上表示自己是独身主义者,将终身不嫁(娶);大拇指一般不戴戒指。修女的戒指则戴在右手的无名指上,意味着她把爱献给了上帝。

因此，在社交中应讲究戒指的戴法，以免造成误会。

总之，饰品的佩戴要根据不同的情况合理搭配，以达到既创造和谐统一、富有层次的艺术效果，又体现个人审美修养和礼仪修养。

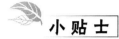

最注重仪表的开国上将刘亚楼

经历过长期艰难革命生涯的开国将星大多数都不怎么在乎"形象"问题，着装随意、不修边幅。但有一位开国上将却非常注重仪表问题，衣冠整洁，穿着也是一丝不苟，他就是刘亚楼。

刘亚楼虽出身贫寒，但从小被寄养在一个有爱心、讲规矩的家里，养成了很好的行为习惯，无论什么场合都非常注重自己的仪表。据他身边工作人员回忆，除了战争年代没有条件讲究，刘亚楼将军无论穿西装、中山装，还是军装、便装，都是整整齐齐、干干净净，尤其是袖口与领口处要求做到一尘不染。

同时，刘亚楼将军对部队的军人也提出严格的军容要求，无论何时何地，军人必须昂首挺胸，衣冠整洁，展现军人的雄壮威严与精神。有一年，刘亚楼将军带队访问古巴，参加古巴国庆。当地天气炎热，很多国家代表都受不了，纷纷解开衣扣，有的甚至还脱掉外衣，唯独中国代表团军容整齐，即使汗如雨下，也没有一个人解开衣扣、脱掉外衣。几个小时的国庆典礼，刘亚楼将军衣服早已湿透，但他始终保持着良好的精神风貌。

事后，古巴领导人卡斯特罗竖起了大拇指，还专门接见了刘亚楼将军，夸赞他了不起，夸赞中国军人了不起。

刘亚楼将军三十年如一日，将毕生精力奉献给了中国人民解放事业，对国家，对人民，对党建立了卓越的功勋。朱德总司令和周恩来总理评价他说："刘亚楼是军人的标杆""千军易得，一将难求！"

第五节　语言礼仪

语言是人们进行交流的重要手段和工具。语言礼仪是人们在社会活动中，以尊敬、真诚、友善为原则，表达思想、感情及与人进行有效沟通时的言语规范要求。

语言交流是人们为了某种目的在一定的语境中以口头形式运用语言的一种活动。人与人之间通过对话来交流思想，表达情感，语言交流一直是人们最常用、最主要的交际手段。人们的思想品德、情操、志趣、文化素养以至人生观、世界观等都可以通过语言得到一定的表现。所谓"言为心声,语为人镜",语言体现的是一个人的内涵与修养,礼貌的谈吐是走向成功的敲门砖。高尔基说过:"作为一种感人的力量,语言真正的美,产生于言辞的正确,明晰和动听。"在学习、生活及工作中,要做到语言礼貌,必须努力提高文化修养,塑造美好的心灵,锻炼表达能力,掌握基本技巧,要根据不同的对象、场合选择不同的语体和语气,不断提高以言达礼的水平。

语言礼仪包括言谈礼仪和聆听礼仪。

一、言谈礼仪

谚语说"见事知长短,听话品高低",一个人的言辞谈吐反映其内心的德行修养。与人交流中,"说什么"和"怎么说"是关键,态度诚恳、用语礼貌、表达清晰是根本。因而,语言表达规范,谈吐文雅得体,话题选择适宜是言谈礼仪的基本要求。

(一)语言表达规范

语言的三要素是语音、词汇和语法。词汇和语法表达语意,语音表达情绪和情感。语言表达的规范要求是用词恰当,语法正确,吐词清晰,发音准确,语调自然,语气谦和和语速适中。

1. 词汇和语法的表达要求

词汇是语言的建筑材料,语法是词的构成和变化规则与组词成句规则的总和。词汇和语法组合成所要表达的语意。在言谈中,要尽量用词简洁、准确,吐词清晰,语法正确。逻辑混乱,啰唆冗长的语言会使交流对象听得费劲,听不明白所表达的重点。吐词含糊不清,语句顺序错乱,更会使交流对象费解语意,陷入迷茫。

汉语的词汇语意非常丰富,有时,同一词汇用在不同地方所表达的含义完全不同,同一词汇用不同的语法形式表达,语意也会相差甚远。比如,"方便"一词,在不同语境中所表达的含义完全不同,"我去方便一下"意指上厕所;"希望您能给予方便"意指便利或帮助;"在您方便的时候我再来拜访"意指有时间、有机会。因而,用词的准确性对语言的表达至关重要,否则,词不达意、用词不当就会出现令人尴尬的局面,甚至给人造成误会。

从前有个因为用词不当而得罪亲朋好友的故事,说刘大做50岁大寿时,约请了张三、李四、王五、赵六前来赴宴。用餐时间已到,赵六还未来,只好等。刘大有些急,信口说了句:"怎么该来的还未来?"张三听此言,暗想:"该来的没来,说明我们是不该来的!"于是拂袖而去。赵六还没来,张三又走了,刘大叹道:"不该走的又走了!"李四想:"张三不该走,那该走的肯定是我。"于是也悄然离去。刘大见状,摊开双手对王五说:"我又不是说他……"王五更不高兴,气愤地不辞而别。一场本应高兴的寿宴,被搞得不欢而散。

这个故事说明了刘大的言辞和语法表达不规范,一是缺乏明确的主语指向,导致语义表达不清;二是用词不当,令人产生不悦情绪;三是均使用了带责备的语气。如果换成"赵六怎么还没来呢?"其表达的效果就完全不一样了。

2. 语音的表达要求

语音包含语调、语气、语速和音量。在与人交谈中,要求发音正确,语调柔和自然,语气谦和,音量与语速适中。

语音和语调要求按汉语普通话的发音标准来衡量其准确性。坚持讲普通话和讲好普通话是语言交流中最为重要的表达方式。在正式场合、公共交际场合等情况下应尽量使用普通话。若在言谈中,普通话声韵发音不准确、方言语调明显,就会使人听不懂或听错内容含义,容易引起误会,甚至影响交谈效果,特别是在与非本地人交谈时,更不要使用方言、土语。

交谈过程中,言谈者的语速、音量和语调,也是传递信息的符号。语速太快会使听者反应跟不上,语速太慢易使人不耐烦,甚至失去谈下去的兴趣。语调是流露感情的一个窗口,愉快、失望、犹豫、轻松、压抑等等情感都会在语调的抑扬顿挫、轻重缓急中体现出来。比如,同样是一句"您请",用平调柔声来说表示客气,用升调拖腔来说显得油滑,用短促的降调说就显得怀有敌意了。

(二)谈吐文雅得体

在言谈交往中,除了要做到言词达意外,还应态度诚恳,神情专注,并恰当地使用规范的尊称、敬语、谦辞、礼貌语、雅语。尽力以语言之"礼"吸引他人,以语言之美征服他人,做到"言之有礼,谈吐文雅"。

1. 使用礼貌语言

文明礼貌语言是礼敬他人、体现自身良好修养的语言表达形式,言谈礼仪要求把常用的礼貌语内化成自己的语言习惯。诸如问候语"您好"、"早上好"、"晚上好"、"见到你很高兴",感谢语"谢谢"、"麻烦你了",道歉语"对不起"、"抱歉"、"失礼了",征询语"我能为您做些什么?""您需要我的帮助吗?""您还有别的要求吗?"以及称呼语、欢迎语、赞美语、告别语等等。在与人交往中,从一个称呼语就会使交往对象产生不同的情绪反应。比如,向陌生人问路,如果称呼"喂,向你打听一下,到南门口怎么走?",对方一听"喂"顿感不受尊重,也感觉你太没素养,能否帮助你就要看对方对你不礼貌言语的包容程度了。又如,礼貌语中,一个"请"字就体现对他人的尊重、尊敬之意,使用祈使句时,加上"请"字,就会使命令的口气变得缓和,同时也显示出尊重的态度。因而,在日常生活中,随时注意文明礼貌语的运用,不仅能获得交往对象的尊重与好感,同时也体现出自身良好的品行修养。

2. 谈吐仪态文雅

文雅意为温和有礼貌。与人交谈时,要体现彬彬有礼的态度,需做到言词文雅,神情、仪态协调一致,合乎规范。

言词文雅,除了常用的文明礼貌语外,一些尊称、敬语、谦辞也是表达礼敬他人的语言。我国传统文化中有许多宝贵的礼敬词汇,其中,一些尊称、敬语、谦辞一直沿用至今都依然受用。比如,在尊称语中,老师称"恩师""先生",他人父母称"令尊""令堂"等等。在敬语中,初次见面说"久仰",很久不见说"久违",请人指点说"请赐教",降低身份说"屈尊",等候客人说"恭候"等等。在谦辞中,老年人谦称"老朽",老者年龄称"高寿",自谦称"敝人"或"鄙人",谦称自己的见解称"拙见"等等。在语言交流中恰当使用这些谦辞、敬语和尊称,能赢得对方好感与尊重,形成亲切友好的氛围,同时,也能体现自身儒雅的气质修养。

《礼记》中写道:"言语之美,穆穆皇皇。"[①] 即语言之美在于谦恭、和气、文雅。具备儒雅风范的人在与人交往中,"不失足于人,不失色于人,不失口于人"[①]。意思是要注重礼仪姿态,举手投足应给人有修养之感;要懂得控制情绪,不可将过度的情绪表现出来;讲话时要先思后语,注意听者的感受,懂得换位思考。比如,与人交谈时,要正面视人,注意力集中,如果一边低头玩手机一边与人交谈,会让交谈对象有被轻视、不受尊重的感觉,失去交谈的兴趣。

所以,要将礼貌语、谦辞、敬语熟记于心,时时处处体现"礼"的内涵,注重言谈时的表情神态和体态动作与言谈内容协调一致,做到语言表达清晰,用语礼貌谦和,神情仪态优雅,体现温文尔雅的语言风格和优雅的气质风范。

(三)话题选择适宜

应根据所处场合、环境和交流的目的不同,以及交流对象的不同而选择不同的谈话主题与内容。适宜的话题能使交往对象产生心理愉悦、心灵相近的感觉,获得交往对象的认同感和交流兴趣,促进有效的沟通和成功的交流。

[①②] 出自《礼记》.转引自王烨.中国古代礼仪[M].北京:中国商业出版社,2007:112.

1. 根据言谈对象选择话题

不同的对象的心理、身份、性格、知识面、习惯等因素均存在差异,因而,同一句话会产生不同的反应,甚至可能导致截然相反的效果。所以,言谈要视交流对象身份、性格等诸多因素的情况,从称谓到措辞组句,从语气语调到谈话主题、内容以及表达方式,都应尽量合乎交谈对象的特点,做到恰当得体。比如,对学识渊博、注重礼节的年长者,要使用尊敬的称呼、谦恭的言辞,选择请教其专业领域的话题来打开交流的前奏,能收到交往成功的效果。

2. 根据言谈场合选择话题

选择话题应合乎交流场合和环境,以便话题能引起共鸣,营造交流良好氛围。比如,在公共社交场合,选择大家都可以介入又都方便发表意见的话题,诸如现场环境布置、当日热点新闻、文体活动等等。不要选择只有个别人知道或感兴趣的话题,否则会形成只有两人交谈而冷落了其他大多数人的情景。其次,人们对类似的话题在不同的场合、不同环境中会产生不同的心理感受和反应。比如,一个单位的领导在两种场合批评下属非原则性工作失误的问题,会形成两种不同的结果。如果把下属叫到自己办公室与其谈话,指出他的不足或错误,并鼓励其以后改正不足,把工作做好,下属会易于接受并心存感激。若在员工大会上点名批评,虽也对其提出鼓励、希望之言,也会导致这位下属因在众人面前失去了颜面而心存不满,产生对抗心理。

3. 避讳言谈语言禁忌

语言交流的目的是促进情感、建立和谐相处的友好关系。因此,在与人交谈中,要避讳涉及他人隐私、揭人短处、损人自尊等话题。在传统言辞礼仪中,强调"慎言、谨言、戒多言",就是要求人们言谈内容要严谨、把握分寸,不该说的话不要说。现代社会,人际交往更加频繁,社会关系更加复杂,言谈中必须注意和避讳的言辞和话题更应该谨记并遵循。

(1)在公共社交场合个人隐私六不问:"不问年龄,不问收入,不问婚姻,不问健康,不问个人经历,不谈信仰政见",这是涉外礼仪中的一条重要礼规。当众暴露他人隐私问题,或令人尴尬,或使人不悦,是不礼貌、不尊重人的。

(2)忌言辞粗鲁、出言不逊、揭人短处、损人自尊的话题以及取笑或非议他人的言语。言谈礼仪要求人们善称人之所长而不责人之短。古人云:"誉人而人亦誉之,则是自誉也;毁人而人亦毁之,则是自毁也。"[①]出言不善,不仅损伤他人,也会伤及自己。

---

① 王烨编著.中国古代礼仪[M].北京:中国商业出版社,2017:114.

(3)在特殊场合,忌谈论涉及政治、民俗禁忌等敏感性话题。政治敏感性话题,涉及国家政策、方针、政党观点等,各人观点不一,容易引发矛盾,严重者会触及意识形态舆情,在涉外交往中尤其要注意。民俗禁忌是历史遗留下来沿用至今的禁止某些行为的习俗,大多是因择吉避凶的心理而演变或扩张的一些礼俗。触碰民俗禁忌会引发其不满,甚至愤怒。

(4)忌谈论低级趣味的话题。在公共场合谈论低级趣味的话题,不但令人恶心反感,也是缺乏教养的表现。

(5)忌传播流言蜚语。所谓流言蜚语就是指毫无根据的话,多指背后散布的诽谤性的语言。流言必有所指,而所指之处,要么伤人,要么害人。所以,在任何情况下,都不要传播流言蜚语,以免伤及无辜。

(6)忌在社交网络上发表不当言论。随着社会的发展,网络语言的影响力越来越大。网络舆论是一把双刃剑,积极的正面的网络言论给人带来正能量,而一些粗俗的、负面的网络言论,甚至谣言,成为网络舆情的"无形杀手",带给人们极坏的影响。

二、聆听礼仪

交谈是有说有听、双向交流的。"善言,能赢得听众;善听,才会赢得朋友。"因而,善于聆听的人是普遍受欢迎和能赢得人们好感的人。人们在社会交往中,往往重"说"轻"听",其实"听"不仅是人们接收信息、吸取知识的主要渠道,而且是反馈信息的必要前提,"兼听则明",善于倾听别人的意见、议论、观点等,从别人的话语中了解情况,吸收养分,从中受到启迪,开拓思路,有助于自身进步和事业的成功,所以古人言"愚者善说,智者善听"(参见图2-45)。

图 2-45

（一）多听少说

听人谈话要全神贯注,多听少说,要用"心"体会对方谈话的内容。首先,态度要诚恳,必须保持饱满的精神,自然的表情,无论是站立寒暄还是坐着聊天,均应目光温和,正视对方,以示尊重。其次,聆听他人谈话时,不要随意打断对方谈话,即使有意见要发表,也要让人把话说完,你再发言,随意打断对方说话是一种不礼貌和缺乏教养的行为。

（二）揣摩会意

在与人交谈中,人的身体姿态、面部表情、空间距离等也在表达某种信息。作为聆听者,其一,应避免一些不礼貌的行为和举动,比如东张西望和兼做其他事情,这样会给人心不在焉的感觉,使对方失去与你交谈的兴趣。其二,倾听对方讲话不仅要听声语,还要观察体势语,即注意说话人的神色变化,从其神态、表情、姿势等非语言符号的变化,听懂非语言符号传递出的信息,以了解说话者的真实心意。比如,说话人在交谈中不时看手表或手机,说明对方约了人或有事要处理,你就应该尽快停止交谈,马上告辞。

（三）反馈呼应

与言者相比,听者在交谈中处于相对被动的地位,全神贯注,认真聆听是其首要任务。在聆听别人说话时,要以动作表情上的反馈和语言的呼应来主动"参与"交谈。"人前浑不语,留意在双眸",作为倾听者,目光应正视对方,身体稍稍倾前,面带笑容,并用点头、手势、目光接触或不时发出"嗯""噢""对""没错"等语言应酬,给说话者以支持与肯定。对方说得幽默时,回应的笑声会增添说话人的兴趣;说得紧张时,听者屏住呼吸会强化气氛。在交谈中,如果确实需要插话或打断对方谈话时,应先征求对方的同意,用商量的口气说一声:"请等一等,让我插一句""请允许我打断一下"或"我提个问题好吗?"这样,既可以转移话题又不失礼貌。当然,我们在倾听的同时,对"倾听"的内容要有一个层次的把握。对严肃的话要严肃地听,对求助的话要同情地听,对批评的话要虚心地听。但对一些家长里短、无事生非之言则要委婉拒绝,并加以引导。

第六节　持之以恒地涵养个人形象

个人礼仪从表象上来看是社会公共生活中个体的行为的礼仪准则,是个人仪表、仪容、言谈、举止、待人、接物等方面所涉及礼仪的具体规定,从深层来看则是个人精神面貌和内在修养的外在体现,其核心是律己敬人,表里如一。个人礼仪修养的结果在于使人们养成良好的礼仪行为,使交往活动中对于礼仪原则和规范的遵从变成为一种良好的习惯,形成一种持之以恒风格。这种教育和培养是一个漫长的过程。它要求人们深刻理解"形于外,慧于中"的人生道理,努力加强道德修养和文化修养,使内在美与外在美和谐统一;自觉培养内外和谐的个体气质,努力调控行为与情绪;让良好的修养为品质增色。

一、内在美与外在美和谐统一

个人礼仪在个人整体形象塑造中有着很重要的地位,它传达出最直接最生动的第一信息,反映着个人的精神面貌。个人形象的美可以用六个字概括:"形于外,慧于中"。"形于外"是指一个人音容笑貌等外观气质特征。一个人在社会生活中,需要出席各种场合,扮演各种角色。当一个人以某种特定角色出现时,在仪容仪表方面就要符合社会对这个角色所规定的要求。"慧于中"指的是一个人的容貌美,不仅仅是指标致的五官,而更重要的是指一个人的神情、气质所反映出来的精神面貌。一个人的外表包装是简单的,而提高和改善人的修养和内心世界却是复杂、深刻和全面的。外在美只有与内在美达到和谐统一,神情才会超凡脱俗,"慧于中"才能"秀于外",一个人如果没有道德、情操、智慧、理想等内在美作为基础,那么再好的先天条件,再精心的打扮也只能是一种肤浅的美。所以一个人在注重个人仪容、仪表修饰的同时,必须不断加强自己内在素质的培养。

首先,个人礼仪必须以个人修养为基础。个人礼仪不是简单的个人行为表现,而是个人的公共道德修养在社会活动中的体现,它反映的是一个人的内在的品格与文化修养。若缺乏内在的修养,对于个人礼仪的具体规定,也就不可能自觉遵守、自愿执行。只有"诚于中"方能"行于外",因此个人礼仪必须以个人修养为基础。

其次,个人礼仪必须以尊敬他人为原则。在社会活动中,讲究个人礼仪,自觉按个人礼仪的各项规定行事,必须奉行尊敬他人的原则。"敬人者,人恒敬之",只有尊敬他人,才能赢得别人对自己的尊敬。在社会主义社会的条件下,个人礼仪不仅体现了人与人之间的相互尊重和友好合作的新型关系,而且还可以避免或缓解某些不必要的个人或群体的冲突。

最后,个人礼仪必须以长远为方针。个人礼仪"恒久渐进性"特点已说明对礼仪规范的掌握非一日之功效,必须有恒心,有持久渐进学习的准备,切不可急于求成,更不能有急功近利的思想。在人际交往频繁的社会活动中,必须时时处处注意自己的整体形象,无论是服饰、言谈举止,还是发型、化妆,都应该在礼规的指导下,一以贯之地形成自己的风格。

二、努力调控行为与情绪

个人礼仪是以培养个人内外和谐的个体气质为目标的,它要求人们遵循尊重他人的原则,按照个人礼仪的文明标准行动,塑造个人的自身形象,展现个人的精神风貌。个人礼仪教人识别美丑,帮助人明辨是非,引导人走向文明,使个人形象日臻完美。

社会规范作为联结社会和个人行为的媒介因素之一,像棱镜一样折射着社会对个人的一切影响,直接引导和限制着个人的态度和行为。因为,社会规范在社会成员的共同活动中一经形成,便具有一种公认的社会力量,通过不断内化为人们的心理尺度,而在个体社会化的过程中发挥出积极的作用。

礼仪虽然属于非法律规范,但又不同于其他非法律规范。礼仪属于作用相对较弱的非法律规范,如违反礼仪规范,只构成失礼,而失礼本身一般不会引起责任。所以,遵循礼仪规范,很多时候表现为一种自我约束的过程,它需要努力调控自己的行为与情绪,将礼仪规范转化形成一种自觉的行为。

遵循个人礼仪规范,也少不了自我克制和自我约束。这种克制和约束体现为严格按照一定的个人礼仪标准规范自己的言行举止。我国古人云:"非礼勿视,非礼勿听,非礼勿言,非礼勿动"(《论语·颜渊》)。概而言之就是要"立于礼"。约翰·洛克指出:"礼仪的目的与作用使得本来的顽梗变柔顺,使人们的气质变温和,使他敬重别人,和别人合得来","没有良好的礼仪,其余一切成就就会被人看成骄傲、自负、无用和愚蠢。"[1]当今社会,人与人之间交往频繁,往往在一举手、一投足间失了分寸,就会引起别人的不快乐和不舒服。因此,在社会交往活动中,要坚持"宁可让人待己不公,也不可自己非礼他人"的美德(美国作家爱默生语)。

在人的一生中,会面对形形色色的问题,处理多种多样的矛盾。要创造一个和谐、融洽的人际环境,使人生更为成功,就应遵循一定的个人礼仪规范。处理好人际关系是生活工作的一个最重要的环节,也是一门较强的艺术。要做到对所有的人都采取礼遇的态度,对于别人的失误或习惯、个性上的弱点应宽容对待,做到体谅、宽宏、尊重。应该避免以为己之所好人亦爱之,以为己所恶人亦厌之,有意无意强迫别

---

[1] 李鸿军.交际礼仪学[M].武汉:华中科技大学出版社,2002:95.

人接受自己的观点或行为,与人交往应遵循以诚相待的准则,应做到相互理解、相互尊重、不即不离、信守诺言、待人以诚、宽容大度。要善于与人沟通,不能只从自己单方面的动机出发,想说什么就说什么,想怎么说就怎么说,而应遵从一定的礼仪规范,达到双方交流信息、沟通心灵的效果。要牢记人际感情能否沟通,关键取决于人的言谈举止。适度的言谈举止,得体的礼貌和风度能使交往双方感到轻松愉快,否则只会令人尴尬和反感。在培养一个有教养的人的过程中,训练行为与情绪的控制能力,保持优美高雅的言谈举止,养成内外和谐的个体气质是非常重要的。

三、让良好的修养为品质增色

良好的礼仪体现的是一种修养。"礼是基本的道德规范,礼仪是'礼'德的表现形式。""礼是立身做人的前提,也是加强道德修养的基础性内容。"[①]人们在评价一个人是否具有良好的修养时,往往会从他的礼仪行为上去加以检验。个人礼仪要求人们待人文明,举止有礼,与人为善,这些都是个人礼德的表现。在社会生活中,一定要加强个人礼仪修养,让良好的修养为品质增色。

首先,要安分守己,不妨碍他人。所谓"安分守己",就是在公共场所依照公共生活要求而行事,把自己只当作普通的一员,守住自己与他人的界限,从而使每个人得以顺利进行公共活动。每个人在社会生活中都有他的"分",只要社会有分工就存在每个人的"分"。从社会公德的意义上说,"安分守己"是指在社会公共生活中,要与他人共同遵守公共规则,必须洁身自好、不特立人群、不妨碍他人,保证公共生活持续、平稳地继续。安分守己,不妨碍他人,是社会公德对个人在公共生活中的行为规范与要求。个人礼仪要求在社会生活中言谈文明礼貌,相互尊重、相互体谅等等都是安分守己,不妨碍他人的行为体现。

其次,要行为有序,遵守共同规则。行为有序,遵守共同规则,指人们在公共生活中,个人行为和活动必须自觉维护公共道德要求。凡是有公共生活的地方,必有相应的公共秩序与规则。公共场所是人们相互交往、沟通、存续的载体,每个人都要借助公共活动完成他的各种社会需求。公共秩序是社会生活保持相对稳定与和谐不可缺少的因素,只有遵守共同规则,公共秩序才能井然有序。所以,社会公德要求人们具有较强的纪律观念,行为举止要有较高的律己自控能力,以维护正常的井然有序的社会公共生活秩序。个人礼仪规范是"行为有序,遵守共同规则"的具体行为体现,是社

---

① 蒋璟萍.礼仪的伦理学视角[M].北京:中国社会科学出版社,2007:94、95.

会公德的具体践行,遵循个人礼仪规范,也就是遵循于社会公德。

最后,要友善待人,促进相互沟通。友善待人是一种待人的态度。待人要与人为善,与人交往要有情谊,极力促成互助、互谅的社会氛围。个人礼仪要求个人出现在公共场所时,必须衣着整齐、仪态大方、举止庄重、行为检点、待人谦和、谈吐文雅。我国传统礼仪特别强调儒家的"谦敬"之德,谦即自谦,虚以处己;敬即敬人,以礼待人。谦敬是个人自身修养的美德,也是待人处世的道德要求。礼仪是为了使得社会生活有序、和谐,为了协调人际关系。如果破坏了这种有序、和谐,造成了人际关系的不协调或破裂,就是违反了礼仪规范,也是不道德的。"谦敬"是礼仪的原则,是礼仪的精神内涵和心理基础。个人礼仪与"谦敬"之道要求是一致的,它可以更好地促进人与人之间的友好交往。所以说,良好的个人礼仪修养可以为品质增色。

思考题:
1. 谈谈个人礼仪的基本要求及在现实生活中的重要意义。
2. 说明着装礼仪的基本规范与要求。
3. 结合个人实际,谈谈服饰搭配的技巧与经验。
4. 简述基本举止仪态包括哪些?
5. 简述体态语言的重要作用。
6. 简述言谈礼仪的基本要求。
7. 简述个人礼仪与个人形象塑造的关系。

场景训练:
全班同学分成每四人一组,分别进行如下训练:
1. 站姿的训练

背靠背站立,要求二人脚跟、小腿、臀部、双肩、后脑勺都贴紧,每次训练应坚持15～20分钟。

靠墙站立,要求后脚跟、小腿、臀部、双肩、后脑勺都紧贴墙。每次训练应坚持15～20分钟。

2. 坐姿训练

训练本章介绍的几种坐姿,可配上舒缓优美的音乐,每次训练应坚持15～20分钟。

训练入座和离座的姿势。反复练习4～6次。

3. 行姿训练

在形体房训练,用规范的行走姿态来回训练,走直线。在行走过场中纠正一些不良的习惯性姿势。

在基本掌握正确的行走步态后,播放有节奏的音乐,进行整体协调的步态训练,并注意面部神情与精神面貌的协调。

4. 蹲姿训练

结合站姿连贯起来进行双腿高低式蹲姿训练,注意动作的整体连贯性。

5. 个人形象设计

每组选一人参加个人形象设计评比,要求化妆与服饰搭配整体协调,并运用行姿进行展示。

第三章 家庭礼仪

第一节 家庭礼仪概述

一、家庭礼仪的内涵

(一)家庭礼仪的定义

家庭礼仪是指家庭成员在家庭生活方式与交往方式的过程中所遵循的礼仪规范的总和。家庭礼仪的目的是构建和谐的家庭关系,是实现美好生活的题中应有之义。

一个具体的家庭是有其生命周期的。在家庭的形成、发展、解体和消亡的过程中,往往要进行一些规范性的活动,如结婚、婴儿降生(以及此后对这一降生的纪念)、家庭成员的离世、对已故家庭成员的纪念等等。对这些活动的内容与形式、程序进行规定,需要家庭礼仪。由于家庭内部成员存在不同的关系,如夫妻关系、亲子关系、手足关系、祖孙关系、其他旁系血亲关系等,这些家庭内部成员的关系应该如何维系,也需要家庭礼仪进行规范。此外还有不同家庭之间的关系,家庭对外关系等,家庭成员应当如何与之进行交往活动,也需要家庭礼仪加以规范。

由于对家庭礼仪概念的理解不尽相同,人们对于家庭礼仪包含哪些具体内容还没有形成一致观点。一般认为可以包括以下方面:家庭语言礼仪、家庭关系礼仪、家庭迎送与拜访礼仪、家庭礼俗礼仪等。

(二)家庭礼仪与其他礼仪的关系

由于礼仪规范着各种各样的社会关系,也就可以划分出不同领域和类型的礼仪。家庭礼仪是礼仪的一种,是整个社会礼仪体系中不可缺少的组成部分。

家庭礼仪与其他礼仪所规定的内容不同。不同的礼仪界定的是不同的社会关系。家庭礼仪界定的是家庭关系。家庭关系是最为亲密的社会关系,是一种以血缘关系为基础的、包含感情的社会关系。因而家庭礼仪除了一般礼仪所含有的尊敬、尊重的因素之外,还包含了家庭成员之间的特殊感情:亲情和爱情。如果说很多其他礼仪所代表的社会关系是发生在陌生人之间,就算没有感情也可以行礼如仪的话,那么,没有感情的家庭礼仪是不可想象的。通过家庭礼仪的进行,家庭成员维系并增进彼此的感情、巩固家庭关系、加强家庭的内部沟通、强化家庭身份角色认同和对家庭的归属感，形成人生中最重要的也是终生的生活与命运的共同体。

二、家庭礼仪的特点

家庭礼仪发生在家庭或与家庭相关的场合，协调和维系着家庭和家庭周边的关系。因此，家庭礼仪具有与其他方面的礼仪不同的一些特点。

（一）普遍性

家庭礼仪的存在不管在时间上、空间上、领域上都具有其他礼仪难以比拟的普遍性。

在时间上，家庭礼仪产生的时间极为久远，从原始社会末期家庭产生以来就有了家庭礼仪。而其他的礼仪往往是在此后发生的社会分工、社会分化的过程中不断产生新的社会角色、社会关系的背景之下慢慢发展起来的。

在空间上，世界上所有的国家、民族，只要存在家庭，就存在家庭礼仪。

在领域上，很多礼仪类型的专业性较强，只要没有处于这一特定行业之中，就可以不用遵循这一行业的礼仪规范。比如教师礼仪用于规范教师行为，其他大部分社会上的人就可以不遵守这一规范。而家庭礼仪则不然，绝大部分人都拥有家庭，处在正常的家庭环境之中，作为家庭成员之一，每个人就应当遵守一定的家庭礼仪规范。

（二）亲密性

家庭礼仪的一个重要特点是包含着家庭成员之间的感情，体现着家庭成员之间特有的亲密关系。

虽然说行礼必须真诚真心，但现实生活中其他领域的礼仪践行者可能更注重仪的方面，这固然不妥，却足以说明家庭之外的其他领域，在践行礼仪的时候，彼此之间即使不带真诚的情感，也能催发礼仪行为。餐厅服务员对顾客面带微笑、轻声细语，只是在遵守她所从事的行业普遍要求的"微笑服务"的规定，并不一定意味着她对顾客产生了感情。而不含感情、违背感情的家庭礼仪是无法想象、无法接受的。如果家庭成员中也存在"口不应心"的虚伪礼仪行为，这是违反人类天性的，因为这将导致人们失去最重要、最根本的归属感和安全感。家庭礼仪是以家人之间的感情为基础，并增进家人感情的，而不能与感情相背离。

（三）持久性

家庭关系是持续性、稳定性最强的一种现实社会关系。家庭成员之间的交往行为是持续一生的。就算家人去世或分离,往往感情和关系还存续,也会发生相应的礼仪行为,比如悼念活动等等。而其他方面的礼仪行为很多时候是"一锤子买卖",是暂时性、一次性的。店主和买东西的顾客之间的礼仪行为仅仅存续于买卖行为过程中而不会发生扩展。如果顾客只买过一次东西,那么他们之间的礼仪行为也通常只会发生一次,因为他们之间的关系存续非常短暂。

家庭礼仪关系的持久性意味着,特定的家庭成员的礼仪行为应该是相对固定、前后一贯的。除非出于无意或客观原因,如果其中一方有意改变了自己的礼仪行为模式,那么双方之间的关系或感情必定发生了某种变化。古语云"日久见人心"。一个人是否真正遵守了家庭礼仪,绝非一朝一夕所能体现,而是要通过日复一日、年复一年的行为,才能判定。而旁人也正是据此判断他对家庭成员的感情如何,与家庭成员的关系如何,甚至还可以判断其家风如何。

(四)复杂性

家庭礼仪的复杂性首先表现为客观内容上的多样性。家庭关系是一种全方位的关系。家庭成员之间朝夕相处,其交往和生活内容涉及方方面面,因而其礼仪的内容也随着交往和生活的内容、场景等的变换而有不同的要求。

同时,从主体上看,家庭成员在家庭中所扮演的角色也不是单一的,而是复合的、多重的,同一个人在不同的家庭成员面前所要扮演的角色不同、从事的交往对象也不同,对其提出的礼仪要求就会有很大的区别,比如男性在分别扮演丈夫、儿子、父亲的角色时,他履行的职责和礼仪行为就绝不能够混淆;更何况家庭成员随着年龄的增长,所扮演的角色又会产生新的变化,他所应遵循的礼仪规范也要随之而调整。

家庭礼仪比起其他的礼仪要来得更为复杂。因为其他的礼仪往往只表示一种社会关系、包含单一的礼仪内容、对当事人的角色要求也是比较单纯的,相形之下就显得"简单"。而家庭礼仪和其他礼仪在复杂性方面表现得较为一致的一点是,他们都会随着地域、文化、时代背景和社会风气等外部因素的变迁而发生变化。当然,不同家庭内部因其客观条件和主观观念的不同,在内容和要求上也会呈现出一定的差别。

三、家庭礼仪的原则

在第一章第三节,我们把礼仪的基本原则归纳为尊重的原则、善良的原则、审美的原则及和谐的原则。这四个方面的基本原则也是指导我们家庭礼仪的基本原则,基于家庭礼仪的特点,在遵循前述四个基本原则的前提下,家庭礼仪的原则可以具体化为以下几个方面。

(一)接纳原则

家庭不是讲理的地方,而是讲感情的地方,自古"清官难断家务事"。家庭成员遵循家庭礼仪的目的就是建立和谐美满的幸福家庭生活,使每一个家庭成员都有幸福感、归属感、安全感。

家庭成员个性不一定相同、喜好不一定相同、习惯也不一定相同,长期居住在同一个屋檐下,难免会发生冲突。有的时候发生冲突甚至是脾气个性太相像,针尖对麦芒,互相伤害。所以,在家庭生活当中,不论是尊敬孝顺老人,还是关心疼爱孩子,抑或夫妻之间的相处,第一要义就是接纳,全然的接纳,只有接纳一切,才有可能改善家庭关系,增进彼此之间的感情,使家庭关系变得更加和谐美好。

在现实生活中,很多家庭成员把最好的情绪给了朋友、同事、领导以及其他外人,却把最糟糕的情绪给了家人。在外面可以容忍不合理甚至冒犯,在家庭中却咄咄逼人。所以,在家庭礼仪的原则中,接纳原则是第一原则。

(二)平等原则

在家庭生活中,虽然有辈分、长幼的不同,但不论长幼,人格一律平等。家人之间的关系是平等的,家人之间的沟通也是平等的,因为每个人都是独立的个体。无条件地接纳固然是家庭礼仪原则的第一要义,但是,无条件地接纳并不是无条件地服从,每一个家庭成员不应该因为对方无条件地接纳自己而任性妄为,尤其是家长,更不应该对子女专制武断、横加干涉。

通常,长辈批评指责晚辈、晚辈抱怨回击长辈、同辈彼此挑剔在所难免,但不要试图去控制、强迫对方接受自己的观点和喜好。每个人都是家庭的一分子,也是独立而完整的个体,家庭生活中的矛盾与冲突在所难免,在矛盾与冲突发生的时候,允许有情绪、允许有不一样甚至对立的表达。

上述那些"允许",正如英国女作家伊夫林·比阿特丽斯·霍尔在其传记《伏尔泰的朋友们》中所写的名言"我虽然不同意你的观点,但我誓死捍卫你说话的权利"一样,在家庭关系中同样适用。在家庭生活中,我们既要不论尊卑长幼,平等地对待每一个家庭成员,又要重视人伦次序,关注每一个家庭成员的不一样,给予不一样的关爱,让家庭成为真正温暖的港湾。

(三)倾听原则

倾听真正地体现接纳与平等。倾听首先顾全了说者的情绪,不论说者说的时候,持什么样的情绪和态度,听者都能认真地听,这就是接纳。同时,倾听也体现了对说者的尊重,不论说者是谁,说的是什么,都耐心地听着,让说者有受重视的感觉,这就是平等。

在家庭生活中,难免会出现这样的情况:说者刚一开口,听者不是打断就是不耐烦地回应,或者就是心不在焉不当一回事,结果彼此都感觉不好。或许有的时候,我们只需要用心倾听,无须评价说的内容,也无须解决问题。我们需要做的,仅仅是在说者说的时候,放下手中的活,坐下来好好地听着,在必要的时候共一下情,让说者一吐为快就可以了。

所以,在家庭生活中,如果彼此都能好好地听对方说话,并且好好地听对方把话说完,那么,可以避免很多的矛盾和冲突,从而能够更好地去面对问题和解决问题,让家庭关系变得更加融洽。

(四)有效沟通原则

健全的家庭也会有冲突和意见不合的时候,但是如果我们能够做到接纳、平等、倾听,至少是良好沟通的开始。

民主意识不强的中国式传统家庭,父母拥有权威只因为他们是父母,他们理所当然的永远正确,而孩子应该永远听话。因此,可能批评不仅是常态,甚至几乎成为必须,这样的状态会伤害到孩子的自尊和自信,甚至也会影响到孩子的将来。夫妻关系也是如此,沟通不顺畅往往会导致夫妻之间以冷战形式彼此折磨,又相应地影响到孩子的情绪。

心理学家指出,显示家庭功能良好与否的一个重要指标,就是家庭成员是否具备有效沟通的能力。甚至有学者认为,家人间良好的沟通是心理健康的基础,而不良沟通则是病态的象征。有效沟通的关键在于听者的自我觉察和对说者的敏感度。包括语言、面部表情、动作、音调、心情、姿态等投射出来的信号,是不是让人感到受到了正面的回馈。如果彼此能看见,并且彼此的内心也能感受到,那么这个沟通就是有效的。有效的沟通原则使接纳原则、平等原则、倾听原则平稳落地,否则,会大打折扣。

第二节　家庭礼仪的主要内容

一、家庭语言礼仪

家庭生活中的称呼,应当亲切、自然、准确、合理。可分为正式称呼和非正式称呼。

家庭中的正式称呼,可以分为三大块进行识记。一是直系血亲间的称呼,二是旁系血亲间的称呼,三是姻亲间的称呼。

(一)直系血亲间的称呼

1. 父系

高祖父—曾祖父(太爷爷)—祖父(爷爷)—父亲

高祖母—曾祖母(太奶奶)—祖母(奶奶)—父亲

2. 母系

高外祖父—曾外祖父(太姥爷)—外祖父(外公、姥爷)—母亲

高外祖母—曾外祖母(太姥姥)—外祖母(外婆、姥姥)—母亲

儿子:夫妻间男性的第一子代

女儿:夫妻间女性的第一子代

孙:夫妻间的第二子代,依性别又分孙子、孙女,有时孙子是一种不分性别的称呼

曾孙:夫妻间的第三子代,不分性别

玄孙:夫妻间的第四子代,不分性别

(二)旁系血亲间的称呼

1. 父系

伯:父亲的兄长,也称伯父、伯伯

伯母:伯父的妻子

叔:父亲的弟,也称叔父、叔叔

婶:叔叔的妻子,也称叔妈、叔母

姑:父亲的姊妹,也称姑姑、姑妈、姑母

姑父:姑姑的丈夫,也称姑爸、姑爹、姑爷

堂兄弟:伯父或者叔父的儿子,年纪大的称堂兄,年纪小的称堂弟,也直称哥哥、弟弟以示亲密

堂姊妹:伯父或者叔父的女儿,年纪大的称堂姐,年纪小的称堂妹,也直称姐姐、妹妹以示亲密

2. 母系

舅:母亲的兄弟,也称舅舅

舅母:舅舅的妻子,也称舅妈

姨:母亲的姐妹,通常称呼为姨妈

姨父：姨的丈夫，也称姨爸、姨爹、姨爷

表兄弟：母亲姐妹所生的儿子，年纪大的称表兄，年纪小的称表弟，也直称哥哥、弟弟以示亲密

表姊妹：母亲姐妹所生的女儿，年纪大的称表姐，年纪小的称表妹，也直称姐姐、妹妹以示亲密

（三）姻亲间的称呼

丈夫：结婚的女人对自己伴侣的称呼

妻子：也称媳妇，结婚的男人对自己伴侣的称呼

公公：丈夫的父亲，日常生活中直接称呼为爸爸，以示亲密，完全不见外

婆婆：丈夫的母亲，日常生活中直接称呼为妈妈，以示亲密，完全不见外

岳父：丈人，妻子的父亲，日常生活中直接称呼为爸爸，以示亲密，完全不见外

岳母：丈母娘，妻子的母亲，日常生活中直接称呼为妈妈，以示亲密，完全不见外

儿媳：对儿子的妻子的称呼

女婿：对女儿的丈夫的称呼

嫂：对兄长妻子的称呼，也称嫂子

弟妹、弟媳：对弟弟妻子的称呼

姐夫：对姐姐丈夫的称呼

妹夫：对妹妹丈夫的称呼

妯娌：兄弟的妻子之间的称呼或合称

连襟：姐妹的丈夫之间的称呼或合称，也称襟兄弟

大姑子：对丈夫的姐姐的称呼

小姑子：对丈夫妹妹的称呼

大舅子：对妻子哥哥的称呼

小舅子：对妻子弟弟的称呼

在一些正式的场合，家庭语言礼仪还要注意使用敬语，以表示对对方的尊重。比如称呼对方的父亲为"令尊"或者"令尊大人"，称呼对方的母亲为"令堂"或者"令堂大人"，以此类推，称呼对方其他的亲属为"令伯""令叔""令兄""令妹"等。若称呼对方的晚辈，比如对方的儿子，称呼其为"令郎"或者"令息"，称呼对方女儿为"令爱"或"令媛"。

而在与他人提及自己的父母或其他亲属时，则需要用谦辞，表示自谦而敬人。通常在称谓前加一个"家"字，比如，称呼自己的父亲为"家父"或者"家君""家严"；称呼

自己的母亲为"家母"或者"家慈"。如果父母已经去世,则对他人提起时要称"先父""先大人""先母"。对他人称呼自己的亲属,也是在称谓前加"家"或"舍"字,如"家伯""家伯母""家叔""家叔母""家兄""家嫂""舍弟""舍妹"等。自称则可以加"愚"字,如"愚弟"。"家""舍"都包含自家的意思,不能画蛇添足,说成"我的家父""我的家母"。

在一些公开的场合,如果遇到多人同时在场都要打招呼的情况下,应当按照社会上通行的一般顺序分先后打招呼,不可错乱,也不可顾此失彼。一般应该是按照先长后幼、先女后男、先疏后亲的原则打招呼,不应当对家人、亲友以绰号或侮辱性的称呼相称。

家庭中的非正式称呼,有时讲究亲切,不一定要很正式很标准。例如,对父亲或者公公的称呼,可以称老爸、老爹,对母亲或者婆婆的称呼,可以称老妈。如果家庭民主氛围很浓,亲子之间的称呼甚是幽默有趣,比如有些子女称呼自己的母亲为我家花姐、我家李大姐、桂香姐等。随着时代的进步,很多家长或者家庭成员喜欢称家庭中的男孩为某某哥,如宝哥、二哥、果哥等,称家庭中的女孩为某某姐,如乐姐、遥姐、嘻姐等。诸如此类的称呼,从传统观念来看,显得没大没小,但从现代观念来看,反映了亲密无间的亲子关系。当今社会,父母还喜欢以水果或蔬菜的名称为孩子取小名,如柠檬、土豆、毛豆等等。

亲属之间的称呼,可以直呼其名,也可以直接称呼对方的学位、职务等。比如对有博士学位的亲属,可以直呼博士,有教授职称的可以直呼教授。带职务的,也可以直呼职务,比如亲属是刑警队长,可以直呼刘队。姻亲关系中,可以称呼嫂子为姐,也可以称呼姐夫为哥,称呼弟媳妇为妹妹,等等。平辈亲属间还可以直呼名字或者昵称。

总之,只要对方不介意、喜欢,能体现亲密劲儿,家庭中的非正式称呼可以有各种创意,而不拘泥于是否规范。

二、家庭关系礼仪

(一)家庭成员之间的关系礼仪

1. 亲子之间的礼仪

(1)子女对父母的礼仪。俗话说"百善孝为先",中国古代把孝顺父母看作最基本的道德规范和礼仪要求。在现代社会,尊敬、善待、赡养父母仍然是子女应尽的义务和本分。在日常方面,要留意并记住有关父母的一些生活细节,如衣物的尺寸、生活习惯、兴趣爱好、生活经历等(这些往往为很多子女所忽视),这样才能投其所好,更好地满足他们的需要。

在父母过生日的时候,可以给父母打祝福电话,发祝福微信,发微信红包表达对父母的祝贺。在中国传统佳节到来的时候,给予庆祝和祝福。

在父母劳累的时候,帮助父母做力所能及的事情,减轻父母的负担。或者在父母劳累一天回到家中,给父母一个爱的拥抱,为父母泡上一杯茶或者捶捶背,主动承担家务等。这样的爱的表达,虽然简单但饱含深情,会让父母感到欣慰。

要关注父母的健康,体谅父母因为衰老而带来的病痛、不便乃至痛苦。要维护父母的尊严,尊重他们的生活空间,不能强制父母服从自己的意志,尤其是不能干涉丧偶老人的婚恋自由。

平时要多陪伴父母,和他们谈心,缓解老人的寂寞孤独感。"空巢"老人是当今社会一个令人心酸的社会话题,如果身处外地,应该经常保持和父母的联系,并在节假日回家探望。

要处理好整体家庭关系,尤其是教育好自己的孩子,带孩子经常看望、陪伴父母,因为这是父母内心最大的安慰。

为了不让"子欲养而亲不待"的哀伤发生在我们自己的身上,请从点点滴滴最细微处善待我们的父母。作为一名大学生,要体谅父母赚钱的不容易,不乱花钱,尤其要注意不能把父母当成提款机,平时不管不问,只在需要钱的时候才给父母打电话是非常错误的。

(2)父母对子女的礼仪。在我们的传统观念中,父母与子女关系往往表现为子女对父母单方面的"孝",而不认为父母对子女方面有什么礼仪上的要求。或许有的父母会认为子女是自己生、自己养的,没必要在他们面前讲礼仪。

绝大部分父母毫无疑问是爱子女的,而且是无尽无私的爱。但是爱要讲方式方法才能有好的结果。父母对子女不仅要有爱,也要讲礼仪。不管对成年子女还是未成年子女,父母给予其应有的尊重对双方都有莫大的好处。

对于成年子女,不能再把他们当成没长大的孩子,事事包办、事事干涉,甚至无理搅三分,这样会给子女带来很大的困扰。最好的方式是,在成年子女需要帮助的时候挺身而出,量力而行,平时默默关注即可。否则,越想管制干涉成年子女,成年子女就越想挣脱管制干涉,甚至什么事情都不会跟父母说。现实生活中子女对父母屏蔽自己的朋友圈、QQ空间的不在少数,相当一部分源于父母的干涉太多。

而对于未成年子女,虽然他们的能力和经验不足需要父母的保护和扶持,但也正因为如此,父母更要把握分寸,尊重子女,努力做到亲子关系的民主,尤其是对于子女的隐私、社会交往、发展方向等方面不要强加干涉、强制服从。和子女有不同看法可以提供建议、协商而不是采用强迫和压制。当未成年子女面临成长的困惑或者升学的压力时，提供强大的情感支持，多倾听多疏导，允许未成年子女情绪的宣泄，这样才能减轻孩子的压力和负担，保持良性的亲子关系，也不至于给子女的成长造成大的不良后果。

父母要管理好自己的情绪，不要轻易当着孩子的面打架、骂架、冷战。虽然不是针对孩子，但父母的情绪失控，会影响孩子的身心成长。有道是"幸福的童年治愈一生，而不幸的童年则要用一生去治愈"。

2. 夫妻之间的礼仪

夫妻关系是家庭关系中的"核心"，但是双方又没有血缘关系，很多夫妻婚后感叹"相爱容易相处难"。所以夫妻关系既重要又脆弱，需要从多方面精心呵护。

(1)夫妻间要互相包容。婚前男女双方处于热恋期，充满浪漫和幻想，看到的也多是对方的优点。而婚后要面临"骨感"的现实问题，对方的缺点也会慢慢暴露。很多人难以面对这样的落差。俗话说，"水至清则无鱼"，百分百称心满意的伴侣和生活方式是很难找到的。这时候就要讲"退一步海阔天空"，保持平常心。只要不是根本的品质问题，其他生活习惯、观念等方面的问题，能改则改，改不了的慢慢磨合、适应。

(2)夫妻之间要有足够的互相尊重和互相信任，共同承担家庭责任，遇事共同商量。"大男子主义"或"妻管严"都不是健康的夫妻关系。在导致许多夫妻发生矛盾的家务问题上，可以合理分工，互相体谅。最好是夫妻二人能一起做家务。

(3)夫妻间要"善于"吵架，勇于和好。夫妻之间吵架是正常现象，但要控制在一定限度内，应该是一场"有限战争"，而不能无限升级。有人说夫妻吵架是一门艺术。最重要的是就事论事，不能翻旧账、搞人身攻击，乃至于发展到家庭暴力或离家出走。吵架后也不能打"冷战"。"冷战"并不能冷却矛盾，只会冷却夫妻感情，要及时沟通、和好。夫妻关门吵架，没有所谓的"面子"问题。不能因为根本不存在的"面子"伤及最重要的夫妻感情。

(4)尊重彼此的发展空间，支持、帮助对方的发展。夫妻关系虽好，也不能取代其他社会关系。不能要求对方围着自己转，不能出现类似"你是要我还是要某某"的选择题，更不能动辄要求对方作出"牺牲"来成全自己。家庭和夫妻感情会随着双方在社会上的良好发展而进入良性循环。

(5)尊重对方的家庭成员。夫妻双方在婚前与自己有血缘关系的其他家庭成员生活多年，这种感情和关系是无可取代的。尊重对方的家庭成员就是在尊重对方。如果一方表现出对对方家庭成员的不尊重，夫妻之间必然会心存芥蒂，甚至会发生冲突。

（6）继续共同经营双方的感情，维持感情的热度。夫妻之间最大的悲剧是有朝一日蓦然发现双方原来热烈深厚的感情如今已经淡如水冷如冰了。或许其间双方并没有大的冲突和隔阂，而是被时间和琐事消磨。因而，婚后维持对对方的关心和爱意并不时表达出来、精心制造一点小浪漫小惊喜、给两个人创造单独相处的时间和空间进行交流是非常重要的。

3. 婆媳之间的礼仪

婆媳关系是亲子关系与夫妻关系各自的延伸而形成的一种新的家庭人际关系，婆媳之间的相处往往是家庭关系的难点和很多矛盾的爆发点。这是由于双方没有共同生活的感情基础，观念和生活习惯也难免有较大的差异；再加上婆婆总会担心媳妇不能像自己那样好好照顾自己的儿子，媳妇则认为自己应该主导和丈夫两个人的生活。夹在其中的丈夫/儿子如果不能妥善处理这一矛盾，则会深受"两个女人的战争"之苦，家庭关系会更加紧张。

鉴于丈夫/儿子在婆媳之间扮演着"中介"角色，对婆媳双方的性格特点最为了解，因此，丈夫/儿子在处理婆媳关系中要善于发挥中介作用。如平日家中有什么关于母亲的好事，丈夫可以多叫妻子出面；母亲过生日，买了东西叫妻子出面送给老人等。这些策略都有助于婆媳之间的情感交流。由于婆媳之间既缺少母子间的亲切，又没有夫妇间的密切，出现了隔阂往往不容易消除，但可以通过丈夫/儿子从中周旋，消除心理屏障，促使婆媳和好如初。

除了丈夫/儿子当好中介起到疏导与润滑作用外，婆媳之间也应该换位思考，有同理心。对于婆婆来说，要进行角色的重新定位，要学着当好顾问而不是做大领导；要关怀如亲妈，要求如后妈。现代家庭人口并不多，如果能把儿媳妇当女儿一样疼爱，甚至比对女儿还要好，在言语措辞方面，更加亲密温和一些，在思想观念方面，更加开明大度一些，那么，婆媳关系自然会朝着越来越好的方向发展，甚至会亲如母女。

对于儿媳妇来说，不生气，要解气；不改变对方，要理解对方；要做天使，不做天才。所谓天才就是无论什么事情都要辩个是非黑白，而天使却能顾及对方的情绪。也就是说，婆媳之间可以尝试"亲密有间"的新生活，尊重彼此的生活空间，求同存异，巧妙化解冲突，对待同一个矛盾和冲突，你怎么用巧妙的对话去解决，结局截然不同。

（二）家庭对外关系礼仪

1. 亲戚之间的关系礼仪

亲戚之间的关系是需要常联系与常维护的，而不是在需要的时候才去联系，这样会给对方不舒服的感觉,也不是来而无往或者往而无来,而是要有来有往,常来常往,注重礼尚往来,这样亲戚之间的关系才会融洽、和谐。

在农耕时代,亲戚之间的关系靠常走动来维系。比如在过年过节的时候,置办一些礼物到彼此家里走一走;在婚丧嫁娶、生日乔迁等重要的场合登门表示祝贺或者祭奠慰问;两家亲戚住得近的时候,在日常生活中的相互照应等等,都属于亲戚之间的良好情感表达。

在今天这个高速发展的信息时代,亲戚之间的面对面交往相对往昔农耕时代而言,会发生一些变化,亲戚之间可能日常借助电话、微信联系得更多一些,甚至在某些重大事项和重大场合来临的时候,也不一定会亲临现场表达情感,而是电话祝贺,或者电话祝贺加微信红包,或者就是微信祝贺并附随微信红包。

但是,不论时代如何发展,亲戚之间的你来我往,互帮互助的情感链接不应该发生断裂。重视血缘亲情,是我们中华民族的礼仪文化精髓,过去如此,今天如此,明天依然如此,这是中华优秀传统文化烙刻在每一个中华儿女身上的特有印记,不论你是谁,不论你走到哪里,你都会受到影响。

新的时代,我们可以有新的联系方式,比如电话拜年、微信红包拜年;在大家庭或者家族微信群里,表达对亲戚的关心、问候;彼此添加微信,对对方的微信动态表示关注,如点赞、点评等等。亲戚之间的关系好不好,从联系的次数多少,联系的时候是否附加其他负担可以略知一二。

亲戚之间的关系礼仪,主要体现在以下几点:

(1)亲戚之间既要常来常往,又要边界清晰。如果亲戚之间彼此往来不断,是基于血缘亲情的关心爱护,那么亲戚之间的关系会轻松而愉悦,常来常往还会增进彼此的情感。这样的亲戚关系,往往在遇到对方有什么事情需要帮助的时候,一方通常会鼎力为之。如果亲戚之间平时老死不相往来,一旦有什么事情需要亲戚的帮助了,才和亲戚频繁互动,这样的亲戚关系,往往会让对方感觉很不舒服,尤其当帮忙的要求超出了亲戚的能力范围的时候,可能还会让亲戚反感。如果亲戚之间往来不断,但没有明确的责任义务边界,大包大揽,久而久之,容易积压情绪和滋生矛盾,也容易助长"巨婴"行为,不利于各自家庭成员的独立与成长。

(2)亲戚之间要互相体谅。目前城乡差别并没有完全消除,即使在硬件设施上已经消除了城乡差别的地方,在思想观念和生活习惯上难免存在差别。每个家庭的家庭文化不尽相同,即使同在农村或者同在城市,家庭与家庭之间同样存在区别。因此,亲戚之间彼此都要为对方着想,互相体谅,能自己做到的事情尽量自己去做,不要有依赖思想,尽量不要给亲戚添麻烦。

(3)亲戚之间切忌嫌贫爱富和道德绑架。只有本着平等和谐、有来有往、互通有无、理解包容的心态维护彼此之间的关系,才能让亲戚关系变得美好而长久。

2. 朋友之间的关系礼仪

朋友之间的关系是一种基本的人际关系,随着社会的发展变化、人际交往领域的不断扩大和深化,朋友关系已经成为越来越重要的社会关系。在家庭生活中,每一个家庭成员能否正确处理好朋友关系,直接影响着家庭生活的质量和家庭关系的和谐。

家庭成员个人的朋友,如果关系处理得当,很容易成为家庭共同的朋友,甚至朋友的家庭也因此而成为家庭的朋友。有些家庭中的朋友关系,因为志同道合,彼此信任,相互欣赏,礼尚往来不断,慢慢地会发展成世交。这是家庭关系中最稳定最理想的朋友关系,以爱为纽带,以志"同"道"合"为情感基础,不是亲人胜似亲人。

在社会急剧变革的转型时期,朋友关系仍然是家庭生活中的常见关系。在亲情与友情面前,我们如何兼顾二者,做到不顾此失彼呢?现实生活中,或许我们正受着"在家靠父母,出门靠朋友"、"朋友多了好行路"的影响,把更多的时间和更多的好脾气给了朋友,把家人的情感需求抛到了一边,从而引发夫妻矛盾、亲子矛盾,导致家庭失和。

根据德国心理治疗大师海灵格的爱的序位理论,在人与人的关系里,存在着爱的序位,唯有认识这些序位,爱的流动才能够没有阻碍,才能够帮助人们勇敢地面对现实、解开纠缠、放下重担、带着爱更轻松地面对自己的人生。家庭成员与朋友之间,也应该首先遵循爱的序位,摆正家庭和朋友的位置,做到有所为有所不为。

在遵循爱的序位的前提下,对待朋友应注意以下几点:

(1)对朋友应该以诚相待、言而有信;

(2)坚持原则的坚定性,考虑朋友合理的利益诉求,切不可因讲"哥们"义气而触犯法律或者违背人伦;

(3)注意分寸,保持合适的距离,朋友间的亲密也是要有限度的;

(4)尊重朋友的个性,如孔子所云:君子和而不同,小人同而不和。那些权钱交易至上的酒肉朋友关系,不是真正的朋友关系,只有建立以爱为纽带,以志"同"道"合"为情感基础的朋友关系才能风月同天,患难与共。

3. 邻里之间的关系礼仪

常言道,"远亲不如近邻","远水难救近火"。自己和家人所在的邻里关系相处得好,可以为整个家庭营造良好的外部小环境。

在农村,邻里之间经常沾亲带故,低头不见抬头见,来往频繁而自然。但也容易因为各种利益得失而滋生矛盾,甚至打架骂架。比如宅基地问题、祖坟问题、青苗问题等等,都是敏感而容易斤斤计较互不相让的问题。在这样的时候,双方应该以礼相待,尊重各自的诉求,秉着互信、互让、互谅、互赢的原则来处理。

在现代城市的小区里,绝大部分的邻里之间都是陌生人,邻里关系缺乏血缘、乡情维系,缺乏基本的交流和信任,甚至隔壁同住好几年,无缘对面不相识。在这种环境下人们对所在的小区和城市经常会缺乏归属感、认同感、亲近感。如果说农村的邻里关系比较天然的话,那么城市的邻里关系是需要主动构建的一种社会关系。

在具体的邻里关系中,要以礼相待,互信、互谅、互让、互赢。邻里之间的关系礼仪,主要体现在以下几个方面:

(1)留意自己和家人的行为,讲究社会公德。遇到矛盾时,要本着善意,加强沟通,而不能一味地展现自己的强硬甚至蛮横。如果只是一些小问题,提倡忍让,"让他三尺又何妨"。平时遇见主动打招呼、问好,拉近彼此间的关系。

(2)日常生活中,养成良好的行为习惯。要讲究卫生,不要往窗外抛物、泼水,晾晒衣物不要滴水。当前,城市居民养宠物的越来越多,应注意宠物的卫生和疾病防治,带宠物外出时应及时清理留下的秽物,带比较凶猛有危险性的宠物出门时要注意看管,不可吓到他人,更不可伤人。

(3)生活起居要有规律,不要在休息时间吵闹。家庭卡拉 OK 时,不能打扰邻里休息。有的年轻人深更半夜洗澡的时候可能突然兴致来袭引颈高歌,把邻居生生从睡梦中吵醒,这是扰民行为,会让他人很难受。停车时要考虑到对方小车是否可以顺利停进车位,是否可以从停车位顺利开出来。半夜三更开车回家,要尽可能降低噪声,尤其不能不管不顾鸣笛。

(4)不要擅自占用公用空间。比如在消防通道、楼道、阳台、小区绿地等地方停车、堆放杂物甚至垃圾、晾晒衣物、种菜等,甚至搭建违章建筑,这些都是很不文明的行为。每个住户都有规范使用公共空间的责任和义务,严禁堵塞消防通道、严禁楼道存放杂物、严禁楼道停放电动车,只有这样,才能确保小区安全出口以及疏散通道的畅通,确保不留安全隐患,酿成灾难。

(5)积极融入社区生活。很多人在城市里举目无亲,较有可能深入交往的就是同一小区、社区里的邻居,主动参与社区活动,扩大深层次交往范围,完全可以实现近邻如远亲甚至胜过远亲。比如新邻居搬来后主动上门致意、问候、赠送小礼品;如果新邻居需要,主动帮助他们安顿下来;留意邻居家的近况,及时提供可能的帮助;注意自己的生活习惯,不影响邻居生活和公共环境等等。在多数邻居互相不熟悉的情况下,可以自发组织体育活动、文化活动、旅游等休闲活动,给自己和邻居们提供共同相处的机会。在这些初步接触的基础上选择适合自己家庭进一步深入交往的对象。就算搬到了城里的别的小区,在现代交通的便利条件下,也仍然可以保持交往,这样朋友会越来越多。

三、家庭迎送与拜访礼仪

(一)家庭迎客与送客礼仪

"有朋自远方来,不亦乐乎"。客人来家中拜访,要做到热情、周到、有礼节地招待对方,让客人感觉"宾至如归",给双方留下愉快的回忆。

1. 客人来前,要做好充分的准备。要提前将屋里屋外收拾干净,保持整洁;家人要穿戴整齐,不能过于随意;备好茶水、水果等招待之物。按照民间的习俗,要注意倒茶水时不能太满,奉茶要用双手,而且动作要平稳。如果要留客人吃饭,要事先准备饭菜,如果可能最好了解一下客人的口味爱好。

2. 客人到家时,要热情迎接,握手寒暄,介绍家人。把客人让进屋里后,让客人坐上座,端上准备好的茶水、水果、点心等。陪客人聊天时要热情、专注,不能表现出心不在焉或不耐烦,如果有事离开,要打招呼并安排其他家人陪伴客人。

3. 客人告辞时要礼貌周到。客人欲告辞时要表示挽留;客人离开时要招呼家人一同起身道别;送客应该送到门外或楼下,并目视客人走出自己的视线,切不可客人刚一转身就离开或关门等;如果客人带了礼物,要适当运用谦辞、表示谢意,并在客人走时略备一些回礼。如果客人要留宿,应该事先准备好床铺或帮客人订好房间。

4. 家庭就餐时使用公筷。鉴于目前中国家庭就餐,相当一部分家庭不习惯使用公筷公勺的现实,特别强调家庭就餐时,要坚决摒弃那种使用公筷是见外、是嫌弃他人的旧观念,要养成用公筷公勺的好习惯,这样就餐更健康、更文明。

(二)家庭拜访礼仪

到别人家拜访做客时,遵循客随主便的原则,时刻提醒自己是在别人的"地盘"、是给主人添了麻烦,切不可随心所欲,要做一个受欢迎的客人。

1. 拜访前提前预约

要挑选主人方便的时间拜访,一日三餐的时间、午休时间、凌晨与深夜、节假日都不宜上门做客。若主人真诚表示这些时间段都没关系,也应尽量避开这些时间段,考虑在下午或者晚餐后登门拜访。

2. 尊重当地风俗

拜访前可以准备合适的礼品。如果是在传统节日拜访要考虑当地的节庆风俗。到主人家门口时要轻轻敲门(或按门铃)并打招呼,经人介绍的家庭拜访还要说明身份。进屋后要摆放好自己的随身物品,如需更换拖鞋入室,要注意把自己穿的鞋子摆放在合适的地方,如果不知道摆放在哪里,请询问主人。进屋后,如果主人家还有其他人,要注意和主人家中的其他人打招呼。主人让座后方可入座,不能大大咧咧一屁股自己坐下。和主人交流或者说话的时候,适当控制音量,不要高声。

3. 停留的时间不宜过长

一般待半个小时即可。如主人家中还在吃饭或有事则不宜。在约定时间内要准时到达。如临时有事耽搁或不能前往,要及时和主人取得联系,说明情况,求得主人的谅解。

4. 留意主人的生活习惯

不能随便翻动主人家的东西。主人在厨房劳动的时候,可以征求主人意见,是否可以帮忙,或者是否需要帮忙,切不可不闻不问。在主人家吃饭要客随主便,不要对饭菜挑三拣四,要对准备饭菜的主人表示感谢。如果主人家有使用公筷的好习惯,要自觉使用公筷。需要用主人家洗手间的时候,要注意保持清洁、干爽,不能留下异味。如果要在主人家里留宿,要留意主人家里的生活习惯,不打搅别人正常的生活作息。

告辞前要向主人表示谢意。换鞋出门的时候,要注意拖鞋的摆放,现实生活中,总是有很多的客人直接把专门在家里穿的拖鞋穿出干净的地板,和在外面穿的鞋子脱放到一起。这样就给主人增添了擦洗拖鞋的麻烦。讲究的人,在进门的时候就应该注意到这些细节。主人送出家门时要有礼貌地请主人留步。

(三)家庭馈赠礼仪

馈赠是一种文化传统,有其约定俗成的规范。在家庭生活中,亲友之间互赠礼品,是礼尚往来、互帮互助的重要体现,可以起到加深情感、增进友谊的作用。

家庭生活中馈赠要用心准备,富有针对性;讲究妥当,遵循少而精的原则;考虑承受能力,量力而行;注意时机和场合,不触犯禁忌,以免引起尴尬和不快。

家庭生活中的馈赠,主要有如下几种情况:

1. 晚辈对长辈的赠礼

晚辈长大了,能赚钱了,在逢年过节的时候、长辈过生日的时候,或者晚辈远行归来的时候,通常会给长辈买些礼物以表孝心。晚辈在给长辈准备礼物的时候,应注意了解、领会长辈的心思和偏好,争取所送礼物让长辈感到特别开心和满足。可以通过和长辈聊天、相处或者打听其他亲朋获知长辈的喜好。有些长辈平时比较节俭,不舍得买虽然喜欢但不太常用的物品。如果能收到晚辈买的这类物品,长辈通常会非常惊喜。

在投长辈所好的同时,还应注意所送礼品是否有益于长辈的身体健康。如果长辈好酒,但有"三高",给长辈买酒可能不如给长辈买茶具或者茶。给年迈多病的长辈送礼物切忌送钟表,不然会给人不吉利的感觉,因为送钟同"送终"。当然,给长辈送礼物也不要过于有压力,一般而言,只要有长辈在心里,表达真情实意,长辈一般都会很开心。

2. 长辈给小辈的赠礼

长辈给小辈送礼也应因人而异,对于小孩子,主要送益智类、促进发展兴趣特长类的礼品。比如送学习用品、送书籍、送棋类、体艺类及与之相关的服装鞋子类,都很不错。对于大龄孩子,可以根据自身的经济条件及大龄孩子的实际情况选择送何种礼物,礼轻情意重,重要的是借以表达长辈对小辈的关心和爱护。

3. 同辈亲友之间的送礼

包括兄弟姐妹之间的送礼、夫妻之间的送礼、朋友之间的送礼。在给同辈亲友送礼的时候,要充分了解对方的愿望和喜好,礼物不在于贵重,而在于用心表达关心、体贴和理解。

4. 重要时刻的赠礼

主要是在结婚、大寿、乔迁、吊唁时候的送礼。这些重要时刻的送礼,相对于日常生活中的送礼更要显得得体和庄重。对于受礼者而言,不论收到的礼物是不是自己喜好的,都应该真诚地表达谢意,在适当的时候予以回礼,让爱与关心不断传递、增进。

四、家庭礼俗礼仪

(一)传统节日礼仪

2017 年,中共中央办公厅、国务院办公厅印发了《关于实施中华优秀传统文化传承发展工程的意见》,文件要求"实施中国传统节日振兴工程,丰富春节、元宵节、清明、端午、七夕、中秋、重阳等传统节日的文化内涵"。那么,我们今天在家庭生活中应该如何庆祝这些传统节日呢?虽然国家目前还没有形成统一的传统节日庆祝规定,但是秉承传统文化内涵,顺应时代潮流,创造性地过节,理应成为欢庆传统佳节的题中应有之义。

1. 春节

春节又称元日、正旦、元旦、新元等，是中国旧历的新年年节，是中华民族最为盛大、持续时间最长、民俗活动最多的传统节日，受到海内外华人华侨的广泛认同。

由于我国地域广袤，"十里不同风，百里不同俗"，不同区域的人民具有不同的性格，不同地域的文化具有不同的特色，不同的家庭又有不同的家风。如苏州春节有拜喜神、送"飞帖"、烧"欢喜团"、饮春酒等风俗；广州春节有迎财神、放鲤鱼、逛花地、打春、开灯、完灯等风俗；海南春节有献槟榔、装军、游灯、打秋千等风俗[①]。当今城市家庭过春节的方式呈多样性趋势，有的趁着春节长假外出旅游甚至出国旅游，在异国他乡跨越新年；有的城市家庭过春节的方式选择传统与现代相结合。

综合中国各地家庭欢度新春佳节的情况，一般而言，涉及春节的基本家庭礼仪有如下几个方面。

(1) 大扫除与贴春联。通常选择春节快来临的某个晴暖日子，打扫房间，清洗窗帘、被褥等等，意味着扫除旧年的各种不如意。除了居室的大扫除，还包括个人卫生的清扫。一般而言，各家各户会在大扫除之后，在腊月二十九或者大年三十的时候，在居室的正大门贴上春联，有的还会贴福字，挂灯笼，张灯结彩，年味甚浓。

(2) 购置新衣服新鞋子。不论男女老少，一般都要购置新衣服，新鞋子，从头到脚都焕然一新，讲究的人还会在节前做个美容、美发、美甲、美体等，寓意新年新形象新气象。尤其老人和小孩的服饰，更倾向以大红大紫表示喜庆。当今也有不少少男少女或者青年男女，会选择着汉服和与之相配的饰品来表达对传统佳节的热爱与庆祝。

(3) 置办年货。随着生活水平的日益提高，置办食品类年货追求的不再是量多饱腹而是口感与健康，整体趋向少而精。用于装点居室、增添喜庆气氛的鲜花、盆景、中国结、烟花爆竹等消费支出呈上升趋势。烟酒、美食、保健品等各种拜年物资，通常也会在过年前准备妥当。在一些农村家庭，过年的时候，会杀猪、宰羊、杀鸡、杀鸭等庆祝新年。

(4) 吃团年饭。吃团年饭，体现了中华民族家庭成员的互敬互爱，团团圆圆。大年三十晚上，北方人不吃饺子，南方人没有丰盛的年夜饭，就会觉得没有过年的气氛。城市家庭更多的选择到酒楼订餐或者买半成品回家加工，省却自己炮制的麻烦。更多的农村家庭和城市家庭喜欢自己准备团年饭。现在的团年饭，不再像传统的那么

---

① 王谦.为传统春节文化注入新的活力[N].中国民族报.2020-01-21.

大鱼大肉,人们不再喜欢油腻,而是更加注重健康,蔬菜比重加大。昔日的大海碗盛菜甚至换成了各式美碟。

团年饭讲究的是好彩头,通常对菜肴的准备特别讲究。比如通常要有鱼,取意"年年有余",饭菜虽然不像以往那么多,但还是要有些剩余,也是寓意"年年有余"。吃饺子,是取新旧交替"更岁交子"的意思(其实,饺子古代称"角子")。又因为白面饺子形状像银元宝,一盆盆端上桌象征着"新年大发财,元宝滚进来"之意。有的包饺子时,还把几枚沸水消毒后的硬币包进去,谁先吃着了,寓意谁就能多挣钱。吃丸子(俗称圆子),寓意团团圆圆。吃年糕又称"年年糕",与"年年高"谐音,寓意着人们的工作生活一年比一年提高。如果在大年三十晚上不小心打碎了碗碟,要说"岁岁(碎碎)平安",以求大吉大利。

(5)观看春节联欢晚会与贺岁片。自1983年春晚开办以来,以各类文艺节目为主体,将相声、戏曲、武术等传统曲艺形式,与当代流行的魔术、歌舞等新兴文艺形式荟萃一堂,并注重渲染春节的欢庆氛围,逐渐成为民众喜爱的春节新风俗。贺岁片则是随着电影产业发展诞生的一类为庆贺新年而拍摄上映的影片。这类影片往往以喜剧居多,重在使观众通过观看影片获得轻松愉悦的心情。贺岁片的文化主题与春节的喜庆气氛相表里,观看贺岁片,也成为人们在春节中乐于参与的一项文化活动。①

(6)发压岁红包。压岁钱,又名压祟钱("祟"指不吉利的东西。古人借这个习俗来表达来年不要有任何不吉利的事情发生)。由长辈派发给晚辈,年夜饭后长辈要将事先准备好的压岁钱分给晚辈。据说压岁钱可以压住邪祟,晚辈得到压岁钱就可以平平安安度过一岁。时代发展到今天,大年三十晚上发红包,不仅限于长辈给晚辈发压岁包,有经济收入的晚辈通常会给父母长辈包红包,夫妻之间、恋人之间也会彼此发红包,通过发压岁红包的方式表达祝福、感谢、喜庆。除此之外,亲人之间在家庭微信群,家族微信群会争相发小红包同庆新春佳节。

(7)拜年。随着时代的发展,拜年的习俗亦不断增添新的内容和形式。除了沿袭以往的拜年方式外,还有电话拜年、短信拜年、微信红包拜年、录制视频拜年、抖音拜年、网络视频拜年等。

拜年的时间一般为初一至初五。通常为初一给父母拜年,初二给岳父岳母拜年,初三初四给叔伯姑舅拜年或者其他走亲访友。过了腊月初八就走亲访友多被视为拜早年,而正月初五以后、十五之前走亲访友为拜晚年。拜早年和拜晚年都属避免遗憾

---

① 王谦.春节文化的软实力价值及其发掘[J].文化软实力研究,2019(5):72-82.

的应急或补救性质,民间有谚语:有心拜年十五不晚。

现代社会生活水平提高,时间也有限,到亲戚家登门拜年最好是喝一杯茶,嗑点瓜子,稍事聊天就道别,不一定非得留下来吃了饭再走。这样可以减轻主人家做饭菜的辛劳。

对于注重亲情联络的大家庭或者族亲,可以创新拜年的方式,如举行家庭或者家族烹饪大赛。以年轻人或者以小家庭为单位报名参赛,事先准备菜肴,现场烹饪,由家庭中或者家族中的老一辈担任评委,评出一、二、三等奖,并颁发奖状。这种拜年方式,人人都能参与进来,气氛欢快而热烈,既联络了感情,又锻炼了年轻人,还把父母辈从厨房中解放出来,可以大力提倡。还可以举行家庭或者家族运动会、歌舞表演等等。

拜年的礼仪参见家庭拜访礼仪。注意避开婚嫁、收入、学业等敏感性话题,以免造成尴尬。

2. 元宵节

每年农历正月十五,是中国传统节日元宵节,又称上元节、小正月、元夕、春灯节或灯节。元既是头、首、始之意,又同"圆",而元与圆又同音,这与正月十五月儿圆的寓意是一致的。

传统庆祝方式有扭秧歌、舞龙狮、踩高跷、划旱船、赏花灯、品元宵、吃汤圆、猜灯谜、放烟花,充满喜庆祥和、团圆美好之气[①]。一般把吉祥大年当成春节的起始,而把团圆元宵节当作春节的收尾。时至今日,吃汤圆、观灯赏月、猜灯谜、舞龙舞狮等传统风俗依然延续。

除了沿袭传统风俗以外,看元宵节歌舞晚会、上电影院看电影也成为现代家庭欢度元宵的保留节目。元宵节晚上,还可以亲子共读与元宵节有关的绘本,既陪伴了孩子,又增进了孩子对元宵节传统文化的了解。还可以和孩子一起制作元宵节小报,把对元宵节的认识在小报上表达出来,进一步强化传统节日在孩子心中的印象。

3. 清明节

清明节历史悠久,多在农历三月间。今日的清明节"属"阳历,一般在 4 月 4 日到 6 日之间变动,并不固定在某一天,以 4 月 5 日最为常见。

清明节是中华民族的传统节日,也是最重要的祭祀节日。人们在这一天会缅怀先人,寄托哀思,充分体现了中华民族礼敬祖先、慎终追远的人文精神。家族成员的

---

① 艾君.正月十五月儿圆赏灯狂欢"闹元宵——元宵节民间习俗文化综述[J].工会博览,2020(5):40-43.

情感关系以及成员间的心理认同通过清明节的祭祀仪式进一步强化。同时,人们在踏青郊游中享受春天的乐趣,使身心也得到调适。

清明节主要的民间风俗是扫墓。扫墓过程一般包括:坟墓除草、清扫垃圾、坟墓上土(培土)、插柳献花、祭祀追忆等过程,伴随着焚香烧纸、燃放鞭炮等祭祀方式。但这种祭扫方式容易引发山林火灾,存在安全隐患,而且还造成空气污染,影响周边生态环境。

时代发展到今天,缅怀先人不必拘泥于形式,心存感恩才应该是清明祭扫的真正含义。清明网上祭、鲜花祭、洗墓祭、植树祭、家庭追思会等祭祀新风,同样能够表达心绪,寄托情感,不失为好的风尚。绿色、文明祭扫理应成为今天祭扫的主流方式。①

如果说家族认同已成为清明节的重要力量和文化表达的话,那么在民族、国家层面上来看,清明节文化的不断延伸、拓展与扩大则深化了个人、家族与国家情感上的联结,人们对那些民族、国家英雄的怀念已经成为超越家庭、家族之外的情感认同。革命烈士与人民英雄成了清明节中华民族共同的重要祭拜对象,通过国家公祭或民间组织的公祭形式寄托哀思。②

清明节是缅怀与祭祀的节日,切忌给他人发"节日快乐"的祝福。缅怀先人,寄托哀思的时候,应注意神情的庄重,衣冠的得体。

4. 端午节

每年农历五月初五,是中国的传统节日端午节。端午节有很多种叫法:端阳节、龙舟节、解粽节、屈原日、女儿节等。端午节流传诸多节日习俗,传承了深厚的文化积淀。

端午正是天气湿热的时候,蚊蝇、虫蛇大量繁殖,瘟疫容易流行,人们认为这是恶日开始,于是祈求驱邪辟灾,相应的民俗活动流行开来,体现出人们顺应自然的哲学理念。

今天,我们在端午节依然保留吃粽子、挂艾叶、制作香包、喝雄黄酒等仪式。越来越多的家庭倾向和孩子一起包粽子、一起制作香包。有条件的家庭还可以带着孩子亲身体验采艾叶、挂艾叶。

鉴于端午节浓厚的人文色彩,来一场亲子共读绘本或者家庭读书会,带着孩子一起了解与端午节有关的屈原、勾践、曹娥、介子推、伍子胥等历史或者传说中的人物,

---

① 艾君. 身兼自然与人文内涵的中华传统节日——清明节[J]. 工会博览,2020(11):41-44.
② 林继富. 清明节的情感认同[N]. 文艺报,2020-04-03.

培养孩子的爱国主义情怀,不失为端午节的精神大餐。

端午节一般不要互祝节日快乐,而应互祝"端午安康",因为端午节是一个拜祭祖先和纪念先贤的节日,如清明节一样,互祝快乐是不妥当的。

5. 七夕节

每年农历七月初七,是中国的传统节日七夕节,又叫乞巧节,起源于汉代。"古人认为'七'有利生殖、转生、长生,双七更是吉利数字,所以在这个日子要搞相应的仪式,就使它成为节日"①。晋代有了牛郎织女在七月初七相会的故事,该传说才与七夕节相融合,并且使原本以暴晒衣物为主的七夕习俗转为以乞子、乞巧为主,并有隐约而不断的婚恋习俗或爱情元素。

由于封建传统文化不宣扬爱情,中国传统节日体系中不可能形成一个像模像样的情人节,七夕节的爱情色彩在封建社会不断淡化,后世的七夕节以牛郎织女传说、织女崇拜、乞巧、乞子为主要形态。现代社会由于具有对情人节的巨大文化消费需求,七夕节借助牛郎织女传说,具有较多的爱情元素并且传承不衰,以致今天越来越多的人把七夕节当作中国的情人节②。

七夕节中蕴含着丰富的中国传统文化内涵。其中,牛郎织女爱情故事折射出我国古代劳动人民崇尚爱情、追求幸福的美好梦想;乞巧风俗注重家教、祈祷福禄寿,是我国从古代沿袭下来的美好良俗表现;而晒书、拜魁星等传统良俗也与中国人一向崇尚阅读、热爱学习、尊重知识、尊重人才的主流意识形态息息相关;七夕中的自然崇拜、时间崇拜、数字崇拜等,更与如今人们的生态保护、尊重生命、向往幸福美好生活的现代思想理念和社会意识丝丝相扣③。

今天的七夕节,商家致力于打造出中国自己的情人节,营造出一波浪漫的销售氛围,更多的民众也倾向把七夕节当作中国自己的情人节来过。七夕节,到底是情人节,还是亲情节或者感恩节,我们无须追问,我们只需记得,每年的七月初七,是我们的传统佳节七夕节,懂得在这一天,有很多美好传说和风俗习惯,这些优秀的文化传统将继续影响着我们每一个中华儿女。

因此,在七夕节里,我们既可以沿袭传统的七夕节风俗,在充满仪式感的节庆里,

---

① 黄涛.由牛郎织女传说看七夕节爱情元素的历史传承与当代重建[J].原生态民族文化学刊,2019(3):132-138.
② 黄涛.由牛郎织女传说看七夕节爱情元素的历史传承与当代重建[J].原生态民族文化学刊,2019(3):132-138.
③ 周思明.七夕:美善古风润民心[N].中国文化报,2020-08-27.

浪漫热烈地表达爱情,和煦温馨地倾注亲情,也可以继承七夕节的匠心、美善等精神,契合时代发展的需要,以创新的方式来庆祝传统佳节。

6. 中秋节

每年农历八月十五,是我国的传统佳节中秋节。据史料记载,"中秋"一词最早出现在《周礼》中;至魏晋时期,文人墨客笔下不乏关于中秋节的诗句;但一直到唐朝,中秋节才渐渐成为固定的节日。至明清时,它的地位已经仅次于春节,成为我国最为重要的传统佳节之一。

由于农历七、八、九月中八月在秋季的中间,而八月十五正好是最中间的日子,中秋节因此而来。中秋节又称月夕、秋节、仲秋节、八月节、八月会、追月节、玩月节、拜月节、女儿节或团圆节,自古便有祭月、赏月、拜月、吃月饼、赏桂花、饮桂花酒等习俗,流传至今,经久不息。中秋节以月之圆喻人之团圆,寄托思念故乡、思念亲人之情,祈盼丰收、幸福,成为丰富多彩、弥足珍贵的文化遗产。①

在过去物资匮乏的年代,人们盼望过中秋节,往往更多是因为一家人能够聚在一起、大鱼大肉地吃上一顿,晚上还可以一边赏月一边吃月饼。如今生活节奏快、生存压力大,外出求学、务工的人员多,不少家庭中秋难以团聚,加上今天的物质生活水平已经大大提升,虽然月饼仍然属季节性食品,但上市的时间已经大大提前,今天我们在中秋节吃月饼更多的是追求一种仪式感。正因为如此,人们感到过中秋的氛围不是那么浓厚,缺少感觉。

其实,我们在今天的家庭生活中仍然可以找回过中秋节的味道和感觉。如果可以实现家庭团聚,那么,我们不妨在中秋节这一天,以创新的方式重拾我们的中秋文化传统。比如,我们可以和家人一起共同制作月饼。我们今天的月饼不见得要做得有多大,而是要做得有多精美,小而精更健康。在月饼的形状、颜色、内容上添加家族文化、民族文化特色,寓意丰收、团圆和美好。我们也可以趁着丹桂飘香,自己制作桂花酒、桂花蜜、桂花糖庆贺中秋佳节。我们可以和孩子一起搜索中秋节的有关知识,一起制作中秋节小报,可以亲子共读与中秋节有关的绘本,举办家庭中秋读书会。我们还可以和家人一起坐在电视机前,随着电视主持人、记者领略祖国各地庆祝中秋佳节的风俗习惯,增进对中秋节传统文化的了解。我们也可以选择一起观看中秋节联欢晚会、一起去电影院看电影、外出旅游等等。如果我们在中秋节这一天,把某几件有意义的事情确定并年复一年坚持下来,这样就很自然地成为家风的重要内容,给中

---

① 高国春.让中秋节多些"文化味"[N].淮南日报,2019-09-10.

秋节增添了浓浓的家庭仪式感,对小孩子的影响尤其大。

如果家中有外出求学、务工的游子因种种原因而不能在中秋佳节回家团聚,那么我们可以把家中的节日美食经过真空包装后快递给游子,即使远离家乡,也能品尝家中美味。我们也可以充分利用网络,实现云团聚,把家中过节的氛围实时直播给游子,真正实现"海上生明月,天涯共此时",乘机体会一把望月怀远之情。也许在这一刻,彼此思念的亲人能更深刻地体会和感悟中国人特有的思想、情感和趣味。

总之,不论我们是居家团聚还是天各一方,我们都能通过上述方式传承和创新中秋节的风俗习惯,使中秋节的文化传统在今天依然熠熠生辉并得以世代传承。

7. 重阳节

重阳节,节期在每年的农历九月初九日,是中国传统佳节之一。重阳节源自天象崇拜,由上古时代丰收祭祀演变而来。"九"数在《易经》中为阳数,"九九"两阳数相重,故称"重阳";因日与月皆逢九,又称为"重九"。九九归真,一元肇始,古人认为九九重阳是吉祥的日子。古时民间在重阳节有登高祈福、秋游赏菊、佩插茱萸、拜神祭祖及饮宴求寿等习俗。在民俗观念中"九"在数字中是最大数,有长久长寿的含意,寄托着人们对老人健康长寿的祝福。1989年,农历九月九日被定为"敬老节",倡导全社会树立尊老、敬老、爱老、助老的风气。2006年5月20日,重阳节被国务院列入首批国家级非物质文化遗产名录。

正如前述众多传统佳节一样,当今过重阳节也应该遵循传统并且勇于创新,坚持传承与创新相统一。重阳佳节,我们首当其冲的是尊老、敬老,向老人表达关爱。子女应当怀着一颗感恩的心,孝敬老人,让老人安度晚年,这是子女应尽的责任和义务。向老人表达关爱的方式有很多,更重要的是陪伴。由于工作与学习的需要,我们可能没办法经常陪伴老人于左右,但只要我们有时间,我们就应该常回家看看。重阳节这一天,更应该放下手头的工作回家陪伴老人。敬老要以能够被老人看得见感觉得到的方式,比如陪老人说说话、聊聊天;买适合老人的礼物、糕点;给老人揉揉背、剪剪指甲;带老人爬爬山、看看电影等等。我们也可以在这一天给操劳了一辈子家务活的老人放一天假,让老人休息,我们下厨。我们还可以带着小孩去敬老院慰问老人。如果我们在重阳节这一天实在是抽不开身,也要及时地把我们对老人的爱与关怀表达出来,如给老人买礼物寄回家,或者给老人发微信红包,打视频电话等等,让老人感觉到被牵挂的温暖。

重阳佳节,秋高气爽,登高可使人心旷神怡、健康祛病。一家人可以在重阳节这个特殊的日子,来一次登高望远,消除疲惫,放松心情,呼吸新鲜空气;也可以去植物园、公园、花市赏菊花;还可以为老人泡茶敬茶,祝福老人得茶寿;也可以举办家族敬老茶会,让家族的小孩毕恭毕敬的为家族的老人献上一盏香茶,一起合影留念等等,通过各种各样低碳环保的方式庆贺重阳佳节,推陈出新,而不仅仅局限于家庭聚餐,大吃一顿以示庆贺。

俗话说,"重阳美酒桂花香",在重阳节这一天,我们还可以乘着丹桂飘香,学着用传统方法制作米酒并封存起来,在来年的重阳节就着菊花,启封美酒,把第一杯美酒敬献给家中长辈,既充满了浓浓的节日仪式感,也能充分地表达尊老敬老爱老的感恩之心。如此,节日得以延续,文化得以传承,精神得以光大。

重阳节习俗一瞥

【福建省】在福建莆仙,人们沿袭旧俗,要蒸九层的重阳米果。此米果分九层重叠,可以揭开,切成菱角,四边层次分明,呈半透明体,食之甜软适口,又不粘牙,堪称重阳敬老的最佳礼馔。莆仙人以重阳祭祖者比清明为多,所以有以三月为小清明、重九为大清明之说。

【山西省】九月九日,山西的农村妇女习惯休息一天,不干农活。嫁出去的闺女,习惯回娘家过节。

【广东省】连川重阳,童男童女皆至城外相聚答歌,州人围观。阳江市重阳节放纸鸢,并系藤弓于其上,在半空中声音十分嘹亮。

【台湾地区】台湾的气候自九月开始就会刮号称"九降"的秋风,吹的是无雨的北风,此时最适宜放风筝。当地有俗语:"九月九,风吹(风筝)满天吼。"说的即重阳节风筝满天飞的盛况。台湾客家族群,也有在重阳节祭祖的习俗。据说祭祖时越早到,越能得到祖先的庇佑。

(二)传统生命礼仪

1. 诞生和庆生礼仪

中华民族是一个热爱世俗生活的民族。生命的诞生是世俗生活的开端,是值得庆贺的事情,是传宗接代使命的实现,承载着父母之爱。在古代条件下,生养存活不易,要过很多道"鬼门关",所以古代家庭的诞生礼不厌其烦。出生要报喜、吃红蛋、酿女儿红;满三天要洗三朝;满月时要摆酒席、剃满月头;满百日要穿百家衣、佩戴长命锁保平安;周岁要"抓周"等等,而家中老人一生操持家业,艰辛坎坷,子女也会为老人举办"寿礼"表示庆祝和祝福,以尽孝道。这些充分表现了敬老爱幼的优良传统。

随着时代的发展,诞生礼仪既有继承又有发展。比如,在孩子刚刚诞生的时候,孩子的爸爸妈妈往往会在家庭微信群或者家族微信群发红包,向亲人们报喜。亲人们则在家庭微信群或者家族微信群鸣礼炮、发丰富的表情等以示热烈祝贺。当今很多地方依然保留有送红蛋报喜的风俗,有的家庭选择在蛋糕屋定制外形如鸡蛋,采用红纸包装的精美糕点,辅以精美的红色礼盒,以之代替传统的送红蛋报喜。

每一个在医院诞生的新生儿,通常会留下脚印。鉴于脚印独一无二的性质,新生儿留下脚印,既可以作出生凭证、医学用途,还可以表示迈开人生第一步,表达父母对新生儿寄予的脚踏实地厚望。新生儿留脚印具有很重要的纪念意义,可以视为现代诞生礼仪的重要一环。

在新生儿满月的时候,第一次理头发叫作剃胎毛。制作胎毛笔可追溯至唐代。胎毛是人生仅有一次的自然毛发,把理下的胎毛制作成胎毛笔,弥足珍贵。既可以留作纪念,也可以作为定情之物,还可以在孩子结婚的时候将珍藏的胎毛笔赠予孩子,作为传世之物,也可以做 DNA 鉴定之用。因此,剃胎毛制作胎毛笔也可以视为诞生礼仪的重要内容。

新生儿在满月的时候,通常会办满月酒,既表达对小孩的美好祝愿,也借此机会答谢亲朋好友的关爱。在百日的时候,新生儿父母通常会请摄影师上门拍百日照做纪念。

庆贺老人大寿的时候,除了办寿酒、祝寿,很多农村家庭还会搭戏台,请戏班子唱戏或者请文艺队演出,非常隆重。

时至今日,我们除了给老人和孩子过生日之外,每一个成年的家庭成员在过生日的时候,也会庆祝。通常我们会在人生重要阶段的生日,如 30 岁、40 岁、50 岁生日的时候会比较重视,这是每一个成年人在漫长人生旅程中的关键过渡期,意味着成家立业、扶老携幼、事业有成、世事洞明等等。

庆生的时候,不论是给老人和小孩庆生,还是每一个成年的家庭成员的庆生,一般还会引进国外生日晚会的形式:唱生日快乐歌、吃蛋糕、吹蜡烛、表演节目等等,显得轻松活泼。

2. 成人礼

成人礼是全世界普遍存在的人生礼仪。中国古代男子所行成人礼称"冠礼"(20岁),在上层社会的家庭礼仪中被排在首位。《礼记·冠义》说"冠者,礼之始也",《仪礼》更将《士冠礼》列为第一篇,因为这意味着家族有了新生力量。与此相对应,古代女子的成人礼则为"笄礼"(15岁)。

进入近代以来,这一古老久远的礼仪渐渐被荒废。改革开放后,我国成人礼有所恢复,但主要是在学校举行集体成人礼,很少在家庭内部举行,甚至很多家长对成人礼一无所知,或者认为是学校的事情。

鉴于不少青少年都不同程度地存在自我认识模糊、家庭责任心淡薄的问题,我们应该大力弘扬和恢复成人礼的传统,而且应当以家庭为主。成长往往是从树立责任感、承担责任开始的。而家庭往往是一个青少年最切近、最能感受到责任的地方。所以成人礼更应当回归家庭,让青少年明了对自身和家庭的责任。

家长为孩子举办成人礼,时间定在18岁生日那一天。地点可以选择家中、酒店,也可以选择一次专门的成人礼旅行。

行成人礼的时候,可以邀请德高望重的长辈亲友以及孩子的同龄朋友参加,共同见证孩子成年这个神圣而庄严的时刻。既可以仿照古代的成人礼仪式,也可以古今结合,中外结合。比如,我们可以选择穿汉服,行跪拜礼,也可以选择穿西式礼服,走红地毯,同时加入娱乐甚至是狂欢的内容,使这一重要时刻更加愉悦而难忘。

在成人礼上,家长表达父母对于孩子的家庭抚养教育责任到此完成,督促孩子从此以后应该自立自强、独自面对和解决人生道路上的问题,摆脱对家长的依赖,同时通过庄重的仪式向孩子表达自己的祝福、劝诫。此外,家庭成员重视和参与孩子在学校的开学典礼、家长会、联谊活动、毕业典礼等等,也应视为现代成人礼的组成部分。

3. 婚姻礼仪

婚姻礼仪是宣告男女双方结成夫妻关系的仪式,也是家庭形成的标志性程序,更关涉种群的繁衍和兴旺,所以古今中外对于婚姻礼仪都极为重视。《礼记·昏义》称:"昏礼者,礼之本也。"中国古代家庭礼仪的源头也从伏羲、女娲"嫁娶之礼"开始算起。在男女授受不亲的社会环境下,要由男女双方家庭经过纳采(男方提亲)、问名(询问女方名字、生辰)、纳吉(占卜)、纳征(下聘礼)、请期(商定婚期)、亲迎(迎娶新娘)等六个环节方能完成终身大事(即"六礼"),极为郑重其事。

进入近代以后,提倡婚姻自主,风气较为开放的地方家庭长辈的主导地位渐渐减退,男女双方自行确定婚姻关系、结婚仪式,程序也日趋简化。改革开放以后,婚纱和西式婚礼受到年轻人的青睐,而传统婚礼富于民族特色,带有热闹、喜庆色彩的文化元素也仍然有很大的吸引力,如着中式大红礼服、坐花轿、拜天地、闹洞房等。四处开花的专业婚姻策划公司给人们提供了更多方便的选择。也有越来越多的人钟情于旅行结婚、集体婚礼等新的结婚仪式。

中西结合式婚礼,是目前较为普遍的婚庆仪式。大致有如下程序:

（1）婚礼前的准备。男女双方共同商定结婚日期，设计电子结婚请柬与纸质结婚请柬，于男女双方的朋友圈发出电子结婚请柬，有意参加婚礼的亲朋好友则在电子结婚请柬上写上祝福，并表示一定亲临婚礼，共同见证这一神圣时刻。对于一些非常重要的客人，即使他们已经知道良辰吉日，仍然要亲自登门送达纸质结婚请柬，诚恳地邀请其全家出席婚礼，以示特别敬重。

准备精美的婚庆小礼盒，待婚礼当天赠送给来宾（有的选择交由婚庆公司代理）。准备新娘、新郎的结婚礼服，在准备结婚礼服的时候，一定要注意中西文化之别。中式婚礼中，红色意味着喜庆，大婚意味着大喜，大红色的中式礼服是不二选择。如果选择着婚纱，要特别注意婚纱的颜色，在西方，白色意味着纯洁、初婚，而红色则意味着二婚。其实，不论是初婚还是再婚，白色婚纱最合适，因为没有谁会和圣洁过不去，也没有谁会广而告之"我是二婚"。准备双方父母的礼服，可以给母亲备旗袍、中式服装或者西服套裙，给父亲备中式服装或者西装。准备伴娘、伴郎的礼服，可以一个伴娘一个伴郎，也可以数个伴娘和数个伴郎。准备花童的礼服。

协商婚礼地点和选择婚庆公司，并与婚庆公司商定婚礼殿堂的主色调等布置事宜。确定音响师、摄影师、录像师、鞭炮手、献花人等等。提前邀请双方单位领导或者亲友做证婚人，确定发言的亲友代表，给予他们充分的时间准备致辞。

婚礼前进行实地彩排。

（2）婚礼仪式。对新郎新娘、音响师、摄影师、录像师、鞭炮手、献花人、结婚证书、信物、交杯酒具等做好安排；主婚人、证婚人、新郎新娘双方单位领导、亲友和嘉宾代表，佩戴喜花就座于相应位置；

主持人宣布结婚庆典开始，奏乐，鸣放鞭炮；

向新郎新娘献花；

证婚人为新郎、新娘颁发结婚证书并作证婚讲话；新郎、新娘向证婚人鞠躬，证婚人向新郎、新娘颁发结婚证书；

举行拜堂仪式：一拜高堂；二拜来宾；三夫妻对拜；

交换信物；

喝交杯酒；

主婚人（新娘父母）作主婚讲话；

致贺词：新郎、新娘双方单位领导、双方亲友代表、来宾代表讲话；

主婚人（新郎父母）作主婚讲话并致答谢词；

新郎、新娘讲话；

结婚庆典仪式结束,喜庆宴会开始。乐队演奏,宾朋献歌助兴。新娘换下西式白色曳地婚纱,换上中式红色敬酒服与新郎一同步入喜宴。

喜宴进行期间,新郎、新娘在主持人和伴郎、伴娘陪同下给宾客敬酒、敬烟。敬酒时,新郎、新娘按长幼顺序先给新亲席敬酒,敬烟。给其他宾客敬酒时,如来宾较多,主持人则要求每桌各选一、二个代表,由新郎、新娘敬酒、敬烟。新亲和宾客散席后,新郎、新娘在饭店门口恭送客人。

在婚姻礼仪文化多姿多彩的同时,很多地方的年轻人仍然为某些根深蒂固的婚俗陋习所困扰。最突出的是大操大办、彩礼、闹洞房、红包等。轻则造成尴尬和经济上的沉重压力,重则对当事人之间的感情投下阴影甚至不欢而散。这些习俗在古代都有其产生的缘由和合理性,当这些合理性渐渐消失的时候,应当将这些陋习严格控制在一定限度之内,才能不至于适得其反。

现代社会流动性大,男女双方往往分处两地,亲友之间来往和团聚也较为困难,大操大办往往徒增烦恼,应当在隆重的前提下力求便利。在婚姻自主的大背景下,没有了家族力量的左右,但是男女双方在婚前的恋爱、相亲、约会(有些还出现同居的情况)等问题上应遵循平等、自愿、协商和尊重保护彼此的隐私、安全与健康等原则。

在现代人的婚姻历程中,很多人效仿西方,举行婚姻周年纪念。同时,离婚率居高不下也是现代社会挥之不去的问题,已经有越来越多的人主张夫妻之间应该像重视结婚一样重视离婚,不应当在草率和粗暴中结束婚姻关系,应尽量避免和降低离婚对家庭和男女双方的伤害。这些问题理所当然地应该纳入现代人的婚姻礼仪考虑中。

4. 丧葬礼仪

为逝去的家庭成员而举行的葬礼,不仅寄托着哀思,也带来心灵的净化。我国古代提倡"慎终追远",葬礼不仅隆重,而且带有较为浓厚的神秘色彩。

现代社会提倡火葬。中华人民共和国成立以后,政府方面大力推行火葬,很多领导人作出了表率。在城市,人们受到空间和时间的限制,对火葬的接受程度较高。人们已经习惯于通过火葬、追悼会、佩戴黑纱、送花圈等简单而庄重的方式哀悼逝者。

葬礼上的着装,宜白色、黑色或者深色,忌着艳装和低胸装;忌化浓妆,忌戴夸张和闪亮的首饰,结婚戒指除外。注意神情的庄严和肃穆,以示对逝者的哀悼与尊重。

孔子说过:"礼,与其奢也,宁俭;丧,与其易也,宁戚。"葬礼的简化将是大势所趋。还有越来越多的人接受将亲人的骨灰进行海葬、树葬等环保的丧葬形式。参加葬礼的亲友除了慰问家属、赠送鲜花之外,还可以以逝者的名义作慈善捐赠。

总之，用文明、庄重、便利的方式办好葬礼，以适当的方式表达对逝者的追思，将带给生者更大的力量经营自己的生活和家庭。

第三节　塑造民主和谐的家庭关系

有人说家是社会的最小细胞，也有人说家是风雨相依的两人世界。从现代家庭的成员构成来看，家庭是简单的，就是几个人加上房子。从现代家庭的内外关系来看，家庭又是繁杂的，因为几个人在一个屋檐下幸福生活，不仅要学会相互谦让、和谐共处，还要同家庭周边的许多家庭搞好关系。而搞好关系却是一件不简单的事情，塑造民主和谐的家庭关系更是一门大学问。

一、家和万事兴

俗话说，"家和万事兴"。家庭和睦是事业发展、人丁兴旺的前提和基础。尤其是中国的宗族——由很多家庭组建起来的具有血缘关系的经济利益集团，上下左右的血缘关系繁杂得很。除此之外，还有与左邻右舍的关系，与所在社区的关系，都需要主动建构与用心维护，以达到至和的终极目标。

礼仪是走向"和"的要领。以恭敬之心对待亲朋戚友，遇事设身处地为他人着想，对家国天下，以及人生事业，始终怀有深深的敬意，这一切，需要通过看得见的礼仪形式才能让对方感知到。如果没有礼仪，我们内心秉持的诚敬，对方是很难感知，也很难以同样的诚敬予以回报的，所以，在家庭生活中，礼仪有利于塑造民主和谐的家庭关系，形成良好的家风。宋代学者楼钥说"国家元气，全在风俗"，我们也可以这样说："家庭元气，全在家风。"只有形成了良好的家风，才能养内而安外，获得良好的社会声望和社会支持。

二、百善孝为先

尊老爱幼是中华民族的传统美德，孝顺父母、与人为善则是全人类的共同美德。在这些美德面前，孝居首位，因为孝顺父母，既是义务，也是责任。孝顺，顺意才能孝，即儿女的行为不应该违背父母、家里的长辈以及先人的心意。

孝，是中华文化传统的根基，是稳定家庭伦常关系的根本。因为没有孝，没有根本，就没有人类传承。人做善事百千，抵不过孝顺一件。为人子女当孝，为人父母当慈。父母养子女叫作"养"，子女养父母也叫作"养"。前者抚养成人，后者赡养终老。

没有爱心和责任的人,注定没有朋友,没有家庭,没有幸福。每一个人都要对长辈尽孝,这是报答养育之恩的千古铁律,一个不知道尽孝的人,肯定也是一个没有感恩之心的人。

父母是平凡而伟大的,父母对子女的爱是最崇高也是最无私的。给老父母一个温暖的家,就像父母当初给儿女一个温馨的家一样,既是责任、道德,更是天地良心。今天,你如何对待你的父母,将来你的子女就如何对待你。人世间最难报的就是父母恩,愿我们都能以反哺之心奉敬父母,以感恩之心孝顺父母。

三、天下父母心

苏联著名作家高尔基曾经说过:"爱孩子这是母鸡也会做的事,可是,要善于教育他们,这就是国家的一件大事了,这需要才能和渊博的生活知识。"的确,天下父母,没有哪个不爱孩子的。但是爱孩子不见得就善于教育孩子,善于教育孩子与父母的才能和渊博的生活知识有关,但跟父母的金钱、地位、文化程度并没有必然联系。有道是,身教重于言教。只要父母足够善良、追求公义,夫妻和睦,对孩子既关心又不控制,能看见孩子的情绪并予以正确引导,那么,天下父母心必能得天下孩子心。

在爱孩子的事情上,忌父母的爱心变成孩子的闹心。父母始终要牢记,孩子不仅仅属于家庭,还属于社会。孩子虽然是凭借父母而来,却不是从父母而来,孩子虽和父母同在,却并不属于父母。父母可以给孩子以无私的爱,却不可以控制孩子的思想,因为孩子有自己的思想。所以,天下父母,无私地爱孩子,注意爱孩子的方式,真心地为孩子着想,尊重孩子的感受,讲究同理心,注重换位思考,在孩子还年幼的时候尽量对孩子有高质量的陪伴,在孩子成年之后,尽量给予成年孩子充分的自主权。这样,不仅利于孩子,也利于家庭,更利于国家与社会。

思考题:

1. 家庭礼仪应遵循的基本原则是什么?
2. 谈谈你对七夕节的认知,并设计一套欢度七夕节的庆祝仪式。
3. 你有过成人礼的经历吗?谈谈你理想中的成人礼。

场景训练:

三人一组,模拟两个家庭之间的往来情境,要求涉及称呼、馈赠、迎客、做客等礼仪,并注意细节。

第四章 公共礼仪

第一节 公共礼仪概述

一、公共礼仪的内涵

马克思说:"个人是社会的存在物。"人是社会的人,除了个人生活、家庭生活之外,人们还必不可少地要置身于公共场合,参与社会交往活动。公共礼仪是指人们在社会交往的公共场所、参与公共活动时所应遵守的行为规范,涵括了个体在公共生活中对待自我、对待他人、对待社会和对待自然的全部礼仪规范。即个体在公共生活中得体地彰显个人形象、尊重礼让他人、自觉维护社会秩序、爱护自然等。

二、公共礼仪的特征

公共礼仪作为礼仪的重要组成部分,能有效地规范公民的行为举止、协调社会成员之间、人与自然之间的关系,是构建和谐有序的公共秩序不可或缺的文化力量,是彰显新时代文明大国良好公民形象的重要途径。因其所处的环境不同,因此公共礼仪具有很强的公共性、公开性和自律性的特点。

(一)公共性

公共礼仪是身处公共场所中的人们所应共同遵守的行为规范,具有公共性的特点。无论你是政府官员还是平民百姓,无论你是学富五车的教授专家,还是目不识丁的民工商贩,无论你年长或者年幼,在公共生活中,都应该遵守公共礼仪。公共礼仪适应的对象,是平等的,公共礼仪适应的范围,是身处公共场所的所有人。公共礼仪的这种公共性,是构成公共秩序的必要前提。《礼记·仲尼燕居》中记载:"礼之所兴,众之所治也;礼之所废,众之所乱也。"公共生活中人们共同遵守公共的礼仪规范,不仅能够约束和修正个体的行为举止,也能调适社会成员之间的关系,建构与维护社会公共秩序,促进社会的和谐与稳定。

(二)公开性

公共生活是最普遍,最基本的公众性生活,它为社会全员所享有,不具有排他性。

它涉及的内容是公开的,没有秘密可言。你的一言一行,在公共生活中都可能被他人知悉。这种公开性,也在某种程度上使个体在公共生活中的行为,会被认为代表着行为人所在群体的形象。作为中国公民,在公共生活中所体现的礼仪修养,所彰显的不仅是个人的道德理性,更是代表着中国风格、中国气派和国民形象。

(三)自律性

在公共活动中,除了那些公众识别度高的名人外,个体的身份识别度会大大下降,被关注度也会弱化。个体在不被外部监控和关注的情况下,容易放松自我约束,或者受从众心理影响,会降低对自己行为规范的要求。因此,公共礼仪相对职场礼仪,更具有自律性的特点,要求个体在没有外部监督的情况下,仍能坚持自己的道德观念、行为准则。值得一提的是,随着现代信息技术的迅猛发展,我们都是透明人。每个人在公共场所的不合礼行为都有可能被捕捉到。正是若要人不知,除非己莫为。每个人只有真正地将礼仪规范内化于心,才能在公共活动中自觉地明礼、守礼、行礼。

三、公共礼仪的基本原则

公共礼仪作为全体公民应遵循的礼仪规范,要遵循三条基本原则:

(一)以社会公德为准绳

社会公德是指维护公共社会生活的正常有序地进行,每个公民在社会交往和公共生活中应当遵守的最起码、最简单的行为准则和道德规范[①]。我国《公民道德建设实施纲要》指出:"社会公德是全体公民在社会交往和公共生活中应该遵循的行为准则,涵盖了人与人、人与社会、人与自然之间的关系。"《新时代公民道德建设实施纲要》再一次强调"要推动践行以文明礼貌、助人为乐、爱护公物、保护环境、遵纪守法为主要内容的社会公德,鼓励人们在社会上做一个好公民"。"礼仪礼节是道德素养的体现,也是道德实践的载体。"公共礼仪正是关于人际关系、人与社会以及人与自然关系方面的行为规范。公共礼仪从属于社会公德,并且以更为具体的形式加以表现。

(二)明"分"守"节"

作为社会人,只要有社会有分工就存在每个人的"分"。在单位你是领导的下属,在家里你是父亲的儿子,在人际关系中你是某人的朋友等等。社会地位和职业等决定了人们所具有的"分"。就公共礼仪而言,"节"表现为"安分守己",是对自己"分"的

---

① 焦国成.公民道德论[M].北京:人民出版社,2004:205.

理智的认识及对自己"分"所当遵循的规范的认同,是一种严格的自律。公众利益与个人意志,往往是相矛盾的。人在遵守外在规范时,会感到压抑,而适应处理的唯一有效办法是在自己的精神世界内部营造规范与约束自己行为的纪律,从而使生命由被动适应外部环境走向积极主动地适应外部的转变。

(三)礼让为先

在现实生活中,人与人之间存在各种差异,矛盾、冲突、摩擦不可避免。在非关是非善恶的根本原则的情况下,"礼让为先"是处理矛盾的基本原则。所谓礼让,就是在利益当前,多替别人着想,少替自己盘算,把好处让给别人,把困难留给自己。"让,德之主也。让之谓懿德。"(《左传·昭公十年》)"礼让"是公共礼仪的灵魂,体现的是律己敬人,以礼待人、乐群和贵的美德。

第二节　公共礼仪的主要内容

一、公共场所的交际礼仪

人们进入公共场所,就是为了参与公共活动,与他人相互联系、相互沟通、相互交往。个体参与社会交往的形式是多种多样的,但都受着一定的社会准则和规范的制约和调节。交际礼仪就是在社会交往过程中应该遵循的礼貌、礼节、仪式等。

(一)称呼礼节

称呼,是指人们在社会公共交往中彼此之间的称谓语。人与人见面,要顺利地开展交往活动,碰到的第一个问题就是怎样得体地称呼别人。选择正确、适当的称呼,既是对他人的尊重,又反映了个人的修养,甚至还体现着双方关系发展所达到的程度以及社会风尚。

1. 称呼的种类

(1)职务称呼。这是在正式的交往场合,以交往对象的职务相称,以示身份有别、敬意有加。这是一种最常见的称呼,通常有三种情况:

第一,只称职务。如:"部长""处长""主任",等等。

第二,在职务前加上姓氏。如:"王部长""张局长",等等。

第三,在职务前加上姓名(关系比较亲近的,被称呼者名有两个字以上的,有时也只称呼名加上职务),这适用于极其正式的场合。如:"刘涛书记""孙伟厅长"

"海涛部长"等。

(2)职称称呼。在不同职业中有业务职称的,尤其是对具有高级职称者,在交往中可直接按对方的职称进行称呼,主要方法有三种:

第一,仅称职称。例如:"教授""律师"等等。

第二,在职称前加上姓氏。例如:"刘教授""张工程师""李律师"等。

第三,在职称前加上姓名。这仅适用于正式的场合。例如:"张芳教授""曹青工程师"等。

(3)行业称呼。即直接以被称呼者的职业作为称呼。例如:老师、教练、医生、会计、警官等等。

(4)性别称呼。一般约定俗成地按性别的不同分别称呼为"小姐""女士""先生"。其中,"小姐""女士"二者的区别在于:未婚者称"小姐",不明确婚否者则可称"女士"。值得一提的是,"小姐"这个称谓在当今社会有时特指从事某些不正当行业的女性,所以应慎重使用。在需要使用时也应该注意自己的语气、语态,或者加上姓氏或者名字,以示尊重,如"李小姐""佳慧小姐"等。

(5)姓名称呼。在日常交往中,平辈的朋友、熟人、同事,均可彼此之间以姓名相称。长辈对晚辈也可以这么称呼。美国交际语言大师戴尔·卡耐基曾经说过:"一个人的姓名是他自己最熟悉、最甜美、最妙不可言的一种声音。"因此,姓名称呼是对朋友、熟人最适宜的一种称呼,主要方法有三种:

第一,直呼其名。一般是在年龄、职务相仿,好同学、好朋友、好同事之间常用这种称呼。

第二,只呼其姓,不称其名,但要在姓前面加上"老""大""小",例如:"老张""大李""小孙"等。

第三,只呼其名,不称其姓。这种称名不称姓的形式属于姓名昵称,一般用于同性别的朋友或上司称呼下级、长辈称呼晚辈时使用,异性之间应慎用。

(6)拟亲称呼。这是在交往中没有直接血亲关系的双方,参照亲属关系来称呼对方。拟亲称呼适合一些非正式场合,能增加交往双方的亲切感。如:张大姐,李大哥,王阿姨,陈爷爷等。在使用拟亲称呼的时候,要避免给人套近乎的感觉。同时,在选择称呼的时候,要准确判断对方的年龄,否则会适得其反。比如,20岁的你,在问路的时候,看到一位40岁左右的妇女,你却叫她奶奶,她可能会非常的不高兴,因为女性不会喜欢别人把自己喊得太老。

(7)零称呼。这是在陌生人之间初次见面的时候所出现的称呼空缺。应对称呼空缺一般会有两种情况,一种情况是用礼貌的问候语、致歉语来代替,如"您好,能打扰一下吗?""对不起,请问到川北路怎么走?"另一种情况是用不太礼貌的"喂""哎"等叹词来代替称呼,这是不可取的。

2. 公共场所称呼应遵循的基本礼规

(1)称呼要适应不同场合。第一种是私人场合。主要对亲属及朋友、熟人的称呼,应以亲切、自然、准确、合理为宜。如:对母亲的母亲称"外祖母"或"外婆",对父亲的母亲称"祖母"或"奶奶";对姑、舅的儿女称"表兄弟""表姊妹"等。这些都属于对有直接或间接血缘关系的人的约定俗成的称呼。朋友熟人之间可以用约定的称呼,甚至可以用小名、昵称等,视彼此的关系而定。总之,私人场合的称呼可以随意一些,重在表达彼此间特殊的情感。

第二种是公务场合。主要是对同事、工作对象的称呼。因其环境的严肃性,而决定了其称呼的庄重、规范性。通常宜用的称呼主要有前面提到的职务称呼、职称称呼或学历称呼、职业称呼。在使用职务称呼和职称称呼时,一般遵循就高不就低的原则。如"处长""教授"可以用于当面称呼,"副处长""副教授"一般不用于当面称呼,如果要当面称呼,一般去掉"副"字。在大学里,有"博士""教授"的称呼,没有"硕士""讲师"等称呼。

同时,对于不熟悉的工作对象或商业、服务业工作人员,还可采用泛称,即:先生、女士等;在熟悉的工作环境或同事、熟人间,也可采用我们前面讲的姓名称呼。

第三种是社交场合。因其交往对象的特殊性而决定了其称呼使用的特殊性。社交场合的称呼主要可归纳为以下两类:第一类是泛称,如:先生、小姐、女士等,这类称呼仅区别性别,不显示身份、地位、职业的差别,可用于任何社交环境,亦可让每位被称呼者接受。因此,它们被引为社交场合的万能称呼。第二类是特称。在社交场合一般不称交往对象的行政职务,但对身份特殊、社会地位颇高的人例外。如王室成员称其头衔;宗教界人士称其神职名称;军界人士称其军衔;学术界人士称其职称、学衔等。常见称呼如:西哈努克国王、史密斯神父、基辛格博士、巴顿将军,等等。

(2)称呼要尊重被称呼者的个人习惯。尊重他人,是一种健康的人生态度,是现代社会里最重要的人格品质。一个具有自我尊严感的人,应当会尊重他人,尊重他人的尊严与个性,也尊重他人的称呼习惯。比如有些人身兼领导和专家双重身份,但喜欢别人称他为专家,称呼他的学术头衔,而不喜欢别人对他使用职务称呼;有些人体形较胖,但不喜欢人家叫他"胖子""胖哥"之类的称呼。在社会交往过程中,应细心把握别人的称呼习惯,为自己赢得更好的人际关系。

(3)称呼要遵循国际礼仪规范。在国际交往中,一般对男子称先生,对已婚女子称夫人,未婚女子称小姐,不了解婚姻情况的女子可称为女士。这些称呼可冠以姓名、职称、衔称等。如"布莱克先生""议员先生""玛丽小姐""护士小姐""怀特夫人"等。

对地位高的官方人士,一般为部长以上的高级官员,按国家情况称"阁下"、职衔或先生。如"部长阁下""总统阁下""大使先生阁下"等。但美国、墨西哥、德国等国没有称"阁下"的习惯,因此在这些国家可称"先生",对有地位的女士可称"夫人",对有高级官衔的妇女,也可称"阁下"。

君主制国家,按习惯称国王、皇后为"陛下",称王子、公主、亲王等为"殿下"。对有公、侯、伯、子、男等爵位的人士既可称爵位,也可称"阁下",一般也称"先生"。

对军人一般称军衔,或军衔加"先生",知道姓名的可冠以姓与名。如"上校先生""莫利少校""维尔斯中尉先生"等。有的国家对将军、元帅等高级军官称"阁下"。

对服务人员一般可称"服务员",如知道姓名的可单独称名字。但现在很多国家越来越多地称服务员为"先生""夫人""小姐"。

对教会中的神职人员,一般可称教会的职称,或姓名加职称,或职称加"先生"。如"福特神父""传教士先生"等。有时主教以上的神职人员也可称"阁下"。

凡与我有同志相称的国家,对各种人员均可称"同志",有职衔的可加职衔。如"主席同志""议长同志""服务员同志"等,或姓名加"同志"。有的国家还有习惯称呼,如称"公民"等。在日本对妇女一般称"女士""小姐",对身份高的也称"先生",如"中岛京子先生"。

(4)称呼要入乡随俗。百里不同风,千里不同俗。在使用称呼的时候,要考虑不同地域、不同习俗、不同文化背景的人们之间的称呼差异。比如,碰到朋友的父母,如果他父母年龄比你父母都小,在南方和北方,一般都叫"姨"("阿姨")或"叔"("叔叔"),知道姓的可以加上姓,如"王姨""张叔叔";如果他父母年龄比你父母年龄大,在南方一般称呼对方的父母为"伯父""伯母",而在北方(如黑龙江)如果他妈妈年龄只是比你妈妈稍大,就叫"婶儿",如果年龄比你妈妈大了很多,则叫"娘",如"孙娘""赵娘",而比你爸爸年长的朋友的爸爸,叫"大爷",如"张大爷""李大爷"。

在我国民间,有许多有意思的称呼习俗。如:江西人喜欢称"老表",如同我们对一般人称"先生""小姐"一样,他们用"老表"作泛称。而在河南的农村,如果你把与自己同姓的人称"老表",则被认为是骂人,是对对方的侮辱。这是受我国传统的家族观的影响,把同族人称为"表亲"是一种见外,因此会引起对方的愤怒。

在国外,也会经常遇到类似的问题。中国人对"妻子"有不同的称呼,如,称之为"夫人"比较正式,称为"爱人"则比较传统,称为"老婆"比较通俗,称为"孩子他妈"则比较民间;此外还有更通俗的,如屋里的、娃他娘、老太婆等,还有直呼其名的。军队还有我国一个习惯,叫作家属。可"爱人"这种称呼在欧美是不能随便使用的。在韩国、日本不能用,在我国港台地区也不能用。因为"爱人"在那里的理解是第三者。所以,当我们与不同民族、不同地域、不同文化背景的人交往的时候,要注意遵循各地的风俗,要尽量避免使用不适当的地方性称呼。

(5)称呼要与时俱进。时代的发展,文化亦随之发展。称呼语是体现汉语言文化的重要因素。在当代社会,随着文明程度的不断提升,价值观念的改变,尤其是网络文化的发展,使得称呼语也发生了很大的变化。如"亲"这个称呼,已经从网络走向生活,成为一种流行的生活中的称呼语。

(6)称呼要根据与交往对象的关系灵活选择。例如:一位姑娘和一位叫李平涛的小伙子交往,刚开始她可能和其他人一样,叫他李平涛或李平涛同志,随着两人交往的深入,彼此都有了好感,这时姑娘可能叫他"平涛",最后,当姑娘的称呼只剩下一个"涛"字时,俩人可能不但确立了恋爱关系,甚至准备结婚了。从姑娘对小伙子称呼的变化中,我们可以看到姑娘情感的变化、俩人关系的接近。

(7)称呼要把握次序。一般情况下,同时与多人打招呼,应遵循先长后幼、先上后下、先近后远、先女后男、先疏后亲的原则。

(8)称呼要注意的其他细节。

不因粗心大意,用心不专而使用错误的称呼。如念错被称呼者的姓名,或对被称呼者的年纪、辈分、婚否以及与其他人的关系作出错误判断,产生误称。

- 不使用过时的称呼。如"老爷""大人"等。
- 不使用不通行的称呼。如"伙计""小鬼"等。
- 不使用庸俗低级的称呼。如"磁器""死党""铁哥们儿"等称呼。
- 不使用绰号作为称呼,不随便拿别人的姓名乱开玩笑,不要以别人的体形特点随意给人取号。
- 在国内,对年长者称呼要恭敬,不可直呼其名。当不认识别人姓名中的某个字时,可以虚心请教,而不可乱叫。

总之,作为表示彼此关系名称的称呼语,在现实生活中的作用不可小觑。慎用称呼,巧用称呼,善用称呼,有助于赢得他人的好感,有助于人际沟通的顺畅进行。

(二)致意礼节

致意是指向他人表达问候的心意,常用一定的礼节、行为举止来表示。由于文化背景、风俗习惯以及沟通场合、熟识程度等因素的不同,致意的礼节存在较大差异并因此而变得丰富多彩。一般而言,致意礼节可以分为无身体接触的致意和有身体接触的致意两种。

1. 无身体接触的致意礼节

这是通过施礼者的肢体语言(有时也伴随有声语言)来表达对交往对象的致意。一双能正视对方的坦诚的眼睛,一副洋溢微笑的面容,一次饱含深情的鞠躬,都能传递施礼者对对方的尊敬与诚意,释放出和谐人际交往的信息。无身体接触的致意礼主要包括:

(1)点头致意:在不适宜或无法交谈的场合,或者在同一场合再次碰到交往对象时使用,或在匆匆相遇的短暂瞬间,都可以采用点头致意。比如,在电梯、楼梯间,我们遇到熟人通常会采用点头致意来打招呼。打招呼的时候,一定要注视对方的眼睛。除特殊的肃穆场所外,点头致意一般都伴随有微笑,行礼时要注意微笑的诚意(参见图4-1)。

(2)起立致意:表示恭敬。长者、尊者到来时,在场者要起立欢迎,待来访者落座后,自己才可坐下;长者、尊者离开时,待他们先起立后,自己才可以起立相送。在坐着的时候,如果有人介绍到你,也应该起立致意。

(3)举手致意:适宜距离较远的熟人打招呼。注意举手致意时一般使用的都是右手,同时伴随有微笑表情(参见图4-2)。

图 4-1 　　　　　　　　图 4-2

(4)欠身致意：欠身致意的礼节较轻。当你在会场上处于坐姿时，有朋友来入座，你应欠身致意，即将臀部抬起，上身微微前倾，而不必站立起来，俗话说"欠欠屁股"。如果你处于站姿，正在与朋友交谈，这时另有其他朋友参与进来，不能置之不理，也不能中断谈话。就需要欠身致意。即上身微微前倾表示欢迎和不介意。在鞠躬握手稍嫌烦琐时，欠身致意正好适用这种场合（参见图4-3）。戴着有檐帽的男士，在使用欠身致意礼时，应同时使用脱帽致意礼。

(5)脱帽致意：适合于戴礼帽的男子使用，即两人相遇可摘帽点头致意，离别时再戴上帽子。有时与相遇者侧身而过，从礼节上讲，也应回身说声"你好"，手将帽子掀一下即可（参见图4-4）。

图 4-3

图 4-4

(6)拱手致意：拱手是中国传统的一种致意理解。《礼记·曲礼上》记载道："遭先生于道，趋而进，正立拱手。"拱手致意常用在较为正式的场合见面或告别时，往往与寒暄语同时进行，如"恭喜""幸会""告辞"等。但因拱手之礼简单方便实用，无身体接触且保持了一定的距离，在疫情防控要求下得到了越来越多的肯定与应用。行礼时，双腿站直，上身直立（一般适于对平辈）或微俯（一般适于对尊长），双手相互握合于胸前，形成一个拱形，也可以一只手虚握，另一只手包住，双手的位置不高于颚，不低于胸，行礼时有节奏地晃动两三下。

根据中国传统约定俗成的习惯，拱手礼男女有别。中国古人以"左"为敬，因此男子行拱手礼时，左手包右手，女子行礼时，右手压左手。简单来说，就是"男左女右""男抱拳女压手"（参见图4-5）。

拱手礼行礼时要注意和抱拳礼的区分。抱拳礼，是习武之人的通用礼仪，大致有两种，一是"右掌左拳"，有决生死之意；二是"左掌右拳"，表示切磋而已。

图 4-5

（7）鞠躬致意：鞠躬即弯身行礼，是人们用来表示对别人的恭敬而普遍使用的致意礼节。鞠躬是我国的传统礼节，主要应用于旅游服务、演员谢幕、演讲、领奖、婚礼及悼念活动等场合。行鞠躬礼时，上身倾斜的角度可以从 15 度至 90 度不等，具体视对受礼者的尊敬程度而定。通常是躬身越深，礼仪越重。一般致意鞠躬 15 度，同级同辈人相见、服务员向顾客鞠躬 15 度至 30 度左右，表达最高敬意或者最大歉意，可鞠躬 45 度至 90 度。施礼时，要用立正姿势，表情到位。除了行 15 度的小鞠躬礼是注视受礼方外，行其他的鞠躬礼时目光都应随着身体的倾斜，平视下前方（参见图 4-6）。

图 4-6

（8）注目致意：注目礼是比较庄重的礼节。新中国成立 70 周年的阅兵大典上，习近平总书记向党旗、国旗、军旗行注目礼的环节，增强了阅兵的仪式感和庄重感；受检部队战士向总书记行注目礼时，那整齐的动作、坚定的眼神、庄严的神情，让所有人感动。平时学校上课,教师走进教室,学生全体起立向老师行注目礼,表达的是对老师的尊敬。其他如升国旗、受接见等场合,均应行注目礼。

此外,还有合十致意礼,这是用于有佛教信仰的人群。行合十礼时,一般是两掌相合,十指伸直,举至胸前,身子略下躬,头微微下低,遇到不同身份的人,行此礼的姿势也有所不同。按照入乡随俗的礼仪通则,在遇到佛教信仰者向你行合十礼时,可回敬合十礼,也可回点头或者鞠躬致意。

2. 有身体接触的致意礼节

这是在双方相距较近的时候所行使的有一定的身体接触的致意礼节,具有很强的可感性,能更进一步表达行礼双方的亲近感和热情度。常见的有握手礼、拥抱礼、亲吻礼等等。

(1)握手礼。握手是在相见、离别、恭贺或致谢时相互表示情谊的一种礼节,双方往往是先打招呼,后握手致意。握手礼是现代社会运用范围十分广泛的一种致意礼节。在使用握手礼时,要注意以下几个问题:

第一,准确使用握手的方式。正确的握手方式是:握手双方相距约一步,上体略前倾,伸出右手,双方手掌与地面垂直相握,时间2~3秒,力度以能使对方感受到热情,但又不握疼对方的手为限度。同时面带微笑,注视对方,问候示意(参见图4-7)。

图 4-7

第二,严格遵循握手的顺序。遵循握手的顺序是为了尊重尊者。通常是按照"尊者居先"的原则,主要根据双方的社会地位、年龄、性别和宾主身份等的界定,由尊者决定是否行握手礼。尊者伸手则表示可行礼,反之,则表示拒绝与对方行握手礼,另一方则可用点头、鞠躬等其他礼节代替致意。伸手先后的基本规则是：上级在先，长辈在先，女士在先；客人来时主人在先，客人走时客人在先；平辈朋友中，行礼时以先伸手为敬。握手的顺序会因场合不同略有差异。如在公务场合，握手时伸手的先后主要取决于职位、身份，职位高者、身份尊者先伸手；社交、休闲场合，则主要取决于年龄、性别与婚否，一般来说，年长者、女性、已婚者先伸手。

第三，认真把握握手的要求。一定要用右手，禁止用左手握手。主要是因为用左手犯了宗教禁忌。在伊斯兰教义中，左手是不洁之手，只能做属于个人的事情，不可与人接触。所以，用左手握手属于对人的不敬行为。

力度适中。如果关系亲密、场合隆重，双方的手握住后应上下微摇几下，以体现出热情。但过紧地握手，或是只用手指部分漫不经心地接触对方的手都是不礼貌的。

握手时，年轻者对年长者、职务低者对职务高者都应稍稍欠身相握。有时为表示特别尊敬，可用双手迎握。男士与女士握手时，一般只宜轻轻握女士手指部位，切忌抓住对方的手不放，或用另一只手不停地揉摸。男士握手时应脱帽。

切忌戴手套握手。握手是一种靠身体接触来增进交流，显示诚意的礼节。戴着手套表示的是拒绝与不信任，所以是禁止的。但女士在社交场合戴的薄纱手套是服装的一部分，是可以不取下与人行握手礼的。

不可戴着墨镜与人握手。"眼睛是心灵的窗户"，戴着墨镜，使握手时没有了眼神的交流，缺乏诚意，亦是不友好的行为，是禁止的。但盲人因其生理原因，可以戴着墨镜与人握手。

多人同时握手时应按顺序进行，切忌交叉握手。

在任何情况拒绝对方主动要求握手的举动都是无礼的，但手上有水或不干净时，应谢绝握手，同时必须解释并致歉。

握手礼的来源[①]

握手礼最早可追溯到原始人类的触手礼。相传，当在路上行走相遇的陌生人双方都无恶意时，就会放下手中的东西，彼此抚摸对方的掌心，以示友好。沿袭至今就成了现在的握手礼。

---

① 资料来自网站 https://baike.so.com/doc/6298226-6511749.html。

说法一:战争期间,骑士们都穿盔甲,除两只眼睛外,全身都包裹在铁甲里,随时准备冲向敌人。如果表示友好,互相走近时就脱去右手的甲胄,伸出右手,表示没有武器,互相握手言好。后来,这种友好的表示方式流传到民间,就成了握手礼。当今行握手礼也都是不戴手套,朋友或互不相识的人初识、再见时,先脱去手套,才能施握手礼,以示对对方尊重。

说法二:握手礼来源于原始社会。早在远古时代,人们以狩猎为生,如果遇到素不相识的人,为了表示友好,就赶紧扔掉手里的打猎工具,并且摊开手掌让对方看看,示意手里没有藏东西。后来,这个动作被武士们学到了,他们为了表示友谊,不再互相争斗,就互相摸一下对方的手掌,表示手中没有武器。随着时代的变迁,这个动作就逐渐形成了现在的握手礼的由来。握手是我们日常生活中最常用到的礼节。

说法三:来源于原始社会。当时,原始人居住在山洞,他们经常打仗,使用的武器是棍棒。后来他们发现可以消除敌意,结为朋友,而最好的表达方式是见面时先扔掉手中棍棒,然后再挥挥手。

(2)拥抱礼。拥抱礼是欧美地区较常用的一种见面礼仪。在其余地区的一些国家,一般流行于上层社会的交往,在我国则仅限于亲近的人之间使用,用于迎送宾朋或祝贺致谢等场合。目前在国际上,拥抱礼是外交当中各国高层领导人之间最高规格的见面礼。

对于拥抱礼,主要应注意下述四点:

第一,具体规则。拥抱礼的行礼规则是:行礼双方相对而立,各自左臂偏上,右臂偏下,右手在上抚对方的左后肩,左手在下抚对方的右后腰。双方的头部及上身向左前方相互拥抱,彼此右侧面颊相贴,礼节性的拥抱到此即可。如果要表达更亲近的关系,则头部及上身可继续向右前方拥抱,然后再向左前方拥抱一次,即"左右左"三抱而止。这也是国际礼宾中的标准拥抱礼。

第二,具体区域。一般来讲,拥抱礼在西方国家广为流行。在中东欧、阿拉伯各国、大洋洲各国、非洲与拉丁美洲的许多国家里,拥抱礼也颇为常见。但是在东亚、东南亚国家里,人们对此却不以为然。需要注意的是,欧洲人虽然常用拥抱礼,但他们也不习惯与陌生人或初次交往的人行拥抱礼,所以初次与他们见面,还是以握手礼为宜。

第三,具体场合。在庆典、仪式、迎送等较为隆重的场合,拥抱礼最为多见,在政务活动中尤为如此。在私人性质的社交、休闲场合,拥抱礼则可用可不用。在某些特殊的场合,诸如谈判、检阅、授勋等等,人们则大都不使用拥抱礼。

第四，具体人员。在欧洲、美洲、大洋洲诸国，男女老幼之间均可采用拥抱礼。而在亚洲、非洲的绝大多数国家里，尤其是在阿拉伯国家，拥抱礼仅适用于同性之人，与异性在大庭广众之前进行拥抱，是绝对禁止的。

（3）亲吻礼。亲吻礼多见于西方、东欧、阿拉伯等国家地区，是源于古代的一种常见礼节，是人们在社交活动中表示亲密、热情、友善或尊敬的一种见面礼。

行亲吻礼时，往往与一定程度的拥抱相结合。因行礼双方身份的不同，亲吻的部位亦有所不同。因此而区分成不同的亲吻礼类型。

第一，吻额礼。这是一种长辈对晚辈的行礼。表示对晚辈的关心与爱护。

第二，吻颊礼。这是平辈之间的行礼。在公众场合，关系亲密的女子之间可亲吻脸部，男女之间则贴面即止。

第三，吻唇礼。这是一种十分亲密的礼节。可以说是夫妻、恋人或母婴之间的"专利"。由于它的敏感性，所以即使在亲吻礼较流行的西方国家，对此种礼的使用亦有一定的限制。如：禁止夫妻或情侣在大庭广众之前接吻等。

第四，吻颔礼。这是相对于吻额礼的一种礼节。是晚辈对长辈的行礼。

第五，吻手礼。这是流行于欧美上流社会异性之间的一种最高层次的见面礼。起源于中世纪的欧洲，尤盛于波兰。行吻手礼仅限于室内，主要是男士向已婚女士或有一定身份和地位的女士表示敬意的一种礼节。行礼时，男士首先立正于女士面前欠身致敬，如果女士伸出手作下垂式，男士则以右手或双手轻抬起女士伸来的右手，俯身弯腰用自己的嘴唇象征性地轻触一下女士的手背或手指，点到为止，不留"遗迹"。若女方身份较高，男士甚至要一只膝作半跪式，再提手吻之。

第六，吻足礼。亲吻对方的脚背。这种礼节现在已不多见了。在非洲的一些部族里或可见到。这些部落的居民们常以亲吻酋长的脚或脚印为荣。

行亲吻礼时，动作要轻快，勿过重过长或出声；要注意口腔清洁无异味，不要把唾沫弄在对方脸上、额上或手背上；如果不是特殊关系和特殊场合，年轻、地位低者，不要急于抢先施亲吻礼。

西方现代的亲吻礼，在欧美许多国家广为盛行，美国人尤其爱行此礼。法国人不仅在男女间，而且在男子间也多行此礼。法国男子亲吻时，常常行两次，即左右脸颊各吻一次。比利时人的亲吻比较热烈，往往反复多次。

在当代，许多国家的迎宾场合，宾主往往以握手、拥抱、左右吻面或贴面的联动性礼节，以示敬意。

（三）寒暄礼节

寒暄，本意是与人见面的时候嘘寒问暖，是对对方表达友好和尊重，拉近彼此关系，以达到互相沟通的目的。与初次见面的人寒暄，是为了建立关系，消除陌生感，要善于发掘双方的共同点，避免尬聊，使彼此感情互相靠拢；与熟悉的人寒暄，要寻找彼此关心的话题，以进一步增进感情。

1. 问候要真诚

无论之前是否熟识，除非是擦肩而过的路人，否则见面不招呼、不问候，会给人以傲慢印象，是失礼行为。对双方没有交谈意愿的人，可行无身体接触的致意礼，如点头、欠身；对想要交谈的人，寒暄往往从问候开始，如"您好""很高兴见到您""很久不见，一向可好？"等等。在问候的时候，态度一定要真诚。首先在体态上，要注意自己的身体语言，一般为微微欠身，双手自然交叠或者下垂。双手插兜，显得轻视；双手环抱胸前，带有挑衅；双手背后，显得傲慢；手指不停捏搓，显得紧张。其次在语气语态上，应自然亲切，面带微笑，眼神应与对方交流。声音散漫，诚意不够；声音急促，耐心不够；声音太小，信心不够；眼神漂移，专心不够；面无表情，热情不够。

2. 话题要适当

在双方问候之后，接下来，初次见面的，可以互通姓名。为了拉近距离，寒暄的内容可更深入一些，如：您是哪里人？在哪个部门工作？这是建立亲近感，进一步交往、发展友谊的基础。寒暄的话题十分广泛，天气冷暖、身体健康、时政新闻、公共热点、风土人情、生活趣闻等，只要态度谦和，用语得体自然，都会收到良好效果。在寻找话题时，要注意把握社交"五不问"原则，即不问年龄、不问收入、不问婚否、不问疾病、不问个人经历。这几个问题涉及个人隐私，除非对方主动提及，否则不要主动询问。此外，在寒暄过程中，要注意观察对方语气神态，如果碰到对方明显不愿意提及或者不感兴趣的话题，则要适可而止。

3. 赞美要有物

赞美被誉为仙人的"魔杖"，是人际关系的有效润滑剂，也是在社交寒暄中最受欢迎的方式。但在使用赞美时，一定要注意言之有物、符合实际，切不可信口开河。比如，明明是个胖子，你偏要夸人家苗条，明明皮肤黑，你硬要说人家肤白貌美。话虽好听，但不合实际，可能会带来尴尬。寒暄中要善于在观察和倾听中发现对方的亮点，再给予恰当的赞美，才能迅速拉近彼此的距离。

4. 时间要恰切

公共场所的寒暄不是深谈，往往具有时间短、场地随意等特点。双方偶遇，聊几句;初次见面,简单问候,建立联系;刚刚见面,营造气氛等,寒暄可以为交谈做准备,但能否进入深谈取决于双方是否有深谈的意愿以及是否有适合深谈的时间、地点,因此寒暄要在时间和内容上把握好度。恰到好处的寒暄有益于与对方的交流,但是没完没了的寒暄,会让人生厌。有语言经验的人,总是善于从寒暄中获得信息、找到契机,为建立良好的人际关系打下基础。

(四)介绍礼节

介绍是使交往双方相识、建立关系的一种最初的礼节形式。通过介绍,可以缩短人与人之间的距离,促进人与人之间更好的沟通和更深入的了解。按介绍者来区分,可以把介绍分为自我介绍、他人介绍。

1. 自我介绍

自我介绍是交际场合常用的一种介绍方式,是在社交活动中,如果想结识某些人或某个人,而又无人引见,如有可能,即可向对方自报家门,自己将自己介绍给对方。如果有第三方的介绍人在场,自我介绍则被视为不礼貌的。

自我介绍常见的方式有这么几种。

第一种是应酬式,又叫寒暄式。这是在初次见面不得不做介绍,但是又不想跟对方深交的情况下使用,它实际上是一种面对泛泛之交的有距离的交际,一般只介绍自己的姓或者姓名。

第二种是公务式,适用于工作场合,它包括本人姓名、供职单位及其部门、职务或从事的具体工作等。如:"你好,我是嘉茂科技发展有限公司营销部经理,我叫张健。"一般还可以顺势递上名片。

第三种是社交式,适用于社交活动中,希望与交往对象进一步交流与沟通。介绍的具体内容可以包括介绍者的姓名、工作、籍贯、学历、兴趣及与交往对象的某些熟人的关系等。其主要目的,是拉近双方的距离,为双方进一步展开话题打下基础。

第四种是仪式式,适用于讲座、报告、演出、庆典等一些正规而隆重的仪式场合。包括姓名、单位、职务等,同时还应加入一些适当的谦辞、敬辞,如:"各位来宾,大家好!我叫张健,我是嘉茂科技发展有限公司营销部的经理。我代表本公司热烈欢迎大家光临我们的展览会,希望大家……"

第五种是问答式,适用于应试、应聘和公务交往。问答式的自我介绍,应该是有问必答,问什么就答什么。如,有人问:"先生,您好!请问您怎么称呼(请问您贵姓)?"答:"您好!我叫张健。"

采用自我介绍时要注意以下礼节。

（1）选择好时机。要抓住时机，在适当的场合进行自我介绍，比如在初次见面时且对方有结交兴趣时；或对方有空闲、情绪较好又有兴趣时；也可以是我们想结识对方时，可以采用主动的方式，引起对方的回应。

一般来说，在公共场合以下情况需要我们做自我介绍：你想结识对方时；与不相识者相处，彼此需要交流时；有不相识者希望结识你，而你也愿意交往时；在公共聚会上，与身边的陌生人组成的交际圈时；在公共聚会上，打算介入陌生人组成的交际圈时；交往对象因为健忘而记不清自己，或担心这种情况可能出现时；有求于人，而对方对自己不甚了解，或一无所知时；拜访熟人遇到不相识者挡驾，或是对方不在，而需要请不相识者代为转告时；初次向社会公众进行自我推荐、自我宣传时等。

（2）掌握基本要领。介绍时间不可过长，一般不要超过一分钟；内容不可太烦琐，最好是三言两语能结束。为了节省时间，作自我介绍时，还可利用名片等加以辅助。

（3）态度诚恳而自信。介绍时要自然友善，亲切随和，落落大方，彬彬有礼，实事求是，真实可信，既不能唯唯诺诺，又不能虚张声势，轻浮夸张，自吹自擂。语气要自然，语速要正常，语音要清晰。

2. 他人介绍

他人介绍也叫居中介绍，即由第三方把交往双方或一方介绍给另一方认识的介绍方式。在公共场所的他人介绍又分为社交式介绍和公务式介绍（参见图4-8）。

图　4-8

（1）社交式介绍。这是在各种社交活动中，以交往双方互相结识为目的的一种介绍方式。根据实际需要的不同，在社交活动中，为他人作介绍时的内容、方式也会有所不同。通常有以下几种形式：

标准式：适用于正式的社交场合。内容以双方的姓名、单位、职务为主。例如："我来给两位介绍一下，这位是东方通信公司的王总，这位是风帆图片社的李社长。"

简介式：适用于一般的社交场合。内容往往只有双方姓名一项，甚至只提到双方姓氏。接下来则要由被介绍者见机行事。如"我来介绍一下，这位是老刘，这位是小邓，你们认识一下吧。"

强调式：适用于各种社交场合。其内容除被介绍者的姓名外，往往还会刻意强调一下其中某位被介绍者与介绍者之间的特殊关系，以便引起另一位被介绍者的重视。如："吴老师，您好。这位是张兰，是我的表妹，张兰，这位就是你的新班主任吴老师。吴老师，还请您对张兰严格要求，多多关照。"

引见式：适用于普通的社交场合。做这种介绍时，介绍者所要做的，只是将被介绍者引导到一起，而不需要表达任何具有实质性的内容。如"两位认识一下如何？大家其实都是同行，只不过以前不认识，现在请你们自报家门吧！"

推荐式：适用于比较正规的场合，多是介绍者有备而来，有意要将甲举荐给乙，因此在内容方面，通常会对甲的优点加以重点的介绍。如"王总经理，这位是杨帆先生，杨先生是一位管理方面的专业人士，对企业管理很有研究，在业内享有较高的声誉，对您目前的投资项目也颇有经验，你们应该可以聊一聊。"

礼仪式：适用于正式场合，是一种最为正规的为他人介绍的方式。其内容略同于标准式，但语气、表达、称呼上都更为礼貌、谦恭。如："张校长，你好！请允许我把湖南大学的贺教授介绍给您，贺教授，这位就是我们学校的张校长。"

在社交活动中给他人介绍时，要遵循以下规则：

了解双方是否有结识的愿望，不可强人所难。

遵循介绍的先后顺序，即先介绍谁，后介绍谁的问题。按照国际惯例，在为他人做介绍时，一般遵循"尊者居后"的原则。也就是说，尊者有优先知道对方情况的权利。具体应用是：将男士介绍给女士、将未婚女子介绍给已婚女子、将年轻的介绍给年长的、将职位低的介绍给职位高的。

在介绍双方姓名、工作单位等情况时，为双方找一些共同的谈话材料，以营造气氛，促进交流。

介绍时，被介绍的双方在介绍人做介绍时，应向对方致意问候，除年长者和女性外，一般应起立向对方问候并行致意礼节。

（2）公务式介绍。也就是在公务交往活动中将一方介绍给另一方。在公务式介绍中,很多时候并不是一对一的介绍,而是一人对多人或者多人对多人的介绍,即集体介绍,如一些公务洽谈、考察、会议等。在公务介绍中要注意以下问题:

因为被介绍双方是因公务活动而产生交往,彼此代表的是某个组织,所以介绍时必须先提到被介绍者所在组织的名称和被介绍者的个人职衔。

公务式介绍的顺序,整体上可以参照社交式介绍的顺序,也可酌情处理。但注意越是正式、大型的公务活动中,需要集体介绍的时候,越要注意介绍的顺序。

如,当被介绍者双方地位、身份大致相似时,应先介绍人数较少的一方。但若被介绍者双方地位、身份存在差异,虽人数较少或只一人,也应将其放在尊贵的位置,最后加以介绍。

在集体介绍中,将一方的多人介绍给另一方时,可以按照职务顺序从高到低,也可以按照座位顺序进行介绍。

在一些大型的报告、会议、会见、招待会中,只需要单项介绍,即只需要将主角介绍给广大参加者。

若被介绍的不止两方,需要对被介绍的各方进行位次排列。排列的方法:A. 以其负责人身份为准;B. 以其单位规模为准;C. 以单位名称的英文字母顺序为准;D. 以抵达的时间先后顺序为准;E. 以座次顺序为准;F. 以距介绍者的远近为准。

值得注意的是:在公务式介绍中,切忌使用易产生歧义的简称,在首次介绍时要准确地使用全称。在介绍中不要开玩笑,要庄重、亲切、正规。

在介绍礼仪中,所谓"尊者居后"是一条基本的准则。但是在实际使用的过程中,"尊者"的确定却是灵活多变的,在使用的时候,也应该根据不同场合、不同的交往目的灵活应变。如,一位年长的、职务高的男性,在公务场合,他可能是尊者,但在社交场合,在女士面前,就应该遵循"女士优先"的原则,把他先介绍给女士,甚至他为女士拉座椅、开车门都是应该的。

此外,在介绍礼仪中,介绍人的确定也有一定的讲究。国际交往中介绍人一般是三种人。第一种人,是公关礼宾人员。如外事办公室的同志,办公室的主任或者秘书,或者专门委托的接待陪同人员,各地的接待办公室的同志等,这些人是专门负责接待的。第二种人,是熟悉双方情况、促成双方交往活动开展的中间方。如活动的举办者、业务联络员等。第三种人,是在交往活动中按照礼仪上对等原则,承担介绍任务的相关人员。如上级主管部门的领导到单位调研,则应由单位的最高领导或负责相应工作的最高领导充当介绍人。

二、公共场所礼仪

所谓公共场所,又叫公共场合,它是指可供全体社会成员进行各种社会交往活动的公共活动空间。既包括如街头、巷尾、楼梯、走廊、公园、车站、码头、机场、商厦、卫生间、娱乐场所等现实公共空间,也包括论坛、贴吧等虚拟公共空间。公共场合最显著的特点,是它的公用性和共享性。它为全体社会成员服务,是全体社会成员进行社会活动的处所。在公共场合,和谐友好地与他人共处,彼此礼让、包容、理解、互助,是做人的根本。

(一)公共场所的基本礼规

1. 爱护公物

公物是国家和社会为社会成员提供公共服务的物品与资源。爱护公物是每个公民应尽的基本义务。爱护公物一方面要做到对公物的爱惜,也就是在使用和利用公物的时候,不浪费、不损坏,更不能据为己有;另一方面要做到对公物的保护,要与不爱护公物的行为作斗争。

2. 遵守秩序

公共场所具有人员聚集量大、流动量大的特点。要确保公共安全,每一名社会成员就必须共同遵守公共秩序。如果这种秩序受到破坏,就会出现混乱状态,影响其他人的正常活动和公共安全。遵守秩序的主要表现就是自觉排队,遵守现场引导通行规则;不聚众起哄闹事,不参与有碍公共秩序的围观。

3. 控制音量

在公共场所,无论是你说话的音量,还是你手机铃声的音量,或者你走路、移动物品等发出的音量,所有在公共场所发出的声音,都彰显了你的礼仪修养。公共场所音量控制的原则是不影响他人。旁若无人的喧哗、肆无忌惮的喷嚏、尖锐刺耳的铃声,都可能令他人不舒适。控制自己的音量,是对他人的尊重,也是一个人的自我修行。

4. 讲究卫生

新冠肺炎疫情暴发以来,人们对社会交往中存在的公共卫生问题引发深刻反思,各地都启动了"倡导社交文明、加强公共卫生"的活动。讲究公共卫生,不仅是对公共环境的保护,也是对他人、对自身健康的爱护。讲究卫生最起码要做到的:

- 不乱扔垃圾。产生的垃圾应该用垃圾袋分类装好,投放到指定的垃圾桶。不要"天女散花"随手乱丢,破坏公共场合的环境卫生。对于口香糖一类难以清理的垃圾,则应该按照环保要求,用纸巾包好之后再投放到垃圾箱,切不可随口乱吐。

- 不随地吐痰,打喷嚏、咳嗽要遮挡。唾沫、鼻涕等分泌物中,包含的细菌很多。在公共场所,若需要清嗓子、吐痰、擤鼻涕、打喷嚏,应注意避开他人,尽量控制发出的声量。痰和鼻涕应用纸巾包好,投入垃圾箱,切忌将痰、鼻涕"自行消化",更不可随地乱吐、乱擤或者将鼻涕乱擦到公共物品上。打喷嚏要用手或纸巾遮掩,切忌打喷嚏时将口水喷到别人脸上、身上。

- 大人小孩都应该文明如厕。尤其是小孩要从小养成良好的如厕习惯,不得随地大小便。

- 到公共场所注意加强卫生防护,勤洗手,必要时佩戴口罩。既要保护自己不被感染污染,也要在自己身体不适时,不对他人造成影响。

- 带宠物外出时,要加强管控,不得让宠物乱跑乱叫,扰乱他人或影响公共秩序。产生的粪便要及时清理,不污染公共卫生。

5. 保持适当距离

在公共场合,应当注意随时与其他人保持适当的距离。社交礼仪认为:人际距离在某种情况下也是一种无声的语言。它不仅反映着人们彼此之间关系的现状,而且也体现着其中某一方,尤其是保持某一距离的主动者对另一方的态度、看法,对此不可马虎大意。

当两人相距在3米开外时,即为公众距离。它又叫大众距离或者"有距离的距离",主要适用于与自己不相识的人共处。在公共场合行路时,与陌生人之间应尽量采取这种距离。

(二)出行的礼仪

走出家门,就会进入公共场所,面对公众的视野,一言一行都会成为整体形象的细节。

1. 行路的礼仪

举步行走,是任何一个正常人活动的基本方式。即使采用其他交通工具,例如汽车、火车、地铁、轮船、飞机或者自行车,行路依然必不可少。

公共场所的行路,不同于T型台上的走步,没有众多灯光与目光的聚焦。很多时候,公共场所的行路,是不会有人刻意注视,也不会有领导或熟人的挑剔打量。但不管是一个人独行,还是多人同行;不管是行走于偏僻之地,还是奔走于闹市街头,同样有其必须遵守的礼仪规范,而且,更多地依靠个人的自律,依靠个体在自我修为与公共道德的规范下,严格约束个人行为。在前面的章节中,已经介绍了走姿的基本要求,除此之外,在公共场所的行路当中,还有一些最基本的礼仪规范是必须掌握的:

(1) 遵守交通规则。遵守交通规则,是每个公民必须履行的最基本的行为规范。"过马路,左右看,要走人行横道线""红灯停、绿灯行、黄灯等一等""行人靠右"等交通规则是3岁小孩都能熟知的。但偏偏有很多人,过马路不走人行横道线、天桥或地下通道,不看红绿灯,随意翻越隔离栏,或是在马路上随意穿行,导致了很多悲剧的产生。因此,遵守行人的交通规范,既是对自身生命安全的保障,也是对公共秩序、他人安全的维护。

在路上行走时,要自觉地选走人行道,不要走行车道,并让出专用的盲道。在没有专门人行道的路上行走,应尽量选走路边。要按惯例自觉走在右侧一方,不可为图省事,逆行于左侧一方。行走时宜单行行进,不宜并排行走,更不允许多人携手并肩而行。应保持一定的速度,以免阻挡身后之人。尽量不要在道路上停留、休息,或是与亲朋好友进行长谈。

(2) 不吃零食、不吸香烟。一个在公共场所边走边吃或叼根香烟的人,不仅形象不雅,而且不够卫生、不利于身体健康,更重要的是还有可能给公共环境及其他过往的行人的健康与安全造成不便,妨碍公共卫生与秩序,有违社会公德。

(3) 不过分亲密。无论是恋人、夫妻还是关系极其密切的同性朋友,一起行路时,都不应该勾肩搭背、搂搂抱抱,表现得过分亲密。这样不仅显得极不自重,而且也会令旁边的人感觉不舒服、不自在。真诚地牵手、轻轻地挽住对方的胳膊或者细心地搀扶,都会让优雅与幸福自然流露。

(4) 礼貌谦让。通过狭窄路段时,应注意礼让他人,不要争先恐后。在拥挤之处不小心碰到别人,要立即说"对不起",对方则应答以"没关系"。不要若无其事,或是借题发挥,寻衅滋事。多人行走,要遵循"以右前和内侧为尊;以左后、外侧为卑"的原则。若并行者多于3人时,则以居中者为尊。

2. 乘坐交通工具的礼仪

在来去匆匆、争分夺秒的现代生活中,往往需要乘坐各种交通工具,尤其是各种机动车辆,以求方便。人们可以乘坐的交通工具有多种类型,下面主要介绍一下有关乘坐轿车、公共汽车、火车、飞机等交通工具的礼仪规范,以供参考。

(1) 乘坐轿车的礼仪。轿车特指区别于货车、皮卡、SUV、大巴、中巴的小型汽车,有四门或两门、封闭式车身、固定顶盖、一个车厢的汽车,一般包括司机在内可乘坐4~9人。乘坐轿车时,需要注意的礼仪问题主要涉及座次、举止、上下顺序等三个方面。

第一,座次。在比较正规的场合,乘坐轿车时一定要分清座次的尊卑,以找到符合自己身份的座位。而在非正式场合,则不必过分拘礼。

轿车上座次的尊卑,在礼仪上来讲,主要取决于下述两个因素。

一是轿车的驾驶者。驾驶轿车的,一般有两种人:一是主人,即轿车的拥有者,二是专职司机。由主人亲自驾驶轿车时,一般前排座为上;后排座为下;以右为尊,以左为卑。如:驾驶的是双排四座轿车,则驾驶座右边的副驾驶座是最尊的,其次是后排右边座位,再次为后排左边座位(参见图 4-9)。乘坐主人驾驶的轿车时,最重要的是不能令前排座空着,一定要有一个人坐在那里,以示相伴。由先生驾驶自己的轿车时,则其夫人一般坐在副驾驶座上。由主人驾车接送其友人夫妇时,其友人之中的男士,一定要坐在副驾驶座上与主人相伴,如果形影不离地与夫人坐在后排,是非常失礼的。由专职司机驾驶轿车时,同样讲究右尊左卑,但座次变为后排为尊,前排为卑。如同样是两排四座的轿车,司机驾驶的时候,后排右边的座位最尊,其次为后排左边座位,再次为前排副驾驶座(参见图 4-10)。

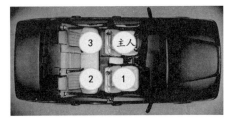 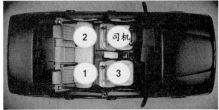

图 4-9　　　　　　　　　　图 4-10

二是轿车的类型。这里讲轿车的类型,不是传统意义上的根据汽车排量或者汽车价位来划分,而是根据车型座位数量来划分。一般来说,有双排四座、双排五座和多排轿车。前面讲的都是以双排四座为例,双排五座轿车的座次可以参照双排四座来区分,其中,后排中座的尊卑顺序排在后排左座后面。而多排轿车的顺序是,以前排为上,以后排为下;以右为尊,以左为卑(参见图 4-11)。

图 4-11

在座次的选择上,还有两个细节需要注意,一是尊重同乘的最尊者的乘车习惯。有些人喜欢坐副驾驶位,觉得视野开阔,利于欣赏沿途风景,而且认为前排座位相对较稳,没有后排颠簸,所以如果行驶在不平的路段,更愿意坐在前排。二是注意同乘人员中是否有容易晕车的,照顾其坐在靠窗或者前排座位。

第二,举止。与其他人一同乘坐轿车时,即应将轿车视为一处公共场所。在这个移动的公共场所里,同样有必要对个人的行为举止多加约束。具体来说,应当注意以下问题。

- 不要争抢座位,上下轿车时,要井然有序,相互礼让。
- 动作要得体。入座时,要大方、端庄、稳重地走到车门前,拉开车门后,先轻轻坐下,再将头和身体移入车内,然后再将双脚收入车内,最后才来调整坐姿,整理衣裙。切忌车门打开后,先将脚和头伸进车内,然后再将身体挪入车内,这是很不雅观的动作。坐好之后应注意举止,切勿与异性卿卿我我,或是东倒西歪。下车时,待车门打开后,转身面对车门,先将双脚移出在车外,待双脚落地踩稳后,再将身体移出车门外。开关车门动作要轻,切忌用力过猛发出巨响。
- 要讲卫生。如果是雨雪天气,上车之前,要把雨具收好并用袋子装好,把身上的雨雪拍打干净,不要把车子里面弄得湿乎乎的;鞋子上如果有泥,要尽量擦洗干净再上车。不要在车上吸烟、吃零食、喝饮料,更不要随手乱扔东西。不要携带有异味的东西上车。不要往车外丢东西、吐痰,也不要在车上脱鞋、脱袜、换衣服。
- 要注意安全。上车后,无论前后座,都应该主动系好安全带;不要与驾车者交谈或做其他影响驾车者注意力的事情,以防其走神。当自己上下车、开关门时,要先看车前车后,有没有过往行人、车辆或其他障碍物,如果旁边停有车辆或其他障碍物时要观察一下是否有足够的距离让你开启车门。切勿疏忽大意,造成意外事故。下车关门时,注意看是否有同行者从同一车门下车,切忌关门撞到后者。

第三,上下车顺序。上下轿车的顺序也有礼可循。其基本要求是:倘若条件允许,应请尊长、女士、来宾先上车,后下车。具体而言,还有一些细节也应注意:

- 如果是主人驾驶轿车时,如有可能,主人应后上车先下车,以便照顾客人上下车。
- 乘坐由专职司机驾驶的轿车时,坐于前排者,大都应后上车,先下车,以便照顾坐于后排者。
- 乘坐由专职司机驾驶的轿车,并与其他人同坐于后一排时,应请尊长女士来宾从右侧车门先上车,自己再从车后绕到左侧车门后上车。下车时,则应自己先从左侧下车,再从车后绕过来帮助对方。

• 为了上下车方便,坐在折叠座位上的人,应当最后上车,最先下车。

• 乘坐多排座轿车时,通常应以距离车门的远近为序。上车时,距车门最远者先上,其他人随后由远而近依序上车。下车时则相反。

(2)乘坐火车的礼仪。火车尤其是高铁由于其方便、快捷、安全、舒适,成为人们中、长途旅行时的主要交通工具。为了旅途的安全与愉快,乘坐火车要遵循以下礼仪规范:

第一,要自觉购票。由于选择乘坐火车出行的人较多,一般都应提前预订火车票。如果实在没有来得及购买车票,则应在上车之后主动补票。如果不慎在火车上遗失了火车票,也应及时跟乘务员联系,按照规定补办火车票。切不可因贪一时便宜逃票,否则付出的不仅是经济处罚,更多的是个人形象的严重损毁。

第二,要提前到站候车。自觉配合进站时的票、证核验和行李检查,必要时按要求佩戴口罩。在候车厅等候时,要爱护候车室的公共设施,不要大声喧哗,使用手机看视频听音乐时,应使用耳机,而不要用播放器。携带的行李物品要放在座位下方或前部,不抢占座位或多占座位,不要躺在座位上使别人无法休息。保持候车室内的卫生,不要随地吐痰,不要乱扔果皮纸屑。

第三,检票时要自觉排队,不要拥挤、插队。进入站台后,要站在安全线后面等候。要等火车停稳后,方可在指定车厢入口按顺序依次上车。

第四,进入车厢后按要求放好行李,行李应放在行李架上,不应放在过道上、小桌板上或他人座位上。要主动帮助老、幼、病、残、孕等特殊顾客安放行李。

第五,要对号入座。乘客应该严格按照自己所购车票的车厢、座位号入座,不得擅自占用他人座位。需要与人换座时,应礼貌取得他人同意并致谢。

第六,要注意保护车厢内卫生。严禁在车内吸烟,不随地吐痰,不乱扔果皮纸屑,不得在车厢内脱鞋脱袜,不大声喧哗。

第七,在座席车上休息,不要东倒西歪,卧倒于座席上、茶几上、行李架上或过道上。不要靠在他人身上,或把脚跷到对面的座席上。不要长时间占用卫生间和盥洗间,使用完毕要及时冲水,注意保持卫生间、盥洗间的卫生。

第八,去餐车用餐时,如果人数过多,应耐心排队等候。在用餐时,应节省时间,不要大吃大喝,猜拳行令。用餐完毕,应即刻离开,不要赖着不走,借以休息、聊天。

第九,下车时,应自觉排队等候,不要拥挤,更不要踩在坐椅背上或从车窗强行下车。

第十,出站时要有序通行,自觉接受机器验票或者现场工作人员验票。

(3)乘坐公共汽车、地铁的礼仪。公共汽车、地铁是人们日常生活中的主要交通工具。大多数市民,尤其是朝九晚五的上班族及学生,几乎天天都需要搭乘公共汽车、地铁等大众运输工具。尽管在小小车厢内大家可能只是偶然相遇,短暂共处,但掌握好必要的礼仪规范仍然十分重要。

第一,自觉地以先来后到为顺序,排队候车。排队时,应站在站台上、安全线之内。车辆进站后,要等车停稳了,才能按照排队顺序依次上车。不要蜂拥而上,挤做一团,更不要拥入街道或者贴近公共汽车、地铁,否则不仅威胁到自身的安全,也妨碍了交通。

第二,上车时,要听从司乘人员的引导,要礼让他人。对行动不便的老人、孕妇、病人、残疾人以及妇女儿童,要加以帮助。如果车太挤,上不去了,应该等待下一辆,不要扒门硬挤。

第三,上车后,要注意一些礼仪细节:

- 公共汽车上需要买票的,应主动买票、打卡、投币或出示月票。
- 应主动给老人、病人、残疾人、孕妇和带小孩的乘客让座。
- 车厢内,如有可能,应与其他人的身体保持一定距离,站立的乘客一定要抓稳扶手,万一因为车辆摇晃或自己不小心碰撞、踩踏了别人,应立即道歉。如他人因此向自己道歉,则应大度地表示"没关系"。
- 除了座位外不宜随处乱坐。不要把腿伸到过道上,不要跷二郎腿。有人通过时,应主动相让。
- 应该把自己随身所带的物品放到适当的位置,不要让它占座位、挡路。雨雪天,妥善放置所携雨具,以免影响他人。
- 要保持车厢内的环境卫生,不要在车上吃东西,特别是那些汁水多或容易掉渣的东西,以免弄脏车子或他人的衣物。更不要在车厢内抽烟。有晕车习惯的人,要事先做好相应准备,如提前服药、准备袋子等。
- 不要在车上大声喧哗、聊天、接听电话或谈论别人的隐私。

第四,车到站以前,应提前做好下车准备。如果自己不靠近车门,应先礼貌地询问前面的乘客是否下车,如前面的乘客不下车,要设法与其调换一下位置。后下车的乘客应主动给先下车的乘客让道。

(4)乘坐飞机的礼仪。飞机是现代最先进的交通工具,是各国之间和各大城市之间往来的重要的交通工具,某种程度上,其乘坐礼仪的规范程度是各国和各城市的文明与形象的窗口,所以其乘坐礼仪的要求比其他交通工具更高一些。

第一,应严格遵守购票、行李携带、登机检查的各项规定。飞机的购票实行实名制,乘客必须凭本人身份证件才可登记,因此在订购机票时要注意姓名的汉字、拼音字母以及证件号码的准确性,以免因此而影响行程。

乘坐飞机时在携带行李的体积大小、重量、性质等方面,均有严格要求。所以在乘坐飞机之前,应详细了解相关规定。

登机前应当认真配合例行的安全检查。在进行安全检查时,每位乘客都要通过安全门,而其随身携带的行李则需要通过监测器。如有必要,工作人员可能要对乘客或行李使用探测仪进行检查,或手工检查。乘客应当密切配合,不应无端进行指责。

第二,排队登机,对号入座。不将超大行李和有异味的物品带上飞机。登机后尽快放好随身行李,保持通道畅通。主动关闭手机等无线电设备。

第三,进入机舱后保持安静。需要找乘务员时,可以按呼唤铃,不宜大声喊叫。接受乘务员服务应致谢。在飞行过程中与人交谈时,应尽量控制声量,不宜在飞机上谈论令人不安的话题,如劫机、撞机、坠机事件等。

第四,不乱动飞机上的安全用品及设施,尤其是坐在紧急出口旁边的座位时,切不可随意扳动逃生门上的设施。飞机上救生衣是飞机遇险,在海上迫降时供乘客逃生使用的,切勿随意打开或带下飞机。

第五,在飞机上进餐时,主动将座椅椅背调至正常位置,以免影响后排乘客进餐。

第六,保持舱内整洁卫生,如有废弃物品要处理时,应装入飞机上专用垃圾处理袋。因晕机呕吐时,应使用机上专用呕吐袋。飞行过程中尽量不要脱下鞋子以免异味影响他人;如果是长途飞行,脱下鞋后应在外面再罩上护袜。

第七,机上读物阅后整齐放入面前插袋。

第八,飞机未停稳时不抢先打开行李舱取行李,以免行李摔落伤人。

第九,上下飞机时,对空中乘务员的迎送问候有所回应。

特别提示:为乘机人送行时,可说"一路平安"等祝语,不宜说"一路顺风"(飞机需逆风起飞)。

(三)旅游观光的礼仪

随着物质和文化生活水平的不断提高,旅游产业的不断发展以及休假制度的不断完善,旅游观光爱好者的队伍也在不断扩大。旅游观光本身是一项文明而高尚的活动,营造文明、和谐、安全的旅游环境,关系到每一位游客的切身利益。遵守相关的礼仪规范,是使旅游观光活动顺利进行的有效保障。

1．入住宾馆的礼仪

（1）准确了解情况，提前预约。外出旅行要提前预订饭店，这样既方便自己，又利于饭店的管理，尤其是在旅游旺季出门，这一项工作就更是必不可少，否则，就很可能要体会身在异乡却又没有地方消除旅途劳顿的无助感了。

在信息高度发达的今天，我们可以通过各种各样的方式了解各旅游点的宾馆情况，其中最为方便的，莫过于网络。通过网络，我们可以准确而详细地了解宾馆的基本条件、地理位置、特色服务、查询入住情况等，也可以通过电话详细了解情况。

在选择好宾馆之后，可以通过网络或电话进行预定。预定时要注意入住和停留的时间、入住的人数、房间的类型、申请住房人的姓名和到达饭店的大概时间、房费标准等信息一定要清晰。电话预定时，如果超过预定时间仍未到店，应尽快打电话联系，否则预定就会被取消。

此外，随着服务业的发展，宾馆也越来越注重个性化服务，尽量满足客人的需求，所以如果你有其他特殊的合理要求，也可以在预约时提出，使你在宾馆的休息可以更加舒适和方便。

（2）礼貌登记入住。到达预定宾馆之后，首先要做的就是到大堂前台登记入住，办理相关手续。注意如果遇到雨雪天气，要收好雨伞，把脚上的泥去干净再进入饭店。如果前面有正在登记的顾客，那你应该静静地按顺序等候，与其他客人保持一定的距离等待，不要贴得太近，虽然不必排成一队，也不能乱站乱挤或采取任性无理的态度。

随团体入住的，应选派1～2人在前台办理手续，其余人员在大堂僻静处等候，不可拥堵在前台。入住宾馆要出示身份证，如果还需要出示其他证件，要礼貌地给予配合。如果你带了大量的行李，门童会帮助你搬运行李，你可以礼貌地谢过之后就去登记入住，当门童帮你把行李运送到房间之后，应该再一次感谢，条件允许，可以给适当小费。

（3）客房的礼仪。良好的生活习惯不仅在家中，在宾馆也应该保持。虽然打扫客房是服务员的工作，但是也不能因为有人代劳就不注重保持清洁卫生。废弃物要扔到垃圾筐里，东西尽量摆放得整齐有序。毛巾和浴巾在使用完之后，挂在毛巾架上，不要随便扔在浴缸上。在洗手间，不要把水弄得整个盥洗台到处都是。淋浴的时候，浴帘的下部要放到浴缸里面，不要把地弄湿了。洗脸、淋浴之后，擦干台面上的水渍，拾起掉落的头发。

进入客房后，自觉关闭房门，不在房间里喧闹或把电视音量开得很大，更不可太早或太晚开电视,以免影响其他客人。在房间用餐完毕,尽量将餐具收拾整齐,放在客房外的过道上方便服务人员收拾。房间的一次性用品,如牙刷、剃须刀可以带走,但是非一次性用品只供使用不能拿走,要注意有些物品是有偿使用的。损坏的物品照价赔偿,并表示你的歉意,不可以故意隐瞒。如有客人来访,要注意会客时间不要太长,一般不要超过23点。还要注意交谈的音量,不要影响到别的客人的休息。尽管宾馆的大堂里可能写着"宾至如归",但宾馆到底不是自己家里,不要穿着睡衣睡裤、内衣内裤、拖鞋在走廊里走动或串门。

(4)离店的礼仪。离店之前,应先清点好自己的行李,一方面避免遗漏自己的物品,另一方面也可以防止不小心夹带宾馆的物品。在清理完行李之后,可以先给前台打个电话通告一声,让前台及时安排服务员来检查房间。如果不小心弄坏了饭店的物品,要及时、诚实地告诉来检查的服务员,不要隐瞒抵赖,以免造成不必要的尴尬局面。如果行李很多,就可以请总台帮助安排一个人来帮你提行李。应了解宾馆的结账时间段,按要求结账,结完账之后,要礼貌地致谢,道别。

(5)投宿民宅的礼仪。现在有很多自驾游或者特色游的旅客,喜欢选择投宿民宅,以更好地了解当地民俗民风,品尝纯粹的当地的特色饮食。俗语说,客随主便,对主人的尊重会赢来更好的服务。要尊重主人对住宿和生活各个细节的安排,不要提出主人难以满足的不合理要求;要尊重当地的风俗习惯;尊重主人的隐私,不要随意打探主人情况,擅自进入主人的卧室等。要注意公共卫生,不过于违反正常的作息时间。

2. 游览观光的礼仪

旅游景区是吸引旅游者的主要因素,也是旅游业赖以发展的基础和主体。当旅游者到达旅游景区观光游览时,爱护景区公物、保护景区卫生、维护旅游秩序、遵守旅游礼仪就应当成为旅游者的一种自觉行为。

(1)进入景区之前,应自觉排队购票。团队游览的,要听从导游指挥,排队进入景区。

(2)要爱护旅游观光地区的公共财物。对公共建筑、设施和文物古迹,甚至花草树木,都不能随意破坏;不能在柱、墙、碑等建筑物上乱写、乱画、乱刻;也不要用棍棒去捅逗或用东西去投掷动物取乐。照相留念时,不要到危险或不宜攀登、不能入内的地方。

(3)要尽量保持旅游观光地区的环境卫生和静谧气氛。进入旅游观光区后,不要大声喧哗,嬉笑打闹;不要随地大小便,弄污环境;不要任意把果皮纸屑、杂物弃置在地上或抛入水池中,影响观瞻和卫生。野餐野炊之后,一定要将瓜皮果壳连同包装材料收拾处理干净,将所挖灶坑恢复原状,特别要注意将火种熄灭后再离去。

(4)旅游观光中要关心他人,注意礼让。如有人同时在景色好的地方拍照,要按照先来后到主动排队,适当谦让,不要与人争抢占先。当近处有人行动妨碍拍照时,应有礼貌地向其招呼,不可大声叫嚷、斥责和上去推拉。需要别人帮忙拍照时,说话要有礼貌,拍完后向人家道谢。

(5)要多为他人提供方便,如行经曲径小路、小桥山洞危险陡坡时,要主动照顾老幼妇孺,不可争先抢行。到旅游休息点,不可自管自躺在长椅上睡觉,也不要人坐在椅背而脚踩在椅面上。见到老、弱、病、残、孕妇和怀抱小孩者,应主动让座和请人让座。当自己见到空位时,应征得边上人同意后方可入座,并要表示谢意。在划船时不要把水溅到别船和他人身上。带孩子到游览观光地区的儿童乐园去玩时,不要让自己的孩子长时间独占游乐场里的设施;作为大人,更不应该去占用儿童的游乐设施。

(6)青年情侣在旅游观光时,还要注意自己举止行为的端庄大方,既要热情,又要持重,要合乎我国的风俗习惯,不可过分亲昵,以致有失礼节。

(四)使用公共设施礼仪

公共设施是指为公众提供公共服务产品的公共性、服务性设施。随着社会物质文明和精神文明的发展,各地为广大公众提供的公共服务设施越来越多。在生活中,经常可以看到公共设施被破坏的种种现象,如下水道井盖不翼而飞,公用电话遍体鳞伤,景观灯无情被砸,垃圾箱东倒西歪,体育设施缺胳膊少腿等等。要有效发挥公共设施的作用,延长公共设施的使用寿命,还有待广大公众共同遵循相应的礼仪规范。

1. 公共体育设施的使用

国务院于2003年专门颁布了《公共文化体育设施条例》,这一条例的颁布,对促进公共文化体育设施的建设,加强公共文化体育设施的管理和保护,充分发挥公共文化体育设施的功能,繁荣文化体育事业,满足人民群众开展文化体育活动的基本需求发挥了极大的作用。在政府和组织为公众提供便利的同时,公共体育设施使用者也应该做到:

(1)自觉爱护公共体育设施,不要在设施上乱涂、乱画、乱张贴,更不可为了一己私欲肆意破坏设施。

(2)严格遵照不同设施的使用用途、操作方法和规定使用人数进行使用。不要做违反器械使用用途、操作方法的事情。不要在器械上打闹嬉戏,乱蹦乱跳。

(3)自觉保持公共体育设施适用区域的卫生。不要乱扔垃圾废物,不随地吐痰,更不要让孩子和宠物在区域内随地大小便。

(4)使用设施的人数较多时,应自觉等候,不要强行占据设施。使用设施的时间也不要太长,不要把体育设施当作休息设施。在有人给你礼让设备的时候,要表示感谢。

2. 公共卫生间的使用

(1)不要在公共卫生间内随意吐痰、扔垃圾、踩马桶,要保证厕所内的清洁。

(2)使用时关好小门。

(3)用过的手纸应该投放到纸篓,而不要扔在便池或抽水马桶内,这样可能会引起堵塞。

(4)不要浪费擦手纸,更不要把厕所里卫生纸带走,据为己用。

(5)如厕完毕要及时冲水,既要节约用水,又要冲干净。使用抽水马桶时在冲完水后要记得盖上抽水马桶盖儿。

(6)使用坐便器时,不要忘记在便前和便后用纸擦净厕位,这样既避免了细菌的传播,又方便了下一个如厕者。

(7)便后洗手,注意节约用水,也不要把水弄得到处都是,湿手不应边走边甩,以免弄湿地面或溅到他人身上。

(8)不要长时间占用厕所。

(9)进入公共卫生间时,如遇人多,在卫生间门外排队等候。不要用敲门或大声呐喊的方式催促别人。如果遇到年长者或者急着如厕的人,要注意礼让。

(10)不得占用第三人卫生间。

3. 电梯的使用

(1)乘坐自动扶梯,应靠右侧站立,空出左侧通道,以方便有急事的人通行;应主动照顾同行的老人与小孩踏上扶梯,以防跌倒;如须从左侧急行通过时,应向给自己让路的人致谢。

(2)乘坐箱式电梯,应先出后入。如果电梯有专人控制,应让老人、小孩和妇女先进入;进入电梯之后要尽量往里站。如果是无专人控制的电梯,可先进入电梯操控开门按钮,让老人和妇女后进电梯以确保安全。因箱式电梯的空间相对较小,乘客之间可能会挨得比较近,要注意彼此谦让和宽容,要注意照顾老人、小孩和女性。与同乘电梯人不相识时,目光应自然平视电梯门;在电梯里不高声笑谈,保持安静。如果出现超载警报,后进入的人应立即退出,等待下一趟电梯。

在没有明令禁止宠物乘电梯的地方,小宠物应由主人抱起乘梯;大宠物应在没有其他乘客的情况下方可由主人带乘电梯。

(五) 特殊公共场所的礼仪

随着人们物质水平的不断提高,人们的精神文化生活也越来越丰富,相应的为公众提供的活动场所也越来越多。在一些特殊的公共场所,都有着不同的礼仪规范,掌握这些礼仪规范,可以更好地享受这些活动带来的精神大餐。

1. 影剧院和音乐厅

影剧院与音乐厅是展示高雅文化与艺术的公共场所,是现代人经常出入的地方。对观众的礼仪素质,也有着更高的要求。

(1)着装得体。西方社会传统上要求人们上剧院时穿晚礼服,即男子结黑领结,女子要盛装打扮。如今,只有在首场演出和专场演出才要求观众这么做。一般情况下,只要求观众穿戴整齐。即使天气炎热,袒胸露腹也是不雅观的,而穿双踢踢跶跶的鞋子,也会让自己和别人极不自在。

(2)入场和退场。无论是看电影,还是看演出,都应提前到场,买好节目单、熟悉演出的内容,然后在开幕前进场坐好。

如果到剧院时,演出已经开始,应该站在门口欣赏,等一幕演完后再入座,以免影响他人的欣赏和演员的演出。观看电影时,如果迟到了,应该在场内后段等一下到眼睛能适应黑暗时再找座位,或者让服务员尽快带到自己的座位上去。

入座时,如需要从别人面前挤过,男士和女士都应该面对舞台并且紧贴着前排座位的靠背走过去,并要一路低声地说"对不起"。手上的皮包、大衣等物应抱紧,不要让它在别人的脸上和腿上刷过。

如果有人从你面前走过,要主动把膝盖歪斜过来,以便让出位置让别人走过,必要时还应站起来让路。

落座以后,如果你戴着帽子,一定要脱下来,以免挡住后面的人的视线。

在演出过程中,尽量不要在中途离开座位,因为这不仅会干扰他人观看演出,还会影响演员的情绪。如需要退场要安排在幕间或一个节目结束后。万不得已要中途离开时,必须向旁人道歉。幕间休息时,可以站起来走动走动,放松放松,吸烟者可以到休息室吸烟。

演出结束后退场,一定要等到落幕以后。有时,会出现演员和音乐家多次谢幕的情景,这时你若不耐烦地离去,是不礼貌的。

(3)保持安静。在演出进行过程中,要绝对保持安静。说话、接听电话、吃东西是不礼貌的,整理衣帽、开关皮包、翻看节目单而发出的声音也让人心烦,因而也须尽量避免。

在演出过程中,喋喋不休地为人作讲解是不为人喜欢的愚蠢行为;让手机等通信工具发出刺耳的声音也会引起大家的侧目,所以应关闭或调至震动。

注意管好随行的小孩,让小孩在演出场所随意走动、吵闹或发出其他声音,都会影响周围观众的欣赏心情。如果小孩还没有到可以欣赏相关演出的年龄,最好不要带他们去,否则,对自己和孩子都是一种折磨。

(4)适时地鼓掌。在观看演出的过程中,适时地鼓掌,不仅是欣赏水平的表现,也是对演出者精彩演出的肯定、鼓励与感谢。在以下这些场合一般应鼓掌:

启幕和落幕的时候;

观看芭蕾、歌剧或其他戏剧时,男女主角上场的时候;

听歌剧时,某个很受欢迎的歌唱家第一次出场的时候;

在演奏会上,指挥登上他的指挥席的时候;

在演奏交响乐时,一个乐章演奏完的时候。

在演出期间,一场精彩的演出,一曲美妙的独唱,一段杰出的对话都可以用鼓掌来表示欣赏,但在这种情况下,不宜鼓掌太久,以免影响演出的正常进行。

2. 图书馆与阅览室

图书馆、阅览室是公共的学习场所。一般来说,去这些地方的人,都是爱学习、有素质的人,所以应自觉遵守相应的礼仪规范。

(1)要注意整洁,遵守规则。不能穿汗衫和拖鞋入内。就座时,不要为别人预占位置,查阅目录卡片时,不可把卡片翻乱或撕坏,或用笔在卡片上涂抹画线。

(2)要保持室内安静,不要大声说话,或在座位上交谈,以免影响他人学习,打断思考者的思路。需要在这里学习一天,又自备了午餐的,可以到餐厅、休息室或目录厅里去吃,不要在阅览室里大吃大嚼,以免破坏那里的气氛,同时对周围的读者也不礼貌。

(3)学校和公共图书馆的综合阅览室里读者较多,早来的人不应该给晚来或有可能不来的人占座位。即使阅览室内人很少,也不能利用空座位躺卧休息。

(4)借阅图书时,要看清注意事项和索书条上的要求,然后填写索书单。递交索书单后要耐心等一会儿,不要站在服务台前催促,以免影响工作人员的工作。

(5)图书是历史的档案,知识的载体,有图书存在,一切就有源可寻,所以爱护图书十分重要。不少人看书时有折角、在书上画重点号或其他标记的习惯,但对图书馆的书不能这样。至于有意把自己需要的资料、图片撕下来或"开天窗"则更为恶劣。

图书馆里的图书是为全社会服务的,毁坏图书的不道德行为一向受到人们的强烈谴责。一旦发生这种事情,工作人员就要严肃处理。轻则批评教育,重则加倍赔偿。如果是珍贵书刊被毁,还要依法从严处理。需要资料可与工作人员接洽,图书馆一般都备有静电复印和照相复制业务为读者服务。

(6)要遵守阅览规则,不要利用图书馆安静、舒适的条件在这里谈情说爱。

3. 博物馆或画廊

(1)到博物馆或画廊参观展览,要严格遵守社会公共秩序。买票、排队进场,不能拥挤。进场后不可大声喧哗、东奔西跑,要顺着人流自然行进。有讲解员讲解时,要认真听,但不要拼命往前挤;有什么问题可以向讲解员或主办者请教,但不能影响别人的工作。没有讲解者时,可以自己认真参观,并通过一些文字说明加深了解。

(2)在参观文物或作品时,要注意遵守场内纪律,绝不可伸手随便触摸,隔着玻璃柜时,注意不要压碎玻璃等。如有标识"请勿拍照"的展品,切勿偷拍。

4. 观看体育比赛的礼仪

体育比赛看台,是社会舞台的自然延伸。看比赛,讲礼仪,是中华民族的传统美德与社会时尚的完美结合。作为观众,不仅要遵守社会公德,而且还要遵循体育比赛特有的礼仪要求,做文明清醒的观众,努力营造出看台礼仪氛围。

(1)尽量提前或准时入场,在入口处,主动出示票证请工作人员检验;按要求接受物品安全检查。

(2)进出场时,不要拥挤,遇到老弱病残者应主动礼让。

(3)进场后对号入座。如果比赛开场,应就地入座,比赛中不能随意走动,待中间休息时再寻找自己的座位。

(4)进入比赛场地后,应关闭随身携带的手机等通信工具。

(5)在比赛中,举行升旗仪式时,观众应当面向国旗,肃立致敬,不能嬉笑打闹或者随意走动。对于其他国家的国旗、国徽,也应当本着相互平等、相互尊重的原则,给予应有的尊重和礼遇。

(6)观看比赛时,不抽烟,不吃带响声的食品;不大声喧哗,切忌起哄、吹口哨、怪声尖叫、喝倒彩、扔东西。

(7)比赛过程中照相不能使用闪光灯;规定禁止照相的应遵守。

(8)观看体育比赛时应热情地为双方运动员加油,要给对方运动队、运动员以礼貌的致意;不嘲讽、辱骂裁判员、运动员、教练员,不做有损国格、人格之事。

(9)比赛结束时,要向双方运动员鼓掌致意;待比赛完全结束再有秩序地退场,不随便中途退场。

(10)衣着整洁,举止文明,室内观看比赛时不戴帽,不把衣物垫在座位上。

(11)爱护公共设施,不蹬踏座椅,不乱涂写刻画。

(12)许多体育比赛都有一套固定的观赛规则。观众应提前了解该赛事的相关知识,不要盲目观赛,不要在比赛过程中妄加评论。

一个成熟、文明的观众,充满激情而又富有责任感,永远是体育运动发展历程中不可或缺的推动力量。

三、公共仪式礼仪

仪式是人类的一种群体社会行为,是通过一系列规定程序的行为,使参与者形成情感共鸣和价值认同。仪式具有群体性、表演性和重复性特点。在仪式主持人的引导下,通过群体共同参与相对固定的仪程,建立一种群体的秩序,凝聚仪式参与者的情感,形成价值认同。

(一)升国旗仪式

国旗是国家的象征和标志。随着《国旗法》的颁布,对国旗升挂的时间、场地、方式等均有了明确的规定。升国旗仪式成为公共场所举办的最常见的爱国主义教育和集体主义教育的活动。

1. 升国旗仪式的基本仪程

升国旗仪式的仪程主要包括:

(1)宣布升旗仪式开始。一般由礼号手吹奏《升旗号角》或由主持人宣布升旗开始。

(2)出旗。出旗时会有旗手1名,副旗手2名,护旗队员若干名。旗手擎旗行走在最前方,副旗手位于旗手左右后方,之后是护旗队。出旗时,可有礼乐队随同出旗,礼乐队一般位于护旗队后方。礼乐队也可提前布置在升旗台附近。没有礼乐队时,可以播放礼乐。出旗时常用的礼乐是《歌唱祖国》。

(3)升旗。升旗时要奏唱国歌。手动升旗由两名升旗手轮流拉动旗绳,自动升旗则由升旗手启动升旗按钮。在国旗升起的一刹那,同时由展旗手抖动展开红旗。升旗的速度是缓慢的,手动升旗由升旗手掌握拉绳节奏,确保在国歌结束时,国旗到达旗杆顶端。

(4)国旗下的讲话。在重大活动、教育单位举行升国旗仪式时,往往会有国旗下的讲话,这是开展爱国主义教育和集体主义教育的重要环节。日常的升旗仪式,可以不设这个环节。

(5)仪式结束。

2．升国旗仪式的基本礼规

(1)起立。当主持人宣布升国旗仪式开始后,场内全体人员包括主席台上的贵宾、场内工作人员,除了无法站立的人员,都要起立。站立的姿势要求:身体直立,挺胸昂首,双手下垂靠拢身体两侧,保持立正姿势。

(2)肃静。升旗仪式时要保持安静。升旗仪式进行过程中,所有的人都应在原地肃立不动。场内不应有人来回走动,也不能东张西望,交头接耳,嬉闹谈笑,接打电话和吃东西等,这些都是对国旗的一种极大的不恭敬。

(3)脱帽。除了身穿制服外,现场人员一律应当脱帽。戴太阳镜者必须摘下太阳镜。

(4)致敬。所有人员要面向国旗肃立致敬,军人要行军礼,少先队员行队礼,其他人员要行注目礼。行注目礼时一定要注意自己的眼神,眼睛要始终望着国旗,目光随着国旗冉冉升起,这个过程要持续到升旗仪式完毕。

(5)唱国歌。升国旗时应唱国歌。国歌是表现一个国家民族精神的歌曲,是代表国家和人民意志的乐曲,是用来歌颂与鼓励一个民族的信心与凝聚力的。在升国旗时唱国歌,既能表达对国家的热爱和崇敬,也更容易强化仪式参与者对祖国的归属感和认同感,唤起内心深处的爱国情怀。

3．升挂国旗的其他礼规

(1)在升挂国旗时,应将国旗置于显著位置。列队举持国旗和其他旗帜行进时,国旗应处于其他旗帜之前。国旗与其他旗帜一同升挂时,应将国旗置于中心、较高或突出的位置。

(2)悬挂国旗,应以正面面向观众,不准随便将其交叉悬挂、竖挂或反挂,更不得倒挂。需要竖挂国旗或使用其反面时,必须严格按照国家有关规定进行。

(3)在室外升挂国旗,不能让旗角触及地面,更不能将其直接弃置于地面。一般应于早晨升起,傍晚降下。遇上恶劣天气时,可以不挂国旗。夜间通常不在室外升挂国旗,确需升挂,必须将其置于灯光照射范围内。

(4)在直立的旗杆上升降国旗,应当徐徐地升降。升旗时,应将国旗升至杆顶。降旗时,不准使国旗落地。

(5)国旗及其图案至高无上,不得随便升挂、使用,不得用作商标和广告,不得用于私人丧葬活动。

（6）根据《国旗法》规定需要下半旗时，应当先将国旗升至杆顶，然后降至旗顶与杆顶之间的距离为旗杆全长的三分之一处；降下时，应当先将国旗升至杆顶，然后再降下。

（二）公共祭祀活动仪式

祭祀在中国传统礼仪中具有十分重要的位置。《礼记·祭统》云："凡治人之道，莫急于礼；礼有五经，莫重于祭。"《左传·成公十三年》："国之大事，在祀与戎"，指国家最重要的事情，就是祭祀与军事。中国传统的公共祭祀，是指在一定观念支配下，按照一定的礼制规范，通过在特定时间、特定场所、按特定仪程、向特定神祇供献祭品以实现人神沟通并求得神祇福佑的重要活动，从斋戒沐浴、祭祀位置、拜祭礼仪、祭器、祭品、祭文等等，都有着非常严格的规定。公共祭祀既是一套完整的仪式与行为系统，也是一套复杂的观念和信仰系统。祭祀仪式是对理想的天人关系、神人权威、社会秩序的展演和确认，有助于树立权威，维护公共秩序，敦行伦理教化。就中国传统祭祀对象而言，大体可以区分为"天神、地祇、人鬼"三大系统。针对这三大不同系统的神灵，祭祀的主体、方法、时间、程序、器皿、供品等均有不同。

新中国成立以后，公共祭祀无论是从祭祀的对象还是祭祀的仪程，均与传统有了很大的区别。第一是破除了封建迷信思想，对天地的祭祀，着重于对自然的尊重和天道秩序带给人的和平与福祉表达感谢；除了宗教祭祀和民间民俗的祭祀外，去除了对神鬼的祭祀；第二是重在对祖先的祭祀。祭祖的本意"慎终追远，敦亲睦族"，表达追思之情。通过公祭，以情感的缅怀、功德的颂扬，表达感恩之心和传承之意。现代公共祭祀活动已成为维系民族的精神纽带与促进人们和谐相处的重要因素，在弘扬优秀传统文化的旗帜下，为建设和谐社会发挥出积极而重要的作用。

1. 现代常见的公祭对象

第一，人文始祖，如黄帝、炎帝、舜帝等。

第二，先圣先贤，如孔子。

第三，具有某种象征意义或对国家、社会有突出贡献的集体或个人，如公祭抗日烈士、公祭抗疫英雄。

第四，为重大民族灾难遇难者和其他逝者，如我国把12月13日确定为南京大屠杀死难者国家公祭日。

2. 公共祭祀的方式

（1）望祭。望祭有遥望和瞻仰两种。遥望指在远离祭祀地的地方朝祭祀地的望祭，一般是祭祀仪式举办场地无法在祭祀对象所在地，或者主祭人无法到达祭祀对象所在场地而举行的祭祀仪式;瞻仰仪式多在仪程中安排,瞻仰祭祀对象的塑像或遗像。

(2)物祭。即祭典上陈列供品,以示怀念的一种祭祀方式。

(3)乐祭。是在祭祀礼仪中,伴之以音乐的一种祭祀方式。乐祭是中国祭祀礼仪自古以来的一大特色,祭祀仪式对音乐的选择,有较高的要求,有些祭祀礼有专门指定的乐章和歌词。

(4)舞祭。即在祭祀仪式中,以舞蹈方式表达祭奠的一种祭祀形式。

(5)文祭。即以恭读祭文的形式进行祭祀,祭文主要是对祭祀对象的追念、颂扬、祈愿以及致祭者的心志表白等。传统的祭告文字通常书写在黄色帛布上,现代的祭文大多写在精美的折页宣纸中,由主祭人在陵前恭读。祭文在诵读后,一般是置于香炉焚化以示与祭祀对象的告慰,或刻于碑石上,供后人传颂。

(6)燎祭。燎祭是焚烧祭品、祭器、祭文,以沟通祭祀对象的一种祭祀形式,是我国传统祭祀中常用的形式。随着文明祭祀的兴起,现代祭祀中的燎祭已经简化,只在祭典仪程上,焚烧祭文和香烛,以示与祭祀对象的沟通和对祭祀对象精神的香火传承。

(7)花篮祭。花篮祭其实是物祭的一种,是现代以对先祖先烈敬献花篮的祭祀方式以示崇敬与怀念。这是一种现代文明、环保的祭祀方式。大型的公祭活动,花篮由统一着装的人员(如军人)抬送,更增添了祭祀的庄严、肃穆与隆重。

(8)网祭。网祭是通过创建网上纪念馆,让参与者通过网络平台开展献花、点蜡烛、发送祭文、供奉祭品等活动形式实现线上祭祀,表达对祭祀对象的缅怀、纪念的祭祀形式。网络祭祀是国家大力提倡的"低碳祭祀"新方式,是文明社会的祭祀新风尚。如2019年国家公祭日由15家网络媒体平台共同推出以"铭记历史 珍爱和平"为主题的大型网络在线公祭活动。

3. 公共祭祀的仪程

公共祭祀一般由公众团体(如国家、地方政府、行业团体、企事业单位等)组成筹备执行委员会开展的祭祀活动。公共祭祀活动由于祭祀对象不一样,各地的礼俗不一样,对公祭活动的仪程也各有所不同。总体来说,公共祭祀的仪程应当遵循以下原则:

(1)尊重历史。现代公共祭祀活动的目的,虽重在引导公众对自然万物、先烈前贤的敬畏之情和感恩之心,也是对中国传统文化合理承继和弘扬的重要载体。中国传统祭祀礼仪有十分严格的规定,陈戍国先生《中国礼制史》有至为繁复的考证与论述,仅就周代祭祀先王的礼仪程序来看,内容也是非等闲人能了解得了的①。对于传统的祭祀仪程,确实存在诸多不可取的繁文缛节以及不合理的封建思想,是我们需要摒除的。但是现在很多地方的祭祀活动,偏离了传统祭祀礼仪的本意,或过分强调经济效益,或过分依靠明星走秀、歌舞表演等吸引公众参与;或攀比来宾身份、举办规格,商业化、娱乐化、走秀化倾向明显,难以让人感受到中国传统文化的浸染和熏陶。慎终追远,齐风正俗,以科学的态度对待我们的传统文化,这是举办现代公共祭祀活动应遵循的基本原则。

(2)顺应变化。尊重历史,不等于重复历史。朱熹说过:"古礼繁缛,后人于礼日益疏略,然居今而欲行古礼,亦恐情文不相称,不若只就今人所行礼中删修,令有节文、制数、等威足矣"。"古礼难行,后世苟有作者,必须酌古今之宜。"②朱熹表达的就是今礼对古礼的承袭与修订。每一个时代都有自己精神文明建设内涵的变化与需求,作为精神文明建设的载体之一,公共祭祀活动的仪程也应该秉持礼乐可变、因时制礼的原则,顺应变化,"繁缛"须减,"不至太简"。如在现代公共祭祀当中,将传统的跪拜礼改为鞠躬礼,献爵改为献花篮等。以科学的方式,强化公共祭祀活动的文化内涵,敦行伦理教化,构建公共秩序,传承精神文明。

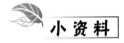

公共祭祀仪式仪程参考

①炎帝陵祭典:以湖南炎陵县炎帝陵祭典为例,仪程包括击鼓开场、敬献供品、乐舞告祭、礼上馨香、敬献花篮、鞠躬礼拜、恭诵祭文、焚化帛书、奏乐礼成等九项。

②祭舜大典:以湖南宁远县祭舜大典为例,祭典仪程共有十五项:典礼开始,奏乐,主祭人登坛就位、主祭盥手,陪祭人登坛就位,鸣炮(21响),击鼓(34通),鸣钟(14响),献酒,主祭人敬酒,向舜帝像行礼,主祭人宣读祭文,焚帛书,献祭舞,献花篮,礼成谒陵。

③祭孔大典:以山东曲阜市祭孔大典为例,祭孔大典主要包括开城、开庙、启户、敬献花篮、乐舞告祭、恭读祭文、行鞠躬礼等仪程。

④烈士公祭:烈士公祭主要包括以下仪程:第一,主持人向烈士纪念碑(塔等)行

---

① 陈戌国.中国礼制史·先秦卷[M].长沙:湖南教育出版社,2002:149.
② 黎靖德.朱子语类卷第八十四[M].北京:中华书局,1986.

鞠躬礼,宣布烈士公祭仪式开始;第二,礼兵就位;第三,奏唱《中华人民共和国国歌》;第四,宣读祭文;第五,少先队员献唱《我们是共产主义接班人》;第六,向烈士敬献花篮或者花圈,奏《献花曲》;第七,整理缎带或者挽联;第八,向烈士行三鞠躬礼;第九,参加烈士公祭仪式人员瞻仰烈士纪念碑(塔等)。

4. 参与公共祭祀的礼仪

(1)着装庄重得体。如果公祭活动有特定着装要求的,按照要求着装。无特殊要求,则应着素色服装,少先队员应佩戴着红领巾;

(2)态度庄严肃穆。不能在祭祀现场嘻嘻哈哈、打打闹闹;禁止喧哗;保持对祭祀对象的尊敬与缅怀。

(3)遵循秩序。严格按照祭祀活动要求,行走要按顺序,动作要按礼规。约束自己和身边的人不要乱跑,不能乱摸乱动祭祀现场的物品如花篮、供品等。

第四,爱护环境。不能在祭祀现场乱吃零食,乱丢垃圾,更不得随地吐痰和大小便;不破坏青草绿地。

(三)公共活动启动仪式

在各种公共活动如文化活动、艺术活动、公益活动、教育活动等开始前,为了表示对活动的重视、强调活动的主旨、增强活动的公众影响力,常常会举行活动启动仪式。各类公共活动启动仪式虽略有不同,但总体上有许多共同之处。整体而言,公共活动启动仪式的组织,应注意以下环节:

1. 制定活动方案,提前告知参与对象

在制定活动方案时,应明确活动的主题、开展的时间地点、活动的主要内容、参加的要求等,并以一定的方式提前告知参与对象。活动要邀请的嘉宾,应提前拟定并预约到位。

2. 做好仪式前的准备

仪式开始前,应根据方案做好相应的准备。尤其是活动现场的布置包括桌椅、音响设备、电源、茶水等,仪式过程中需要用到物品,如剪彩用的红绸、剪刀、白手套、托盘,或者启动仪式用的启动球、启动推杆等,以及现场工作人员的职责安排等均应提前准备到位,设备应反复检测,并做好应急预案。

3. 启动方式的选择

在公共活动启动仪式上,为了突出启动的那一刻,往往会邀请嘉宾通过一些特殊的方式并宣告活动开始。尤其是随着各种科技手段的出现,现代各种活动的启动方式花样繁多、创意百出,活动组织方可以根据需要灵活选择。常见的启动方式有:

第一,剪彩启动。这是最常见的方式。顾名思义,剪彩就是在仪式上剪断彩带。剪彩仪式上的彩带,一般使用红绸。红绸剪断,意喻活动开始。关于剪彩仪式的具体要求,可参考本书第五章中"商务剪彩礼仪"相关内容。

第二,启动球启动。启动球实际是一种图文播放器,球体内可显示文字、LOGO、简单图形、GIF 动画等,主要使用遥控启动。

第三,软件版倒计时启动。设计好启动动作如击鼓等,配合大屏幕的倒计时启动软件,可设计动态头像飞入大屏幕,在 5 秒倒计时后,汇聚成活动的主题口号或 LOGO 等,简单大气,视觉效果好。

第四,摇一摇启动。这是一种现场人员共同参与的活动启动方式。活动现场的所有嘉宾可在主持人或者场上负责人的带领下,通过扫描二维码,利用手机摇一摇的形式让头像飞入大屏幕,填充水晶球或者指定图形,聚满能量后,显示出活动主题文字或 LOGO。这种方式因为现场人员参与度高,能更好地渲染气氛。

第五,雷达启动。这是采用雷达技术与 LED 屏幕结合,通过一键定制启动视频素材,当启动嘉宾上台触摸手掌区域,手掌位反馈出特效,一点带多点,或者一点出发即可启动指定视频,具有强烈的真实参与感,现场效果动感酷炫。在技术上除了支持触摸、体感、雷达外,同时具有高度自定义功能,可自定义素材、背景、视频等。

此外,启动道具还有启动魔方、启动卷轴、启动手印、启动能量汇聚台、钥匙启动、钻石启动、干冰树启动、发光启动台、鎏金沙启动台、沙漏启动、推杆启动等等,活动组织者可以根据自己的需求和预算方案,实现个性化设计。

4. 仪式中的仪程及注意事项

公共活动启动仪式仪程一般包括:

第一,主持人宣布"(主办活动主题)启动仪式"正式开始。主持介绍来宾;

第二,领导或嘉宾致辞;

第三,主持人或主办方负责人向大家介绍活动内容;

第四,主持人请嘉宾举行启动仪式,如剪彩、按下启动球、推动启动推杆等;

第五,根据方案开展的其他事项,如歌舞演出、颁发聘书等;

第六,主持人宣告启动仪式结束。

在公共活动启动仪式中应注意的事项:

第一,注意来宾座次以及启动仪式位置的安排;

第二,注意现场秩序的维护与管理;

第三,参加仪式的人员应遵守现场秩序,保护现场环境和卫生。

四、虚拟公共空间的礼仪

基于互联网高速发展的网络空间,已经成为人们日常生活不可或缺的组成部分。根据中国互联网络信息中心发布第45次《中国互联网络发展状况统计报告》显示,截至2020年3月,我国网民规模为9.04亿,互联网普及率达64.5%。① 虚拟的网络公共空间已经成为各种社会思潮、各种利益诉求的集散地,成为社会舆论的放大器。

当缤纷的"网络世界"扑面而来并迅速改变人们的生活方式、工作方式、社会结构和文化价值观念的时候,随之而引发的虚拟公共空间的行为规范、道德文明等问题也接踵而至。在网络的虚拟环境中,网络行为主体和行业者的行为失范现象日趋严重,对整个网络空间包括对现实社会的文明冲击愈发明显,对网民,特别是青少年学生的负面影响越来越严重。国家为网络空间治理出台了一系列的政策。党的十八大以来,以习近平同志为核心的党中央系统部署和全面推进网络安全和信息化工作。在习近平总书记关于网络强国的重要思想指引下,我国网络空间日渐清朗,网络安全保障体系日益完善,网络安全保障能力不断增强,网络空间命运共同体主张获得国际社会广泛认同。

(一)虚拟公共空间的特点

网络是人们以计算机技术、信息技术和通信技术为基础,以实现便捷通信和资源共享为目的的虚拟世界。② 网络作为一种数字化信息交流系统、计算机技术、网络技术、多媒体技术、传感技术的综合,已经成为人们的学习、生活、交往的虚拟公共空间,具有其独特的特点。

1. 空间的虚拟性

虚拟的网络空间是与真实的物理空间相对而言的,它是伴随着互联网技术的发展和普及过程所形成的全新的人化环境,是现代技术与人的虚拟行为相作用的产物。除了操作的电脑、手机、键盘、鼠标等设备是真实可触摸的之外,虚拟空间的所有情境都是数字化信息交汇在屏幕上的呈现,眼之所见而不可即。

2. 环境的开放性

互联网突破了时间和地域的限制,打破了国家和民族的界限,使世界变成了"地球村"。虚拟公共空间是一个扁平的、平等的多元化和开放性的社会活动空间。一方

---

① 全球经济数据网 http://www.qqjjsj.com/.
② 韦吉峰.对网络思想组织教育界定的立体考察[J].扬州大学学报,2007(7).

面表现为信息获取与输入的开放性。一机开启,一网相通,置身其中的人们可以在全世界范围内获取信息,加载信息、输入信息。互联网快速传输的特性,也使信息收发更加便捷。另一方面表现为交往的开放性。在虚拟的空间里,不再有地域的限制,也避免了面对面的羞怯、尴尬与窘迫,人们可以自由地与来自不同地方、不同身份、不同性格的人交往。

3. 表达的自由性

虚拟公共空间开放的环境,使置身其中的网民在获取信息和表达音讯时具有了更大的自由度。网民可以通过邮件、论坛、聊天软件传递信息、交流思想、发表观点、表达情感、传播知识等,网络俨然成了全球信息集散地,为人们的表达自由提供了无比便捷的平台,人们表达自由的理想得到了最大限度的展示。同时,由于网络表达"人机对话"的特点,避免了"面对面"交流时如手势、体态、面部等非语言线索的识别,导致表达更加放松、更加自由。虚拟公共空间表达的自由性,一定意义上使网络民意更加广泛、更加真实,但同时也减低了表达的责任感和客观性,为网络水军、网络谣言等带来便利。

4. 身份的隐匿性

在网络中,人们的身份不再以性别、相貌、年龄等可直接识别的方式展现,而是由一个个可替换的信息符号所代表。从名字到性别到头像,所有的资料都可以按照"你想要的样子"进行虚构。网络技术使得虚拟公共空间的主体具有隐匿或伪装的作用。

(二)虚拟公共空间的礼仪规范

虚拟公共空间礼仪与现实生活中的公共礼仪一样,是以维护公共秩序、营造风清气正的网络空间为目的的,是参与虚拟公共交往活动时应该遵守的一系列行为准则。不仅彰显了参与虚拟公共空间活动的个体的形象,也体现了个体在相对自由的环境中道德自律的水平。

1. 合理彰显个人形象

个体在虚拟公共空间所展示的形象,是虚拟的形象。这种虚拟形象不一定和现实完全重叠,也不一定完全背离。因为个体虚拟形象的选择,其实都会受个体本人主观因素如兴趣、态度、爱好、情绪、知识经验、审美倾向等的影响。与现实生活中以妆容、服饰、动作等直观呈现个人形象不同,虚拟形象主要以头像、名字、个性签名等来展示,而且在不同的虚拟空间中,个体的头像、名字等信息也是流动的、变化的。虚拟形象是呈现于虚拟空间中代表用户身份的载体,会让别人在第一时间形成对你的初步印象,一定程度上会影响到你与他人的交往,或者他人能否顺利地接纳你。

第一,网名的选择。在虚拟公共空间中,无论是注册论坛、交友聊天还是创建博客,都需要一个互联网账号名称来识别身份,也就是通常所说的网名。网名的构成打破了现实中取名在语音、语法、词汇、语种、语义等方面的各种限制,具有极强的随意性和个性化特点。虽然对网名的选择,具有极大的自由,但仍然有必须遵循的规范。根据中国网信办2015年发布的《互联网用户账号名称管理规定》第九条规定,任何机构或个人注册和使用的互联网用户账号名称,不得有下列情形[①]:

- 违反宪法或法律法规规定的;
- 危害国家安全,泄露国家秘密,颠覆国家政权,破坏国家统一的;
- 损害国家荣誉和利益的,损害公共利益的;
- 煽动民族仇恨、民族歧视,破坏民族团结的;
- 破坏国家宗教政策,宣扬邪教和封建迷信的;
- 散布谣言,扰乱社会秩序,破坏社会稳定的;
- 散布淫秽、色情、赌博、暴力、凶杀、恐怖或者教唆犯罪的;
- 侮辱或者诽谤他人,侵害他人合法权益的;
- 含有法律、行政法规禁止的其他内容的。

值得一提的是,在工作群聊天的时候,建议备注自己的真实姓名,因为真实姓名更可以增加个人的真诚度和可信度。

第二,头像与场景的创建。虚拟公共空间的头像使用起于论坛头像,作用是让用户之间可以快速辨认对方。后来即时通信软件如QQ、微信等也增加了头像、个性签名、场景设置等的功能,让用户在虚拟场景中可以依据自己的喜好来展现自己、吸引特定受众。在进行头像设置和场景创建时,一方面,要尽量展示个人的审美能力和文化水平。人们在创建新事物时,总是以个人经验为基石,并对现实中所见的形象根据个人偏好进行还原或拆解、提炼并重构。所以你的头像的设置、场景的创建,会使人对你的形象形成直观判断。另一方面,要以不妨碍他人为原则。如,不使用他人的照片作为图像,不设置涉嫌散布色情暴力等违法违纪的场景等。

2. 虚拟公共空间的交往礼仪

互联网为人们的表达自由提供了无比便捷的平台。

第一,遵循平等、自律、宽容、分享的基本原则。

[①] 互联网用户账号名称管理规定——中共中央网络安全和信息化委员会办公室 http://www.cac.gov.cn/2015-02/04/c_1114246561.htm.

(1) 平等原则

虚拟公共空间中的参与者没有现实中人的上下级等各种关系,避免现实社会地位与身份的影响,彼此之间是平等的,平等地享受网络资源,平等履行网络义务。因此,平等是在虚拟公共空间交往应遵循的首要原则。

(2) 自律原则

由于网民身份的隐匿性和虚拟性、网络表达的自由行和开放性,使网民在虚拟空间的言行缺乏现实生活中显性的监督,这就要求网民在虚拟空间中有更强的自律性。"记住别人的存在",你在虚拟公共空间的言行决定了他人对你的态度,即使你可以转换身份在另一个空间去重塑你的形象,但在当下的交往空间中,你的不恰当的言行,同样会让你成为不受欢迎的那一个。而且无论你如何变换身份,你在虚拟空间的言行,仍然是可被记录和查询的。因此,严格要求自己,在虚拟公共空间也要像生活中那样约束自己,尊重他人,不要因为在虚拟空间而降低道德标准,应自觉严格遵守网络文明公约。

(3) 宽容原则

虚拟公共空间正由于其社会参与的广泛性和自由性,我们总会遇到各种各样的人,不同学历、不同职业、不同民族甚至不同国籍,和你完全不同的成长背景,和你的三观迥异。因此,在虚拟公共空间,没有绝对的权威,没有完全的正确与错误,讲究求同存异,每个人都可以合理表达自己的观点,恰当地给别人,也给自己划出交流的界限,相对自由,相互宽容。

(4) 分享原则

在虚拟公共空间,最大的优势是可以获取信息。但任何一个网络主体既是网络信息的使用者,也是网络信息的生产者、提供者。在享受虚拟公共空间提供的一切权利信息提供服务的同时,也应当承担信息分享的责任。彼此分享,才是虚拟公共空间用之不尽的资源的源泉。

第二,把握交往的基本礼仪规范。

(1) 选择合适的交流方式

虚拟公共空间的交流方式除了文字以外,通常还有语音和视频。文字交流是最常用的方式,能比较简洁准确地表达信息,刚认识的朋友的交往、工作圈需要保存交流记录等一般使用文字交流。语音交流一般是在比较熟悉的朋友之间使用。一般来说发送语音消息或语音通信前,提前询问对方是否方便接收,在工作环境中尤为注意,如果对方在会议等需要保持安静的环境当中,则无法及时听取语音信息。同时,不要一次发送很多条语音信息,在群组讨论中尽量不要发送语音消息。视频信息的使用是非常亲密的好友之间常用的交流方式,因为双方不仅可以接收对方的语音,也可以看到对方的即时聊天场景及状态。与不太熟悉的朋友使用视频信息,一定要事先征得对方的同意,否则会被认为是很冒失的、不礼貌的行为。语音通信与视频通讯和电话通讯一样,须遵守电话通讯相同的礼仪规范。比如,在对方没有及时接听的情况下,不要反复发送,而应改为文字留言,表达交流的意向与目的,希望对方方便时回复。

(2)选择恰当的交流时间

虚拟空间的交流,虽然较少受到时空的限制,但交往的双方仍然是现实生活中的人,因此必须遵循和现实生活一样的时间要求。如在工作时间,最好不要聊与工作无关的私人话题;在早上8点前或晚上9点后尽量不要给别人发送工作信息,除非是迫不得已或对方明确表明需要特殊时段发送。尤其在发送语音和视频要求时,一定要事先征得对方的同意。

(3)礼貌的问候与耐心地回复

与现实生活中一样,在虚拟公共空间与人交往开始时,应该礼貌的问候,这既是对人的尊重,也是自己良好素养的体现。收到他人需要你回复的信息,尽可能即时回复。如果延时回复,在回复前附上必要的致歉语。在回复对方时尽量少用单个的"嗯""呵呵"等语义不太明晰的词汇,尽量清晰地表达自己的意思,避免引起不必要的误解,或者让对方感觉你态度敷衍、不尊重人。另外,如果发出的信息暂时没有得到对方的回复,不要反复发送,而应该耐心等待对方的回复,因为对方有可能当时不方便收看信息,或者暂时不方便回复你的问题。一般回复消息限定在24小时内,也给对方一天的时间回复你的消息。

(4)理性地表达观点

网络给了更多人自由表达的权利,但我们在拥有自由的同时,应该保持自己应有的理性。面对网络上出现的问题时,应当注意做到言行有据,不可人云亦云,盲目跟风。要增强自己对网络言论的识辨能力,对难辨真伪的实事和观点,不随意发表言论,不信谣,不传谣;对有争议的问题,发表观点要以理服人,不歪曲事实,不诋毁他人,要以包容的态度对待他人的错误,不要故意挑衅、使用脏话和人身攻击。

(5)使用规范的网络语言

网络语言是从网络中产生并应用于网络交流的一种语言,除了常用的汉语言文字外,也衍生了包括汉语拼音、英文字母、标点、符号、图标(图片)和文字等多种组合。

由于网络表达的自由,导致网络语言常常脱离传统汉语表达的规范,呈现出随意性、生动性,甚至有时为了博人眼球,故意标新立异,追求陌生化,造成网络语言的混乱与晦涩。但语言的本质是交流思想、沟通情感、传递信息,在虚拟公共空间中,别人无法从你的外观以及其他非语言信息如表情、手势、体态等来判断你要表达的信息,你的一言一语都成为别人对你印象的唯一判断。同时,语言也是传承一个民族历史与文明的载体。文明而规范的表达,有助于你塑造良好的网络形象,彰显中国公民的网络素养。

(6)使用规范的语言文字

网络造词屡见不鲜,甚至每年都会出现网络热词。但网络用语应该遵循基本的规律。要遵循汉语言文字在形、音、义以及语法、修辞、逻辑上的基本规范。国家新闻出版署发布《关于广播电视节目和广告中规范使用国家通用语言文字的通知》中列举的如"晋善晋美""十动然拒""人艰不拆""累觉不爱"等,随意篡改、乱用成语,是仿照成语而生造词语。这类网络语词,不但毫无语言文化的延续性可言,而且表意含混,无一不是硬性缩略、强行拼装的结果。成语是汉语的一大特色,显示了汉语的文化传统和历史渊源,肢解、篡改成语是对汉语的严重破坏。当然,社会在发展,时代在进步,语言文字也会与时俱进、创新发展。那些反映互联网时代的社会文化生活现实,形象生动、精准传神的网络词语,随着时间的沉淀会成为语言文字发展的产物。

(7)正确地选择表意符号

在网络交流中,由于对话双方捕捉不到对方的肢体语言、细微的表情变化等,使得衍生的表意符号非常丰富,尤其是各种符号和表情包。在使用表意符号时,首先要明了表意符号的内涵,如Emoji的官方定义和实际使用含义常常会有些出入,而且在不同语境下表意符号的使用,也有可能让对方有不一样的解读。其次,恰当地使用表意符号作为交流的补充。中文的表达在不同语境中是会有多重解读的,在口语表达中,由于有轻重音、语气语态等辅助,能使对方较准确地明白你表达的语义。在网络对话中,表意符号能对文字表达起到很好的补充。但表意符号只是文字表达的一种辅助或者简单对话的替代,当表达的意思比较复杂的时候,应该使用文字表述清晰。

3. 虚拟公共空间的行为礼仪

(1)爱护公共网络资源

虚拟公共空间的资源包括硬件、软件资源和信息资源,是属于广大网民共享的,任何人不得挤占、破坏公共资源。尤其在网络公共服务平台,应该遵守平台的使用规则。

（2）使用正版软件

这是对他人知识产权的尊重和保护。对免费提供的具有版权的软件,不得更改该软件的程序代码转为商用。不购买、不下载、不传播盗版软件。

（3）尊重他人

尤其是在网络社交平台,尊重他人才能赢得他人的尊重。比如,未经允许,不得把朋友的社交账号给陌生人;在你发布你和别人对话的截图或者合影、视频等之前,最好先征求对方的意见;主动添加别人时,请在好友验证里面说明添加目的,对方接受好友请求后,主动介绍自己;不得在未经许可的情况下,泄露别人的隐私,包括真实姓名、身份、联系方式等。

（4）遵守公共规范

中国互联网协会2006年4月19日发布《文明上网自律公约》,号召互联网从业者和广大网民从自身做起,在以积极态度促进互联网健康发展的同时,承担起应负的社会责任,始终把国家和公众利益放在首位,坚持文明办网,文明上网。

《文明上网自律公约》[①]

自觉遵纪守法,倡导社会公德,促进绿色网络建设;

提倡先进文化,摒弃消极颓废,促进网络文明健康;

提倡自主创新,摒弃盗版剽窃,促进网络应用繁荣;

提倡互相尊重,摒弃造谣诽谤,促进网络和谐共处;

提倡诚实守信,摒弃弄虚作假,促进网络安全可信;

提倡社会关爱,摒弃低俗沉迷,促进少年健康成长;

提倡公平竞争,摒弃尔虞我诈,促进网络百花齐放;

提倡人人受益,消除数字鸿沟,促进信息资源共享。

"网络空间是亿万民众共同的精神家园,网络空间天朗气清、生态良好,符合人民利益。"习近平总书记强调,我们要本着对社会负责、对人民负责的态度,依法加强网络空间治理,加强网络内容建设,做强网上正面宣传,培育积极健康、向上向善的网络文化,用社会主义核心价值观和人类优秀文明成果滋养人心、滋养社会,做到正能量充沛、主旋律高昂,为广大网民特别是青少年营造一个风清气正的网络空间。

---

① 中国互联网协会《文明上网自律公约》 https://www.isc.org.cn/hyzl/hyzl/listinfo-15607.html.

第三节　以得体的方式彰显公民形象

公民,是指具有一个国家的国籍,根据该国的法律规定享有权利和承担义务的自然人。公民的权利和义务是相辅相成的,它构成一个社会公民所应担负的社会性角色。公民形象是公民品德、操守的外在反映,是公民全部言行构成的公众评价,是一个国家软实力的重要组成部分,是彰显综合国力的重要窗口。

一、公共精神是公民形象的合礼内涵

公民的第一要义就在于公民是宪法确认的公民权主体,其本质是享有公民权的法律资格。这种公民权利中首要的就是民主权利。19世纪政治思想大师约翰·密尔指出:"一个绝对不能参与政治事务的人,不能称为公民。"[1]有学者把公民的这种"关注公共事务为内容的参与意识"上升为是否真正具有公民资格的标准,指出:"参与意识是否浓厚及其表达程度的高低具有更深层的意义,即直接表示了个人在这个社会中是否具有了作为人的尊严,独立人格是否得到了承认,这实际上意味着这个社会的人们是否真正具有公民资格和精神。"[2]公民的参与意识,正是公民作为公共主体意识的表现。如哈贝马斯所说,公民是"以宪法为象征的政治共同体内的成员",他"对国家的忠诚和热爱应当是一种政治性的归属感"。因而,爱国心和公共精神乃是现代国家所诉求的根本伦理和社会规范资源。[3] 这也是公民所应承担的义务的基本范畴。爱国心自不必说,公共精神可以理解为"社会成员在公共生活中对人们共同生活及其行为的准则、规范的主观认可并体现于客观行动上的遵守、执行"。[4] 社会公德意识、自制自律的行为规范是公共精神的重要内容,也是构建公共秩序的必要前提。公共秩序是人们的公共生活呈现出来的有序的状态,是以维护公共事业、集体利益和正常的社会公共生活为目的的。当代公共生活日趋丰富,也呈现诸多特点,如活动范围广泛、活动内容公开、交往对象复杂以及活动方式多样等等。有序的公共生活是构建和谐社会的必要条件,是经济社会健康发展的必要前提,是提高社会成员生活质量的基本保障,是国家现代化和文明程度的重要标志。

---

[1] 郁建兴.着力培育公民精神[N].南方日报,2005-12-22.
[2] 黎玉琴.论当代中国社会中的公民精神[N].当代世界与社会主义,2006(5):79.
[3] 郁建兴.着力培育公民精神[N].南方日报,2005-12-22.
[4] 潘强恩.论公共精神[M].光明日报,2003-11-05.

基于对"公共精神"的遵守,在社会生活中,尤其是在各种公共场所的活动中,公民就会自觉践行公共行为规范,尊重人、理解人、关心人、帮助人,形成文明健康生活方式,养成良好的行为习惯,构建平等友爱的人际关系。因此,公共精神作为公民对公众生活应当遵循的共同生活准则的认可与遵守,集中体现了公民作为公共主体的自觉意识与责任感,是形成良好公民形象的温床。

二、文明礼貌是公民形象的直接表现

礼貌是指人们在相互交往过程中所表现出来的谦虚恭谨的言语动作和友好得体的气度、风范,它体现着个体的精神风貌和道德品质,其核心是互相尊重,互相谦让。孟德斯鸠曾经说过:"礼貌使有礼貌的人喜悦,也使那些受人以礼貌相待的人们喜悦。"(《论法的精神》)礼貌反映个体素质,展示个体风采,在彰显良好公民形象,调和个体人际关系,促进社会和谐发展中起了重要的作用。

教养是指人在文化、品德方面的修养,是表现在行为方式中的道德修养状况。教养反映的是人本质上的品质与道德水平,反映一种积极的对己对人的态度和行为,教养是发自内心的,是由环境、教育、经历等结合成的内在素质,是一种内在道德品质的美好与完善。

礼貌本身是一种既蕴含道德要求,又具有外在表现形式的行为规范。既需要内在道德品质的美好与完善,也需要外在行为的规范与得体。外在行为与内在品格的相互转化,有助于公民的知礼、明礼,进而懂礼、守礼,从而塑造出内外兼美的有教养的公民形象。因此,讲文明、有礼貌是有教养的直接表现,也是做人最基本的要求。古语说:"诚于中而形于外。"文明礼貌是一个人美好心灵的自然流露。因为懂礼貌,才会注意把握交往尺度,给别人留下了必要的私人空间;才会克服种种不便,使自己的行为符合社会公德的要求;才能处处使用礼貌用语,努力营造文雅平和的氛围。

中国素称"礼仪之邦",中国传承数千年的文化,也以"礼"为核心。当前,在以习近平同志为核心的党中央的领导下,中国正在全世界范围内树立起了崭新的大国形象,中国文化、中国精神、中国责任、中国担当受到越来越多的认同与赞扬。但是近年来,诸如抢夺公交车方向盘、高铁霸座、公共场合不排队、乱扔垃圾等不文明事件时有发生,甚至国外不少景点都用中文提示标注,提示国人遵守公共场所纪律及文明,这虽然是对国人形象的以偏概全,但不可否认,因为少数人的公共礼仪的缺失,导致了我们国民形象的受损。公共场所的文明代表着一个民族的精神成熟。现代社会,每个人都是文明的因子。文明不仅仅体现在精神层面,更体现在公共生活中的举手投足。在互联网迅速发展的今天,国人在公共场所的一言一行都备受关注并快速传播,这就更需要我们以高度的自觉与自律,以合"礼"的言行,彰显和大国身份相适应的文明教养,与"礼仪之邦"相匹配的中华风范。

古代学者颜元说:"国尚礼则国昌,家尚礼则家大,身有礼则身修,心有礼则心泰。"[1]可以说,只有人人都有礼貌,做到真正的品德高尚,心灵美好,我们的国家才能昌盛,民族才有尊严,人民才能安定团结。

三、得体地取悦他人是一门艺术

人际关系是"人类生存与发展的首要条件,是社会文明程度的标志之一,也是人类在共同的生活中,彼此为寻求满足各种需要而建立起来的相互间的心理关系"[2]。在现代社会,随着公共生活领域不断扩大,人们相互交往日益频繁,人与人之间的关系也越来越复杂、多样,其重要性也日益凸显。人际关系学说创始人、著名行为科学家、霍桑实验主持人乔治·埃尔顿·梅奥曾经提出"社交人"的假设,认为人们从事工作的主要目的不仅是为了经济利益,还要追求人与人之间的友谊,重视在工作中与周围人的和睦相处,获得安全感、归属感等方面的满足。建立良好的人际关系,不仅是公民在社会环境中的安全感、归属感、满足感的心理需要,也是公民作为社会群体一员自觉遵守和维护公共秩序、形成良好的和谐的社会环境的需要。

良好的人际关系的形成,必须通过合作、互动、相容的方式来完成。得体地取悦他人是形成良好的人际关系的一种最佳方式。一个人能够以得体的行为带给他人快乐并彼此取悦,是一种美德,也是一门艺术。得体地取悦他人更多的体现为对他人的一种尊重与宽容。尊重是一种修养,一种品格,一种对人不卑不亢、不俯不仰的平等相待,是对他人人格与价值的充分肯定。一个真心懂得尊重别人的人,一定能赢得别人的尊重。在现代国际礼仪中,"尊重"是礼仪的核心辞令。那些"信守时约、入乡随俗、求同存异、女士优先、尊重隐私"等国际礼仪通则,无不体现着"尊重"的内涵。宽容是一种对于"不守成规"的观念和行为的容忍精神,能够给有别于自己的人以自由存在和发展的空间,并能够给以正面的评价,也包括能容忍别人直接反对自己的信念和原则,因为每个人在理性上都是有限的,人们的认识不可能不具有相对性,没有人

---

[1] 颜元.颜元集[M].北京:中华书局,1987:410.
[2] 赵琛.做好人际关系应该研究的几个问题[J].中华儿女(海外版),2006(1):75.

能够保证自己所代表的是绝对真理。① 只有当人与人之间、人与社会之间真正具备了宽容精神,我们生活于其中的社会所实现的和谐才是多元的和谐,而不是一元的和谐。宽容体现的是对人作为人的基本尊重,是人与人之间得以进行平等合作的基本品质。

尊重与宽容是得体地取悦他人的核心与基本准则,它常常表现在具体的行为礼节上,有着详细的、丰富的内容与技巧,有待每一个人去理解、去把握。

四、在公共活动中习得优雅言行

公共活动就是许多人的集体活动,如欢迎、欢送、祝贺、集会、舞会、参观、旅游、各种庆典等均属公共活动。如果说个人修为是礼仪对人的内在道德要求的话,那么在公共活动中的言行则是礼仪的外在表现形式,它集中体现了一个人对礼仪规范的熟知程度、自觉程度和得体程度。

任何道德,只有在实践中得以贯彻,才能发挥规范人的行为,调节人际关系,完善人的本质的作用。礼仪本身所具有的实践性特点,决定了礼仪的学习与掌握必须强调实践性,必须注重使自己扎实地践行礼仪规范,而不是停留在主观的范围。在公共活动中习礼、行礼,要求个体必须适应公共活动客观状况和客观要求,在承认人与人之间平等协作关系的基础上,实现人与人之间的相互尊重、关怀与宽容。同时,每个人的礼仪水平都是通过不断的努力,才会逐渐提高。在公共活动中,从点滴做起,寓礼仪于细微之中,然后逐步扩展,才能渐渐养成良好的礼仪习惯,礼才会逐渐内化为人的道德素质,并逐渐内化为人的道德习惯。

公共活动集中体现了当前社会活动中人们的礼仪需求和礼仪现状。个体可以在公共活动中充分展示自我、检阅自我进而提高自我。一方面,个体可以将自己所习的礼仪规范践行于公共活动之中,展示自我良好的礼仪形象,并检阅自我言行的合礼性,在对客观对象的感受中实现自己的价值判断;另一方面,通过对自我言行的践行与判断,通过对公共活动中他人言行的感受、评价与借鉴,进一步提高自我修为。

当一个人在公共活动中的形容、言谈、举止能够自如地体现礼的精神时,礼仪就绝不仅仅是一种表面形式,它实际上反映着每个公民的道德修养程度乃至整个社会公民形象水平的高低。

---

① 贺来.宽容意识[M].长春:吉林教育出版社,2001:1-7.

思考题：

1. 公共礼仪应遵循的基本原则是什么？
2. 称呼礼仪应遵循哪些礼规？
3. 在乘车与旅游过程中，你看到过哪些合礼和不合礼的行为？请与大家交流，并讨论应该如何有效提高乘客和游客的文明素养？

场景训练：

1. 三人一组，完成称呼礼节、致意礼节、介绍礼节的训练。
2. 假如你是宏达公司的办公室主任，陪同宏达公司黄总经理（男）、刘副总经理（女）、销售部李部长（男）、人力资源部赵副部长（女）去湖南考察投资。在当地政府举办欢迎酒会上，你将如何把这些人员介绍给对方？乘坐轿车时该如何安排座位？

第五章 职业礼仪

第一节 职业礼仪概述

职业是参与社会分工,利用专门的知识和技能,为社会创造物质财富和精神财富,获取合理报酬,作为物质生活来源,并满足精神需求的工作。现代社会的职业分类愈加精细,对于职业规范和职业礼仪的要求也越来越高。

一、职业礼仪的内涵

职业礼仪,从广义的角度指的是从事一定职业的人们在职业生活中所应遵从的礼仪规范以及与之相适应的礼仪意识。由于职业分工不同,具体到各个行业,又有不同的职业礼仪规范与要求。在本章中,重点介绍的是职业中较有代表性的商务礼仪与公务礼仪。职业礼仪不仅仅体现在个人的仪表仪态,更体现在企事业单位的企业文化与企业形象中。随着社会不断发展进步,职业礼仪也在不断发展完善。

二、职业礼仪的原则

职业礼仪贯穿于人们的职业生活中,它应遵守以下原则:第一,真诚尊重的原则。真诚尊重是职业礼仪的首要原则。真诚和尊重是相辅相成的。真诚是对人对事的一种实事求是的态度,是待人真心实意的友善表现。只有真诚尊重,方能创造和谐愉快的人际关系。第二,平等适度的原则。在职场社交上,礼仪行为总是表现为双方的,你给对方施礼,自然对方也会相应的还礼于你,这种礼仪施行必须讲究平等的原则,平等是人与人交往时建立情感的基础,是保持良好的同事关系的诀窍。第三,自信自律原则。自信的原则是职业场合中一个心理健康的原则,唯有对自己充满信心,才能在工作中如鱼得水,得心应手。自信也是社交场合中一份可贵的心理素质。一个有充分自信的人,才能在交往中不卑不亢、落落大方,遇到强者不自惭,遇到艰难不气馁,遇到侮辱敢于挺身反击,遇到弱者会伸出援助之手。第四,守时守信的原则。守信是我们中华民族的美德。在职场中,尤其讲究守时和守约。在社交场合,如没有十分的把握就不要轻易许诺他人,许诺做不到,反落了个不守信的恶名,从此会永远失信于人。

三、职业礼仪的特点

职业礼仪是企业形象、文化、员工修养素质的综合体现,其主要有以下特点。

(一)规范性

职业礼仪的规范性是一种普遍认同的要求,并非法律约束。在职场中,人们相互影响、相互合作,如果不遵循一定的礼仪规范,双方就缺乏协作的基础。在众多职业规范中,礼仪规范可以使人明白应该怎样做,不应该怎样做,哪些可以做,哪些不可以做,有利于确定自我形象,尊重他人,赢得友谊。

(二)差异性

职业礼仪的差异性首先体现在职业分工上的区别。如商务礼仪、公务礼仪、服务礼仪等具体都有差异。其次体现在职场等级上的区别。如职场接待,在面对不同地位的对象时,礼数会有所区别。

(三)多样性

职业礼仪的多样性是由职业本身的多样性带来的。它涉及职场生活的各个方面,不管在内容上还是形式上,都是丰富多样的。

第二节　商务礼仪

一、商务容装礼仪

商务场合的容装礼仪,指的是商务场合的仪容和着装。它们不仅反映了个人的精神面貌和内在气质,还代表了企业的形象。商务场合容装礼仪的基本要求是干净整洁,大方得体。

(一)商务仪容礼仪

1. 男士仪容

(1)发型。男士的发型要干净整洁,注意经常修饰、修理。头发不应该过长,前部的头发不要遮住眉毛,侧部的头发不要盖住耳朵,后部的头发不要长过西装衬衫领子的上部,头发不要过厚,鬓角不要过长。

(2)面部修饰。男士在进行商务活动的时候,每天要进行剃须修面以保持面部清洁;男士在商务活动当中经常会接触到香烟、酒等有刺激性气味的物品,要随时保持口气的清新。

2. 女士仪容

(1)发型美观、大方,女士在商务场合应当避免佩戴与职业形象不符且过于夸张艳丽的头饰。在选择发卡、发带的时候,式样应该庄重大方。

(2)面部修饰应端庄得体,女士在职场化妆以淡妆为主,不应该浓妆艳抹,也不应素面朝天。

(二)商务服饰礼仪

1. 男士服饰

(1)衬衣的选择。商务场合,男士的衬衣是必备服装,挑选一件合适得体的衬衣,通常从以下几个角度来考虑。

第一,按领型挑选。不同的衬衫领型,会在视觉上带来不同的效果,领尖长度是最基本的判断标准。短领型的衬衫,比较适合年轻人,年纪较大的男士如果穿起来会显得不够成熟庄重,上身有减龄效果。长领型的衬衣领尖比较长,给人一种复古般的视觉感。这种领型的衬衣适合搭配打小结的领带,也比较适合方形脸的男士驾驭,可以更好地修饰脸型。如果是圆脸的男士也可以尝试看看,穿上之后可以把脸型拉长,显得更加成熟一些。标准领衬衣属于很常见的款式。可以随意的立起和翻下,参加商务活动的时候穿搭更适合,而且它更加稳重成熟。这种领型的服饰很适合上班人士穿搭,喜欢穿西装的男士,搭配这种领型的衬衣较为耐看。而且标准领型的衬衣不挑脸型,又不受年龄的影响。

第二,按颜色挑选。衬衫颜色是凸显穿着差异的地方,不同气质和性格,会选择不同的颜色来衬托,对于男士形成自己的风格很重要。白色衬衣属于基本款式,时尚经典,它的优势在于可塑性强,不论是单穿还是搭配其他单品,都能够给人一种清新的视觉冲击感,并且彰显出独有的气息。它给人的感觉也不会那么正式端庄,日常也可以随意穿搭。需要经常与客户洽谈的人士,很适合搭配白色衬衣,可以表现出男人的稳重感之外,又比较有亲和力,更容易与人建立起良好的信任感。黑色衬衣虽然颜色较为沉闷,但它是百搭的颜色,很适合经常出席商务场合的男士选用,搭配西装帅气又抢眼。黑色衬衫的优势在于上身比例可以达到更好的修饰,凸显出精气神。灰色衬衣凸显出简洁的韵味感,比较适合走文艺路线的男士穿搭,充满雅致的韵味,产生一种更温和的近亲感。灰色也象征着沉稳大气,不仅能够表现出个性感,也给人一种大方得体的安全感。蓝色衬衣干练的韵味更强一些,可以打造出更有说服力的商务男士风格,外观上显得年轻阳光。尤其是秋冬季节很适合穿蓝色衬衣,可以在视觉上起到增温的作用。蓝色衬衣很适合上班族驾驭,百搭又时髦。

第三,按材质挑选。纯棉材质的衬衣的优势在于,亲肤性很强,穿在身上更舒服,尤其是夏季,男士们容易出汗,而它的面料更加轻盈透气,质地十分柔软吸汗。不过纯棉材质的衬衣清洗的时候要更注意,它很容易出现染色等问题。亚麻材质的衬衫具有天然的透气效果,穿上之后也很清爽。它比较适合文艺风格的人士驾驭,能够散发出文雅的气息。不论是日常穿搭还是上班,都可以展现出个人魅力感。不过它的缺点是容易变形,而且价格也更贵一些。适合经济比较宽裕的男士选用。羊毛材质的衬衫属于比较高端的服饰,不仅具有很好的保暖性,而且视觉立体效果更好。秋冬季节很适合挑选羊毛衬衣穿搭,手感非常柔软舒适。不过在洗涤的时候,这种材质的服饰容易缩水,需要挑选大一点的。

(2)商务场合西装的搭配。在当代,西服可以说是最受商界男士青睐的一种服饰。从造型风格上分,可分为美式西服、欧式西服、英式西服和日式西服;从用途上分,可分为工作用的西服、礼服用的西服和休闲用的西服;从款式上分,可分为单排扣西服和双排扣西服。下面我们着重介绍一下商务场合的西服着装规范。

第一,西服与纽扣。西服的上装有单排扣与双排扣之分。双排扣的上装穿着时,一般应将纽扣全部扣上。单排扣的上装分为一粒扣西服、两粒扣西服和三粒扣西服。穿着时,一粒扣西服扣上即可;两粒扣西服只可扣上面一粒;三粒扣西服则应扣中间一粒。应注意的是,当穿着西服者坐下时,则应把西服上装的扣子都解开。

第二,西服与衬衫。商务场合用来配西服的衬衫应尽量选择单一的颜色。衬衫袖应长出西服袖口约1~2cm,衬衫领亦应高出西服领沿1cm左右。这样既美观又可以保护西服的袖口和领口。所以,衬衫一定要勤洗勤换。衬衫的下摆必须扎进裤腰内。系领带时,衬衫上的所有纽扣都必须扣好。

第三,西服与领带。领带是西服的灵魂,是整套西服的点睛之笔。首先,在领带的选择上,商务场合应选择颜色单一的或图案比较规整的领带,如斜条纹图案、细方格图案等。其次,系好后的领带标准长度应以领带大箭头的下端正好抵达皮带扣上沿线为宜。最后,使用领带夹应注意:①领带夹是用来固定领带的工具,一般只用于工作场合。②领带夹一般夹在衬衫的第四、第五个纽扣之间,同时把领带和衬衫的前襟夹住。其原则是扣上西服不可露出领带夹。③如果穿的是带西服背心的三件套西服,则可以不使用领带夹。

第四,西服与口袋。一套西服的口袋可谓之多,但无论哪种西服,其口袋的使用原则都是尽量不放或少放东西。西装上衣外侧下方的口袋只作装饰之用,外侧左胸部的口袋只可放折叠好的装饰手帕。票夹、名片夹等必备物件可放在内侧左右胸袋里,但原则是不改变、不影响西服的外形平挺。西裤的左右插袋除插手保暖外亦不可放任何物品。西裤的两个后兜可放折叠好的实用性手帕。

第五,西服与鞋袜。俗话说:"脚下没鞋穷半截。"因男士在商务场合的西装颜色一般较暗,所以按照"西装革履"的要求,配上一双鞋面清洁光亮的黑色系带牛皮鞋是最合适的了。袜子的选择主要是颜色的选择,一般应选择比西装颜色略深一点的纯棉毛制品,最忌讳的就是深色西装配上一双白色袜子。其次应注意袜脖子应有足够的长度,即使是坐下叠腿时,也不可出现袜口与裤口之间露出小腿的现象。

第六,西服与鞋子、腰带、公文包的配色,要注意"三一定律"。

2. 女士服饰

(1)西装套裙。西装套裙,简称套裙,是女士在正式场合的常备装之一。它把西装的刚与裙装的柔有机地结合在一起,备受商务场合的女性青睐。

穿着套裙的礼规:

第一,注意选择合适的长短大小。上衣最短以腰为底线,裙子最短在膝以上10cm处,最长亦只能到达小腿中部。无论是上衣还是裙子,都不可以过于肥大或紧身,以裁剪合体为宜。

第二,应注意胸衣、内裤、吊袜带、衬裙等内衣既不可外露也不可外透。

第三,应注意搭配上与套裙合适的鞋袜。商务场合的套裙一般不要配靴子,而是配颜色与套装协调的浅口船形鞋。丝袜宜选肉色的连裤袜。为了避免不小心丝袜走纱,女士们最好随时在自己的拎包中带一双备用袜,以备不时之需。

第四,由于套裙的裙摆有限,所以穿着者在行走时,步距应小一点(步距是指每跨出一步,前脚跟与后脚尖之间的距离)。女士穿套裙时,步距应小于1.5个脚长。步速则可稍快一点,给人以轻快、干练的职业女性印象。

(2)其他裙装。在商务场合,女士们除了选择套裙外,还可以选择其他款式的连衣裙或半身裙。连衣裙如直身裙、旗袍式连衣裙,半身裙如百褶裙、"A"字裙、一步裙、直筒裙等。不管是哪种裙装,作为商务场合的着装,在色彩与图案上都必须以素雅为主,不可用过分夸张与艳丽的色彩,应遵循"三色原则"。其余穿着规范与上面所讲套裙穿着的要求一致。

(3)饰品。首饰是服装的画龙点睛之笔,用来点缀着装之用。所以宜少不宜多,点到为止最好。

第一,商务场合不是一个突出性别魅力的场合,所以过分表现女性特征的首饰不能戴,如夸张的耳环、手镯、脚镯等。

第二,因为首饰是点缀之物,所以不能戴得过分密集,要遵守"三件原则",不然就叫累赘,而不是点缀了。

第三,佩戴首饰要符合地方文化习俗。在商务活动的发生地,特别要注意一些饰品佩戴的禁忌。

3. 商务场合的着装禁忌

不管是男士还是女士,首先应掌握的是着装的基本禁忌,以免在运用中出错,贻笑大方。商务场合着装的基本禁忌有:

(1)着装忌讳过分鲜艳。这条原则是针对服装颜色的选择上不可过多,过于随意。要遵守服装用色的"三色原则"。

(2)着装忌讳过分杂乱。这条是针对服装的搭配而言的。着装在面料和款式上要搭配协调。例如厚重的毛呢面料的上衣就不适合配薄软的真丝裙装;穿西服就不能配旅游鞋等。着装与穿着者所在的场合不协调也被认为是着装杂乱。例如女性穿着吊带裙而不配外套到商务场合,就是着装杂乱。

(3)着装忌讳过分暴露。商务场合是一个庄重严肃的场合,着装应该典雅大方。通常认为有以下几处是绝对不可以露的。

- 不可露胸。这是指上衣的衣领不可太低,最低不能超过锁骨沿线。
- 不可露肩。这是指商务场合不可将无袖衫、抹胸等直接当外衣穿。
- 不可露背。这是针对衣领的后沿线的要求,最低不能低于肩。
- 不可露腰。这点要求上装和下装在腰部必须重叠,商务场合不可穿露脐装、低腰裤等。
- 不可露脚趾。
- 不可露脚跟。这两点是针对鞋装而言,即使在夏季,商务场合也必须穿前后不露的皮鞋,而不能穿透气性凉鞋。

(4)着装忌讳过分透明。商务场合着装有句俗语:"宁可露,不可透。"正式场合着装的"透"比"露"更让人难以接受。尤其是外国人,在他们看来,商务场合的"透视装"不仅有碍观瞻,而且穿着者还有不自重、不自爱之嫌。

(5)着装忌讳过分短小。这里的短小是针对商务场合而言的。例如,短袖衫、休闲短裤装等,在休闲场合可以穿,但在商务场合就是不合时宜的短小了。裙装的长短要求在前面已讲过,这里不再赘述。

（6）着装忌讳过分紧身。紧身装主要表现人体的体形特点，是女性的常规装。但这种服饰过分彰显女性的性别魅力，缺乏正式场合所需要的庄重之感，所以，通常只用于社交场合和休闲场合，而不用于商务场合。

从更高的标准来说，要想在商务场合给人留下全面良好的印象，不仅要遵守该场合着装的基本要求，而且还应把服装与自身的个性、气质结合起来，才能真正塑造出既端庄文雅，又令人耳目一新的成功形象。

服装的"三色原则""三一定律"和"三件原则"

"三色原则"，是指全身上下的衣着，应当保持在三种色彩之内，即全身的服装用色不可以超过三种颜色，如果用到三种颜色，其中必须有一种是中间色（最好是黑色、白色或者灰色）用来调和全身色调。

"三一定律"是指穿西服套装时，鞋子、腰带、公文包应为同一颜色。

"三件原则"是指女士配饰应同质同色，戒指、耳环、项链的佩戴，不多于三件。

这三个原则是在国内外商务服饰规范中被反复强调的经典着装原则。在商务活动中，如果不注意这三个着装原则的掌握，会被视为不伦不类，失于庄重。

二、商务交际礼仪

商务活动中，遵循常用的交际礼仪，有助于加强人们之间互相尊重，建立友好合作的关系，缓和及避免不必要的矛盾和冲突。

（一）介绍礼节

在商务交往中，相互介绍和为他人介绍是最常见，也是最重要的礼节之一，是人们从陌生走向熟识的第一步。

1. 自我介绍

自我介绍是最重要的一种介绍方式，把自己介绍给其他人，以使对方认识自己。自我介绍的基本程序是：先向对方点头致意，得到回应后再向对方介绍自己的姓名、身份和单位，同时递上事先准备好的名片。自我介绍总的原则是简明扼要，一般以半分钟为宜，情况特殊也不宜超过3分钟。

通常需要做自我介绍的情况有以下几种：第一，社交场合中遇到你希望结识的人，又找不到适当的人介绍。这时自我介绍应谦逊、简明，把对对方的敬慕之情真诚地表达出来。第二,电话约某人,而又从未与这个人见过面。这时要向对方介绍自己的基本情况,还要简略谈一下要约见对方的事由。第三,演讲、发言前。这时面对听众做自我介绍,最好既简明扼要,又要有特色,利用"首因效应",给听众一个良好的第一印象。第四,求职应聘或参加竞选。这时更需要自我介绍,而且自我介绍的形式可能不止一种。既要有书面介绍材料(个人简历),还要有口头的,或详或简,或严肃庄重,或风趣幽默诙谐等。这会直接影响求职或竞选者能否成功。

掌握自我介绍的语言艺术,应注意以下几方面的问题:第一,镇定而充满自信、清晰地报出自己的姓名(这是必须的),并善于使用体态语言,表达自己的友善、关怀、诚意和愿望,这是体现自信的表示。如果自我介绍模糊不清,含糊其词,流露出羞怯自卑的心理,会使人感到你不能把握自己,因而也会影响彼此间的进一步沟通。第二,根据不同交往的目的,注意介绍的繁简。自我介绍一般包括姓名、籍贯、职业、职务、工作单位或住址、毕业学校、经历、特长或兴趣等。自我介绍时应根据实际需要来决定介绍的繁简,不一定把上述内容逐一说出。在长者或尊者面前,语气应谦恭;在平辈和同事面前,语气应明快,直截了当。第三,自我评价要掌握分寸。自我评价一般不宜用"很""第一"等表示极端赞颂的词,也不必有意贬低,关键在于掌握分寸。自我介绍时,表情要自然、亲切,注视对方,举止庄重、大方,态度镇定而充满信心,表现出渴望认识对方的热情。

2. 他人介绍

他人介绍,即第三者介绍,是经第三者为彼此不相识的双方引见介绍的一种介绍方式。在一般情况下,为他人介绍都是双向的,即第三者对被介绍的双方都作一番介绍。有些情况下,也可只将被介绍者中的一方向另一方介绍。但前提是前者已知道、了解后者的身份,而后者不了解前者。

为他人作介绍时应遵循以下基本礼仪原则:第一,在向他人介绍时,首先了解对方是否有结识的愿望。最好不要向一位有身份的人介绍他不愿认识的人。第二,注意介绍次序。按国际惯例,在为他人作介绍时,一般遵循"尊者居后"的原则。也就是说尊者有优先知道对方情况的权利。具体应用是:应该先把年轻者、身份地位低者介绍给年长者、身份高者;先把年轻的、职务相当的男士介绍给女士;先把年龄低、未婚者介绍给已婚者;先把客人介绍给主人,把晚到者介绍给早到者;如果是业务介绍必须先提到组织名称、个人职衔等。集体介绍可以按照座位次序或职务次序进行。第三,介绍人做介绍时,应该多使用敬辞。在较正式场合,介绍词也较郑重,一般以"×××,请允许我向您介绍……"的方式。在不十分正式的场合可随便些,可用"让我介绍一下"或"我来介绍一下""这位是……"的句式。介绍时语气温和清晰地说出得体的称谓，有时还可用些定语或形容词、赞美词介绍对方。第四，为人介绍时注意手势和表情。被介绍时，眼睛正视对方。除年长或位尊者外，被介绍双方最好站起来点头致意或握手致意，同时应说声："您好，认识您很高兴"或"真荣幸能认识您"等得体的礼貌语言。

（二）交换名片的礼仪

名片，中国古代称名刺，是标示姓名及其所属组织、公司单位和联系方法的纸片。名片是新朋友互相认识、自我介绍的最快又有效的方法。在现代社会，交换名片成为建立人际关系的第一步。

递送名片前，一定要进行精心的准备，当要使用的时候一定要快速地呈现出来，可以很好地进行拿取，而不是胡乱的从口袋中拿出一张，这会让别人感觉到你的随意性。要选择好交换时机。在恰当的时机进行名片的递送，在很多的场合下时机不到，我们不应硬性地去交换名片，最好等待合适时机，再将名片拿出来。

1. 呈递名片的礼仪

面带微笑，注视对方。将名片的正面朝向对方，将双手的拇指和食指分别持握名片上端的两角再递送给对方。若只有一只手有空闲时只能用右手递送。如果自己是坐着的，应该起立递送，这是为了证明自己对对方的尊重。递送时应该要说"请多关照""请多指教"等一些客气话。

2. 交换名片的顺序

一般是"先客后主，先低后高"，即地位较低的人先向地位高的人递送名片，客人先向主人递送名片。当与多人交换名片时，应依照职位高低的顺序，或是由近及远依次进行，切勿跳跃式进行，以免给对方有厚此薄彼之感。名片的递送应在介绍之后，在尚未弄清对方身份时不应急于递送名片，更不要把名片视同传单随便散发。

3. 接受名片的礼节

应当目视对方，起身或欠身双手接受，万不得已才用右手接受名片。接到名片后不可以马上收藏，而是应认真地看一遍名片，态度要恭敬，让对方感受到你对他的名片很感兴趣。如果有时间，最好选择名片上能让对方自豪的内容读一遍，以示尊重对方。要认真收好对方的名片。男士最好的位置是名片夹内或西服上衣左上方内侧口袋内；女士收藏名片最佳的位置则是名片夹或拎包的内侧口袋。切忌拿着名片在手中把玩或随意放在桌子及其他地方，这是不尊重对方，伤害他人的行为，会影响彼此的交往。

4. 索要名片的礼节

交往中可能出现一些特殊情况,如自己忘带名片时或名片刚好用完时,就不能通过交换的途径获得对方名片。此时最忌讳的就是为了得到名片而贸然的直接开口要名片。常规的做法是采用委婉的方式索取。如:对于双方地位悬殊的可以说"××先生,能否有幸跟您交往"?对于平辈或晚辈则可以说"××先生,以后怎么与你联系"?亦可借索要名片表达对对方的敬意"××先生,以后如何向您请教"?

手 机 名 片

手机名片是数字名片的一种。数字名片是运用现代数字信息技术、数字多媒体合成技术,用文字、图片、视频、声音等信息整合方式介绍单位及个人的"多媒体名片",是数字信息时代背景下产生的一种新生事物。数字名片包括手机名片、电子名片、U盘名片、二维码名片等。目前在商务活动中,手机名片使用已经非常普遍。

手机名片是指通过电脑下载到手机上的一个名片软件,通过这个软件人们就可以把过去的纸质名片上的内容经过整理存储在手机上,称为手机名片,手机名片有几大优点:随身携带,使用方便,绿色环保;而且个人名片信息可以自由修改,随时更新,保证你的名片永远都是最新的;名片交换快捷,而且交换后不用人工输入,自动储存名片,自动更新电话本里朋友的名片信息。

手机名片软件一般集网络管理、短信管理、WAP管理于一体,实现多项数据同步存储和提取,保障个人信息数据安全,从此不再为忘记或丢失信息数据(如丢失手机、通信录)而发愁,同时满足您不同时间、不同环境提取信息的需求;通过移动名片交换号,手机名片智能化地为名片交换双方的移动通信簿添加对方最新的联系方式;可以用朋友的姓名进行准确查找,也可以根据姓氏、行业、地区、职务、分组、号码等进行模糊查找或者多个条件进行组合查找,省去翻找名片夹或通讯簿费时费力的麻烦。

手机名片已经成为一种全新的通信和商务交际工具。

三、商务通讯礼仪

(一)商务电话礼仪

电话交流是一种十分普及的通讯联络方式。现在电话交谈大多数还只是一种只闻其声、不见其人的交流。但因为人的想象力,我们不仅能凭一个声音来判断一个人的教养水准和礼貌程度,而且能仅凭一个声音来塑造一个想象的交流对象,从而决定对对方的好恶。所以说,一个电话声音形象小则影响个人,大则可能影响到个人所在的企业集团。公务电话交往应遵循的基本礼仪,我们可以归纳为"三个三"原则。

第一个"三":铃响不过三声原则。公务电话有一个不成文的规定,电话铃响过三遍之后,就判断为对方电话无人接听,可以挂筒了。所以无论从尊重发话方出发,为对方节约时间,还是从己方利益出发,保障为自己快速获取信息,接话者都应尽快拿起话筒通话。

第二个"三":通话三分钟原则。电话线路是企业连接外界信息的一条重要通道。一条信息占据的时间越长,阻碍其他信息传入的时间也就越久。所以设立这条原则,一方面是锻炼员工处理解决问题的能力,另一方面就是为了保证在尽量短的时间内传入尽量多的信息。

第三个"三":通话三要领。第一要领:问候。拿起话筒首先问候对方,"你好"二字体现的不仅是个人修养,而且是企业的形象。第二要领:自报家门。标准模式是"企业名称+部门名称+姓名",自报家门的目的是让发话方在第一时间判断自己电话拨打的正确性,从而为双方节约时间。第三要领:善始善终。通话完毕,不要急于挂机。一般由发话人结束谈话,先挂机。如果对方是长辈、上级、外宾或女性,则可让对方先挂机。尤其通话双方有明显的级别差异时,则必须让上级领导先挂机,不可"越位"抢先。

(二)商务邮件礼仪

传真,又称真迹传真或"用户电报"(TELEX),是用户双方通过安装在普通电话网络上的传真机,对外发送或接受书信、文件、资料、图纸,以及照片真迹的一种迅速高效的现代通讯联络方式。电传以其传递迅速逼真、使用便捷、费用低廉等优点,已成为现代商务交往中十分普及的一种通讯联络方式。使用中,同样有其一定的礼规需要遵守。

1. 事前通报,选择时间

发传真前,应先打电话给接收方,询问对方是否可以进行传真。要注意避开对方工作最繁忙的时间。无人在场,而又可能有传真时,应注意让自己的传真机处于自动接收状态,以免漏过传真件。

2. 行文规范,礼待对方

正式的传真应该有首页,其上注明传送者与接受者双方的单位、姓名、日期、总页数等。发传真时,应有必要的问候语和致谢语。尤其是传真信件时,称呼、敬语、签字等,都不可缺少。

3. 收到传真,及时回复、转交

收到传真后,应立即通知对方,以免牵挂。如果是需要转交或转达别人发来的传真时,应当从速办理,以防耽搁误事。

E-mail又叫电子邮件。它是通过电脑网络向交往对象发出的一种无纸化电子信件。电子邮件不受时空的限制,信息量大、速度快捷且价格便宜的优势,在商务交往中越来越占据主导地位。使用电子邮箱,亦有一定的礼仪规范需要遵守。

第一,要遵守一般的信函礼仪。如:尊重收件人,称谓得体;收到需要回复的信件,应及时回复等。

第二,要遵守一定的网络礼仪。如讲究"网德",不发轻狂、污秽之言;尊重通信权,不随意转发他人信件等。

第三,主题应一目了然。让收信人一眼就知道信的主旨,判断出信的重要与否。信件中如果包含有其他资料性内容,为方便对方保存阅读,应以附件的形式发送过去,而不要写在正文中。

(三)商业信函礼仪

信,就是借助文字以互通讯息;函,本义是信的封套,后也用函指代信件,尤其是对他人来信的尊称。信函是人们在日常生活、社会交往及工作中用来传递信息、交流思想感情的应用文书,是社交礼仪的一种基本手段。商业信函属信函的一种,所以,它既有一般信函的基本特征,又有商业信函的特殊规范。

1. 信函一般由笺文和封文两部分组成

信函一般由笺文和封文两部分组成。笺文是写在信笺上的文字,是书信的主体,它决定书信的雅俗、繁简及风格。封文就是写在信封上的文字,是为了使信件送达正确的目的地,写给邮递员看的。所以,完整的商业信函应该是笺文和封文俱全的。

2. 商务信函必须符合书信的书写规范

一是格式规范,笺文中的称谓、开头应酬语、正文、结尾应酬语、祝颂敬辞、书名及时间等书写完整规范。二是文辞通顺、用语礼貌。

3. 商务信函,种类繁多

每一种的书写应用,都应符合约定俗成的礼仪规范。常见商务信函范例如:

商业介绍信——是企业组织为接洽事项、联系工作、商谈事宜、参观访问等而作的介绍和证明。内容主要包括被介绍人的姓名、身份、职务;随访人数,活动目的;接洽事项及对对方单位的要求等。具体形式见图5-1。

```
┌─────────────────────────────────────────┐
│            介　绍　信                    │
│  ××集团：                                │
│    兹介绍我单位××、××等六位同志前往贵集团就合作之事进行初步洽 │
│  谈，请予接洽为盼。                       │
│              此致                        │
│                                         │
│    敬礼                                  │
│                         ××企业（章）     │
│                         ××××年××月××日  │
└─────────────────────────────────────────┘
```

图　5-1

预订信——常见的预订信是向饭店预订客房的信笺。一般应包括三部分内容：
- 说明房间的种类、间数及相关要求；
- 告知到达日期、时间及离开日期，即占用房间的时间；
- 要求对方报价和确认。

订购信——订购信是有业务往来的企业、集团之间常用的一种信函。它直接关系着双方的利益。所以，书写时，仔细校对每个字和反复核对都是非常必要的，而且不可以有涂改和改动。其内容包括：
- 所需商品信息：名称、货号、详细规格、订购数量、商品价格等；
- 运装信息：运装的方式、运输工具、运输路线、运达目的地等；
- 时间信息：订购日期、交货日期等；
- 付款方式。

商务询问信——这类信函分为两种，一类是要求收信人在一定时间内向写信人提供有关情况或某种商品的价格；另一类是只向收信人索取一本免费目录，或征询收信人对某种产品或服务的意见（问卷）。很明显，第一类对收信人有利，较容易得到答复；第二类对写信人有利，得到答复的难度要大些。所以，要想更快更好的有答复，写信应注重礼节；信中所涉及的问题要尽量少，不占用对方太多时间；问题表达要清楚，使对方对问题的原因一目了然。同时不要忘记在信中附上回信地址，最好是附上贴好邮票并写好回信地址的信封。

商业催收信——商业往来中，货、款并非都是一次结清，多数情况是货到了，货款还没到。超过一定期限，就需要使用催收信来催款了。催收信不是一封就能达到目的的，所以，一般是设计系列催收信，分阶段催收。第一阶段：主要包括一张盖上催收印章的账单和一封简短亲切的便函;第二阶段:应直截了当地要求对方付款,并邀对方商谈付款事宜;第三阶段的催收信则要反映出一种紧迫感。通过礼貌的语言,毫不含糊地要求对方尽快付款,否则将提出诉讼。并限定对方付款的期限。

四、商务仪式礼仪

(一)商务谈判礼仪

商务谈判,是指贸易双方为了促进贸易,或为了解决双方的矛盾争端,并取得或维护各自的经济利益进行的一种双边信息传播沟通行为,其最终目的就是要达成一项对双方都有利的协议。

1. 谈判场所的布置

商务谈判是一场精神与身体的角逐,对于谈判的双方来说,舒适的环境布置可以有效地减少对于心理压力上的影响,而其主要的因素包括了嘈杂的环境,极不舒适的座位,谈判房间的温度过高或过低,不时地有外人搅扰,环境陌生而引起的心力交瘁感,以及没有与同事私下交谈的机会等等,商务谈判会议场地布置要求,就是要解决上述的问题。

商务谈判场所应舒适简洁,宽敞大气,谈判桌要宽大,座椅、沙发要舒服,环境布置要有商业气氛,谈判桌应该是长而宽阔、明净而考究的;其他谈判人员一般分列两侧而坐。这种座位的安排通常显示出正式、礼貌、尊重、平等。桌子和椅子的大小应当与环境和谈判相适应,任何不协调与别扭的随意安排都会给谈判者心理带来压抑感或不适。与长方形谈判桌不同,圆形谈判桌通常给人以轻松自在感。所以在一些轻松友好的会见场所,一般采用圆桌。

2. 谈判中的礼节

在正式谈判中的各阶段,礼仪都起着十分重要的作用。谈判中首先要注意倾听的礼仪。美国谈判学家卡洛斯说过:如果想给对方一个你丝毫无损的让步,这很容易做到,你只要注意倾听他说话就成了,倾听是你能做的一个最省钱的让步。谈判时的倾听礼仪,首先是要求专注。谈判者在会谈中,内心必须时刻保持清醒和精神集中,根据有关研究资料,一般人最多只能记住他当场听到的东西的 60%~70%,如果不专心,记住的就更少。因此,倾听别人讲话一定要全神贯注,努力排除环境及自身因素的干扰。二是倾听时要注意目光注视的礼仪,应当面带微笑,关切对方的面部表情,保持略前倾的身体仪态及表达一些点头肯定,促使讲话者继续讲下去。同时,也可以辅以恰当的提问,有助于更好地交流。提问时也要注意礼仪。一是把握提问的时机。当对方在阐述问题时不要提问,不要给人留下打岔、抢话等不良印象。二是在非辩论性场合应以客观的、不带偏见和暗示的陈述性语言提问。有些领导在开会一开始就讲:关于这个问题我们的立场是,请问大家有什么意见?这项计划基本上不再做什么更改了,诸位还有什么建议等等。这种过早带有限制的提问,往往给人以虚假的感觉。三是讲究提问的技巧。在谈判活动中谈判者为了获得有利的谈判地位或显得尊敬有礼,对谈判语言进行语序及结构的变换,使听话者产生语意判断上的错觉,并对之进行积极呼应。

3. 签约仪式

在举行签约仪式之前,有关各方应预先确定好参加签字的人员,并及时通知各方人员。客方尤其要将自己一方的出席人数提前通知给主方,以便主方安排。签字者的人选要视文件的性质来定,可由单位最高领导人签,也可由部门负责人签,但双方的签字人的身份应该对等。参加签字的有关各方事先还要安排一名熟悉签字仪式详细程序的助签人员,并事先就签字有关细节商定好。其他出席陪同人员基本上是参加谈判的全体人员,按一般礼貌做法,双方人数最好一致,为了表示尊敬,各方也可对等邀请更高一层的领导人出席签字仪式。

在正式签署合同时,双方代表均非常在意礼节方面的待遇,因而商务人员对于在签字仪式上最能体现礼遇高低的座次问题,应认真对待。签字仪式上各方代表的座位次序,是由主方先期代为排定的。合乎礼仪的做法是:在签署双边性合同时,主、客分居签字桌左、右。

双方各自事先安排好的助签人,应分别站立于各自一方签字人的外侧,以便随时给签字人提供帮助。双方其他的随员,可以按照一定的顺序在己方签字人的正对面就座。也可以依照职位的高低,依次列成一行,站立于己方签字人的身后。当一行站不完时,可以按照以上顺序并遵照"前高后低"的惯例,排成两行、三行或四行。

(二)商务剪彩礼仪

剪彩仪式,指的是商界的有关单位,为了庆贺公司的设立、企业的开工、商店的开张、宾馆的落成、银行的开业、大型建筑物的启用、道路或航线的开通、展销会或展览会的开幕等而隆重举行的一项礼仪性程序。

1. 剪彩前的准备

准备举行剪彩涉及场地的布置、环境的卫生、灯光与音响的准备、媒体的邀请、人员的培训等。在准备这些方面时,必须认真细致。除此之外,尤其对剪彩仪式上所需使用的某些特殊用具,诸如红色缎带、新剪刀、白色薄纱手套、托盘以及红色地毯,仔细地进行选择与准备。红色缎带亦即剪彩仪式之中的"彩"。按照传统做法,它应当由一整匹未曾使用过的红色绸缎,在中间结成数朵花团而成。目前,有些单位为了厉行节约,而代之以长度为两米左右的细窄的红色缎带,或者以红布条、红线绳、红纸条作为其变通,这也是可行的。一般来说,红色缎带上所结的花团,不仅要生动、硕大、醒目,而且其具体数目往往还同现场剪彩者的人数直接相关。循例,红色缎带上所结的花团的具体数目有两类模式可依。其一,是花团的数目较剪彩者的人数多上一个。其二,是花团的数目较现场剪彩者的人数少上一个。前者可使每位剪彩者总是处于两朵花团之间,尤显正式。后者则不同常规,亦有新意。新剪刀是专供剪彩者在剪彩仪式上正式剪彩时所使用的。必须是每位现场剪彩者人手一把,而且必须崭新、锋利而顺手。在剪彩仪式结束后,主办方可将每位剪彩者所使用的剪刀经过包装之后,送给对方以示纪念。

　　白色薄纱手套是专为剪彩者准备的。在正式的剪彩仪式上,剪彩者剪彩时最好每人戴上一副白色薄纱手套,以示郑重其事。托盘在剪彩仪式上是托在礼仪小姐手中,用作盛放红色缎带、剪刀、白色薄纱手套的。在剪彩仪式上所使用的托盘,最好是崭新的、洁净的。通常首选银色的不锈钢制品。为了显示正规,可在使用时上铺红色绒布或绸布。就其数量而论,在剪彩时,可以一只托盘依次向各位剪彩者提供剪刀与手套,并同时盛放红色缎带;也可以为每一位剪彩者配置一只专为其服务的托盘,同时使红色缎带专由一只托盘盛放。后一种方法显得更加正式一些。红色地毯主要用于铺设在剪彩者正式剪彩时的站立之处。其长度可视剪彩人数的多寡而定,其宽度则不应在一米以下。在剪彩现场铺设红色地毯,主要是为了提升其档次,并营造一种喜庆的气氛。有时,亦可不予铺设。

2. 剪彩者的礼仪

　　剪彩者是剪彩仪式的主角,一般具有较高的社会威望,深受大家的尊重和信任,剪彩者的礼仪直接关系到剪彩仪式的效果。因此,作为剪彩者既要有荣誉感,又要有责任感,而这些都要从剪彩者的礼仪中体现出来。剪彩者衣着服饰应大方、整洁、挺括,容貌适当修饰,看上去容光焕发,充满活力,在剪彩过程中,剪彩者要保持一种稳重的姿态、洒脱的风度和优雅的举止。当主持人宣布开始剪彩时,剪彩者要面带微笑,步履稳健地走向由礼仪小姐扯起的彩带,接过礼仪小姐用托盘呈上的剪刀,并用微笑点头表示谢意,然后聚精会神地将彩带剪断。如果有几位剪彩者时,处在外端的剪彩者应用眼睛余光注视中间的剪彩者的动作,力争同时剪断彩带,同时还应注意与礼仪小姐配合,使彩球落于托盘内。

3. 剪彩仪式

剪彩仪式的会场一般选在展览会、展销会门口,如果是新建设施、新安装设备竣工、启用,一般安排在现场前面的空地处。会场应布置得热烈、隆重,由剪彩礼仪小姐扯起彩带,座席一般只安排剪彩者和来宾的座位,本企业主要领导坐陪。入座时应把剪彩者安排在前排,有多位剪彩者,应按剪彩时的位置就座,以免宣布剪彩时再交换位置。剪彩时间一到,主持人与主剪者交流一下眼色,征得同意然后郑重宣布剪彩仪式开始,接下来,一般应向与会者介绍参加剪彩仪式的领导、负责人、各界知名人士等主要来宾,对他们以及祝贺单位、与会者表示感谢。同开业典礼一样,一般应安排主办单位负责人、来宾作简短发言,然后宣布剪彩开始,这时,剪彩者应起立稳步走向彩带,主席台上的其他人员一般要尾随于剪彩者之后1~2米站立。大会服务人员应及时撤掉所有座位。剪彩完毕后,剪彩者转身向四周人们鼓掌致意,所有与会人员应鼓掌响应。剪彩仪式结束后,一般应组织参观或聚餐,会后可向来宾赠送纪念性礼品,以尽主人之意。

(三)商务展会礼仪

商务展会礼仪,指的是商界中的各个单位在组织、参加展览会时,所应当遵循的礼仪规范与惯例。

1. 展会前的准备

根据惯例,展览会的组织者所要做的具体工作,主要包括参展单位的确定、展览内容的宣传、展示位置的分配、安全保卫的事项、辅助服务的项目等。对于报名参展的单位,主办单位应根据展览会的主题与具体条件对其进行必要的审核。切忌良莠不分来者不拒。前来参展的单位,一旦得到确定后,主办单位应及时地以专函进行通知,令已经被批准的参展单位尽早做好参展前的准备。

参展单位应要求在本公司的工作人员统一着装。最佳的选择,是身穿本单位的统一制服,上面印有本公司的标志;或者是穿深色的西装、套裙。在一些大型的展览会上,参展单位如果安排专人迎送客人时,更应该在工作的服饰上加以规定:请其身穿色彩鲜艳的单色旗袍,同时胸披写有本单位或其主打展品名称的大红色绶带。

2. 参展时的礼仪

在参展时,参展单位的整体形象将很直接地映入观众眼里,因此对整个参展的成败影响极大。参展单位的整体形象,主要由展示之物的形象与工作人员的形象两个部分所构成。要时时注意待人以礼。当有人在本单位的展位上进行参观时,工作人员可向其走近,以备对方随时向自己进行咨询;也可以请其自便,不加干扰。假如来人较多,尤其是在接待组团而来的客户时,工作人员亦可在对方左前方不远处引导对方进行参观。对前来人员所提出的问题,一定要做认真细致的回答。在必要时,还可邀请观众亲自动手操作,或由工作人员为其进行现场示范。不应爱答不理或以不礼貌的言行敷衍了事。争抢、尾随观众兜售展品、弄虚作假,或是强行向观众推介展品,则更不可取。同时,切忌作为某一家公司派出的参展人员,却有事没事跑到别家公司的展位前面东张西望。或是在别家公司的展位前指手画脚,议论是非。

五、商务宴请礼仪

商务宴请是商务人士与客户合作、洽谈而进行的宴会,在宴请过程中有很多礼仪需要注意,这些礼仪往往决定着合作成功与否。

(一)中式宴请礼仪

1. 桌次与座次安排

宴会座次依据宴请人数的多少分为桌次和座次安排。桌次以宴会正门为基准点,以"面门为上、居中为尊、以右为尊"为原则。如果宴会厅中有主席台,则应以主席台为基准点排设桌次。宴会的席位在同一桌上,座位的主次区分应为"右高左低、中座为尊、面门为上、观景为佳、临墙为好"。

在实际应用中,常常因参加者的不同而产生较多的特殊情况。一般主陪应坐中间的位置,但有的地区习惯请第一主宾坐中间位置。主客双方因力求身份对等,但当主宾的身份明显高于第一主陪时,很多地区也习惯请第一主宾坐中间的位置。一般主客双方穿插而坐,男女可穿插而坐,当主客双方人员较多、职级和身份相差无几的情况下,应将业务相近的人安排邻近而坐,将与宴请主题密切相关的宾客靠近主陪而坐。有的地方会明确第二、三、四主宾和主陪的位置,应悉听尊便。宴会开始前,主人应对客人热情寒暄,如果主宾互不熟识,主方应逐一介绍,使彼此尽快了解,增进宴请的友好气氛。主宾不要急于找座位坐下,应等主人引座。

2. 中餐餐具的摆放及使用

(1)筷子。筷子是中餐餐具中使用最多的,而且是直接用手接触的餐具。放筷子时,必须是成对的,拿筷子吃菜时,筷子不要碰到旁边的人,和别人说话时,要放下筷子,表示礼貌。

中国人使用筷子,有十二种忌讳:

①三长两短:这是说在用餐前或用餐过程当中,将筷子长短不齐地放在桌子上这种做法被认为是非常不吉利的,通常我们管它叫"三长两短",其意思容易让人联想

到古代的棺材板。

②仙人指路：这种拿筷子的方法是用大拇指和中指、无名指、小指捏住筷子，而食指伸出，由于人一般伸出食指去指对方时，大都带有指责的意思，所以这种姿势被认为是一种不尊重人的表现。

③品箸留声：将筷子的一端含在嘴里，用嘴来回去嘬，并不时地发出咝咝声响，这被视为是一种无礼的行为。

④击盏敲盅：这种行为易让人联想到乞丐要饭，其做法是在用餐时用筷子敲击盘碗。

⑤执箸巡城：这种做法是手里拿着筷子，做旁若无人状，用筷子来回在桌子上的菜盘里寻找，不知从哪里下筷为好。此种行为是缺乏修养的表现。

⑥迷箸刨坟：这是指手里拿着筷子在菜盘里不住地扒拉，以求寻找猎物，就像盗墓刨坟一般。

⑦泪箸遗珠：这是用筷子往自己盘子里夹菜时，手里不利落，将菜汤流落到其他菜里或桌子上。这种做法被视为严重失礼，同样是不可取的。

⑧颠倒乾坤：这是说用餐时将筷子颠倒使用，也是一种失礼的行为。

⑨定海神针：在用餐时用一只筷子去插盘子里的菜品，这是被认为对同桌用餐人员的一种羞辱，在吃饭时作出这种举动，无异于在欧洲当众对人伸出中指的意思是一样的。

⑩当众上香：往往是出于好心帮别人盛饭时，为了方便省事把一副筷子插在饭中递给对方，会被人视为大不敬，因为传统是为死人上香时才这样做。

⑪交叉十字：在用餐时将筷子随便交叉放在桌上，这一点往往不被人们所注意，认为在饭桌上打叉，是对同桌其他人的全部否定。

⑫落地惊神：所谓"落地惊神"的意思是指失手将筷子掉落在地上，这是严重失礼的一种表现。

(2)盘和碟。盘子和碟子有多种型号，盘子一般比较大，是餐桌上盛放菜肴的餐具，除非餐具中间有玻璃转盘，否则盘子放在桌上不要挪来挪去，那样不礼貌，型号较小的是放在自己跟前的小碟，用来盛放从公用盘中夹过来自己吃的菜，小碟中的菜，吃多少取多少，不要浪费，鸡骨头鱼刺之类的残渣要放在小碟的前方，不要随意吐在桌上。

(3)饭碗。饭碗是用来盛饭供自己吃的餐具，也有大小号之分，一般饭量大的用大号碗，饭量小的用小号碗，做客时，尽量不要回碗，吃饭时，可以用手端着碗吃，不要趴在桌上用嘴够着碗吃,那样吃相很难看,也不礼貌。

(4)勺。喝汤时,可以用勺子舀到自己跟前的小碟或小碗中,进过嘴的勺子不要再放回公用汤碗中舀汤,自己的唾液弄脏公用的汤,很让人讨厌。取菜时,在筷子不方便夹菜时,可以用勺帮着取菜,取菜后,放在自己的小碟中。勺也不要直插在饭碗中或敲击碗碟。

3. 中餐的敬酒礼仪

(1)斟酒。敬酒之前需要斟酒。按照规范来说,除主人和服务人员外,其他宾客一般不要自行给别人斟酒。如果主人亲自斟酒,应该用本次宴会上最好的酒斟,宾客要端起酒杯致谢,必要的时候应该起身站立。如果是作为大型的商务用餐来说,都应该是服务人员来斟酒。斟酒一般要从位高者开始,然后顺时针斟。如果不需要酒了,可以把手挡在酒杯上,说声"不用了,谢谢"就可以了。这时候,斟酒者就没有必要非得一再要求斟酒。中餐里,别人斟酒的时候,也可以回敬以"叩指礼"。特别是自己的身份比主人高的时候。即以右手拇指、食指、中指捏在一起,指尖向下,轻叩几下桌面表示对斟酒的感谢。酒倒多少才合适呢?白酒和啤酒可以斟满,红酒约为红酒杯的1/3。

(2)敬酒时间。敬酒分为正式敬酒和普通敬酒。正式的敬酒,一般是在宾主入席后、用餐前开始就可以敬,一般都是主人来敬,同时还要说规范的祝酒词。而普通敬酒,只要是在正式敬酒之后就可以开始了。但要注意是在对方方便的时候,比如他当时没有和其他人敬酒,嘴里不在咀嚼,认为对方可能愿意接受你的敬酒。而且,如果向同一个人敬酒,应该等身份比自己高的人敬过之后再敬。

(3)敬酒顺序。一般情况下应按年龄大小、职位高低、宾主身份为序,敬酒前一定要充分考虑好敬酒的顺序,分明主次,避免出现尴尬的情况。即使你分不清或职位、身份高低不明确,也要按统一的顺序敬酒,比如先从自己身边按顺时针方向开始敬酒,或是从左到右、从右到左进行敬酒等。

(4)敬酒要求。敬酒分为正式敬酒和普通敬酒。正式敬酒是指宴会一开始的时候,主人先向大家集体敬酒,并同时说标准的祝酒词。这种祝酒词内容可以稍长一点,但也就是在五分钟之内讲完。无论是主人还是来宾,如果是在自己的座位上向集体敬酒,就要求首先站起身来,面含微笑,手拿酒杯,面朝大家。

(二)西式宴请礼仪

1. 桌次与座次安排

在西餐用餐时,人们所用的餐桌有长桌、方桌和圆桌。有时,还会以之拼成其他各种图案。不过,最常见、最正规的西餐桌当属长桌。下面,就来介绍一下西餐排位的种种具体情况。这将有助于商界人士更好地理解和掌握排位的基本规则。

（1）长桌。以长桌排位，一般有两个主要办法。一是男女主人在长桌中央对面而坐，餐桌两端可以坐人，也可以不坐人；二是男女主人分别就座于长桌两端。某些时候，如用餐者人数较多时，还可以参照以上办法，以长桌拼成其他图案，以便安排大家一道用餐。

（2）方桌。以方桌排列位次时，就座于餐桌四面的人数应相等。在一般情况下，一桌共坐8人，每侧各坐两人的情况比较多见。在进行排列时，应使男、女主人与男、女主宾对面而坐，所有人均各自与自己的恋人或配偶坐成斜对角。

（3）圆桌。在西餐里，使用圆桌排位的情况并不多见。在隆重而正式的宴会里，则尤为罕见。其具体排列，基本上是各项规则的综合运用。

2. 西餐餐具的摆放及使用

细分的话，杯、盘、餐巾等，都算是餐具。我们一般说西餐餐具，专指刀、叉、匙三种。西餐餐具常规的摆法是这样的：正对面中间放汤盘，汤盘上方是匙，匙心朝上。匙的上方放各种酒杯和水杯。餐盘的左右两侧分别是叉和刀，刀叉平行放置。搁有黄油刀的面包奶油盘在左上方，与酒杯平行放置。餐巾放在餐盘中，或者被折叠后插在水杯中。如果餐点中有面条，餐盘的下面会有横放的专用叉和匙。在正式的西餐宴会上，每道菜会配一套相应的餐具，并按照上菜的先后顺序：开胃菜、汤、海鲜、肉类、饮料、面包、甜点，由外向内排列。有经验的人可以从餐具摆放情况上判断出大概的菜色。吃西餐时，餐具不能乱用，而要按照由外向内的顺序依次使用。吃第一道菜时，要先用汤盘两侧最外面的那套刀叉，吃第二道菜时，依次取用左右两侧外端的刀叉，以此类推。进餐过程中，应一直左手叉、右手刀的用法。在较为正式的西餐中，至少会用上两把匙。与餐刀并排竖放，放在餐盘右侧最外部的匙是喝汤用的，稍大；横放在甜品专用刀叉正上方的匙是用来吃甜品的，稍小。不上甜品的时候，它会被茶匙取代。喝咖啡或喝茶用的小匙，只能用来搅拌，不能用来舀着喝。喝咖啡或茶的时候，小匙不要留在杯子里，而要放在托盘上。和中餐所使用的筷子一样，用餐过程中，西餐餐具的摆放也不能随随便便。每一道菜吃完后，或者你已经不想再吃，你可以把刀叉并排平行放在盘中，或左刀右叉的平行竖放在餐盘里。服务人员看到后，就会明白此盘可以撤下了。

3. 西餐的敬酒礼仪

（1）酒杯的拿法。盛白葡萄酒及香槟的酒杯为高脚杯，喝时拿住杯脚下面部分，手不要碰到杯身。敬酒时可以用拇指、无名指和小指牢牢握住杯脚下方，中指扶着杯脚,食指轻搭在杯脚与酒杯连接处。手指尽量伸直,显现手部优美曲线。盛红酒的酒杯杯脚较短,杯身较肥大,可以用食指和中指夹住杯角,喝时拿近杯身,手的温度有助红酒释放其香味。

(2)斟酒礼仪。在正式场合倒酒的时候,啤酒和葡萄酒都是不能手持酒杯的。但在轻松的场合,啤酒是可以手持着倒的,但要注意右手拿瓶,左手拿杯,并且右手要倾斜着倒才美观。另外,注意啤酒泡沫要与杯口齐平,不能有溢出。按照规范来说,除主人和服务人员外,其他宾客一般不要自行给别人斟酒。

(3)敬酒的举止要求。敬酒时,主人一般都会有祝酒词。在他人敬酒或致辞时,其他在场者应一律停止用餐或饮酒。干杯时,需要有人率先提议。提议者应起身站立,右手端起酒杯,或用右手拿起酒杯后,以左手托扶其杯底,面含微笑,真诚地面对他人。在主人提议干杯后,即使你滴酒不沾,也要起身,拿起酒杯装装样子,以示对主人的尊敬。

第三节 公务礼仪

公务礼仪即公务人员在日常公务活动中逐渐形成并得以公认、必须遵循的礼仪规范。公务礼仪是一项实用性很强的礼仪。

一、日常办公礼仪

在公共办公场所,注重日常办公礼仪,不仅是对同事尊重,也代表着公司形象。

(一)日常办公环境

心理学家明茨早在20世纪50年代就做过这样一个实验:他把实验对象分别安排到两个房间里,一间窗明几净、典雅庄重,而另一间破旧阴暗、凌乱不堪。他要求每人必须对10张照片上的人作出判断,说出他(或她)是"精力旺盛的"还是"疲乏无力的",是"满足的"还是"不满足的"。结果在洁净典雅房间里的实验对象倾向于把照片上的人看成"精力旺盛的"和"满足的";在阴暗凌乱房间里的实验对象则倾向于把照片上的人看成"疲乏无力的"和"不满足的"。这个实验表明环境是会在较大程度上影响人的感知的。

公务人员在工作之前,首先看看自己的办公环境:看看自己的桌子上是否材料堆积如山,自己的私人物品是不是放得满满的?办公室环境应当始终是干干净净的,这是办公室起码的要求,也是提高工作效率的一个重要方面。

办公桌是自己在单位办公的地方,也是最容易弄脏的地方。公务人员应当把桌上放得乱七八糟的书籍或会议文件,根据内容或日期装订起来放到抽屉内或书架上。桌上只放文具及记事本等,摆在桌上的东西要少,要使桌上的空间尽量大一些。

如果公务人员仅仅限于把自己办公室的周围打扫得干干净净,但是掉在走廊的东西装着看不见,与自己没有直接关系的事漫不经心,这就非常不好。厕所、厨房和吸烟室等大家共用的地方,使用后要注意打扫干净,自己落下的烟头要捡起来,溅出来的水要擦拭干净,特别是厕所是最能体现一个单位的文明水准,便后冲洗,是最底线的要求。

(二)人际沟通礼仪

办公室的工作人员一般并不是很多,但在单位发挥着极大的作用,所以,办公室内部人员之间遵循人际礼仪准则,形成团结、协作、正常、健康的关系,显得十分重要。

1. 对同事要真诚

同事之间,"同在一个屋檐下"工作,"抬头不见低头见",人际关系要正常、和谐。

- 要互相信任,形成减少误会的"保险阀"。
- 要乐于助人,形成融洽关系"亲近阀"。
- 要互相体谅,形成同事关系的"润滑剂"。
- 要友善相待,形成同事关系的"温馨卡"。
- 在同事之间,心胸狭窄、打击报复、开恶意的玩笑、捉弄他人或背后议论别人长短,都是十分失礼的。绝不能因对同事的幸运或成就产生嫉妒和愤愤不平,而借机泄私愤,或寻衅滋事,或造谣中伤。采取低劣手段伤害同事的人最后往往会自食其恶果,既害人,也害己。对小道消息最好的办法就是不听、不信、不传。要相信同事相处天长日久,事实总会真相大白。

2. 保持公务距离

"办公"就是在他人的眼皮底下做事,为了让彼此有一个放心的空间,同事间需要一种不干扰别人,尊重他人的"距离感"。巧妙地运用"躲避""回避"之术就成了公务礼仪的重要技能。

(1)不窥视同事办公。看到同事在写东西,或阅读书信时,不论知悉与否,最好"躲避",需要从其身旁走过时,也不要离得太近,更不能用乜斜的目光去"窥视"。同事在办公时,没有重要事情,不要去打扰;也不要随意询问,以免打断人家思路,或造成尴尬的局面。

（2）不翻动同事的东西。每个人都有属于他自己的一方"天地"，如物橱、写字台等。不随便翻动同事的东西，既是一种文明、一种礼貌，也是一种规矩。即使要找东西，最好也让其代找。确实需要找某种东西，而主人又不在，事后也要向其说明情况，并表示歉意。

（3）不干预同事的私事。每个人都有自己不愿为别人知道的隐私。因此，不能在大庭广众之下，大谈别人不愿披露的事情。碰到陌生人找同事谈话，如有可能，最好避开，让别人感到方便。即使无法离开，也不要伸着耳朵去"偷听"。代转同事的信件，只要放到他桌子上或信箱即可，不能过分留意写信人地址，或对着光亮，察看信中的东西，否则会被人误会。对异性之间的话题，不必凑上去"赶热闹"，也不必盘问。

3. 不固执己见

在工作上，由于意见分歧而与同事发生争执是常有的事。但当发生争执时，注意不要变得情绪化，要冷静地听取对方对问题的看法，然后，大家都设法退一步，以便找到解决问题的妥协点。如果对方情绪比较激动，一时很难找到妥协点，最好先克制忍耐，保持自己的看法，等以后有机会时再作协商。

二、公文礼仪

公文，即相对私人文书而言的公务文书的简称，是传达、贯彻党和国家的方针政策，发布行政法规和规章，施行行政措施，请示和答复问题，指示和商议工作，以及报告情况，交流经验的重要工具。各级行政机关的公文，就是各级公务人员在公务活动中所使用的书面文字材料。广义的公文还包括图表、录像、录音、物证等各种适应实际需求的内容。

公文礼仪，即基层公务人员在撰制和办理公文时应当遵守的规范和惯例。我国公文礼仪的基础，即中共中央办公厅、国务院办公厅2012年4月16日印发的《党政机关公文处理工作条例》。本节将从公文的撰制、公文的行文、公文的办理这三个方面对公文礼仪进行具体阐述。

（一）公文撰制礼仪

公文是国家行政机关的喉舌，也是联系政府与群众和各级行政机关的重要纽带。因此基层公务人员撰制公文时必须严格遵守有关规定和要求，任何疏漏都有可能耽误公务的执行。

1. 内容要求

任何类型的公文,不论其发文机关和发文目的是什么,都应当在内容上遵循如下两条基本指导原则。

(1)严守法规。公文的观点和内容必须符合国家的法律法规,必须符合党和政府的方针政策。如果发现公文所需贯彻的领导意图与党和国家的有关政策法规相抵触,应及时向领导提出,并予以纠正。如果要提出新的政策规定,则应加以具体说明,切勿使之前后矛盾。

(2)真实准确。公文所反映的情况必须真实、准确。不仅基本的事实材料要真实,而且具体的细节、背景、数据也要准确无误。这就要求基层公务人员深入实际、密切联系群众、实事求是,要克服官僚主义、形式主义和文牍主义,更不可弄虚作假、敷衍了事。

2. 格式要求

公文是一种规范性极强的应用文体,因此基层公务人员在撰制公文时务必要遵守具体的格式要求。

(1)选择恰当文种。国务院规定的15种公文形式,每一种都有近似但却有所区别的格式要求。因此,选择恰当文种是遵守公文格式的基础。

(2)遵守具体格式。公文讲究格式,是公文管理标准化和现代化的必然要求,也是公文合法性的保障。概括地说,公文格式可分为文头、正文、文尾和标记这四部分内容。

文头包括文件名称与发文字号。文件名称,由发文机关名称加"文件"两字组成,如"中共中央文件"。文件名称往往用套红大字印刷,被称为"红头文件"。发文字号,由发文机关代字、年号、文件顺序号三者组成。若是几个机关联合发文,一般只注明主发机关的发文字号。年号应由"〔〕"括注,而不能使用"()"。

正文包括以下七部分内容。

一是公文标题。由发文机关名称、事由和文种三部分组成,应简要准确地概括公文的主要内容,体现发文主旨。如果公文版头已注有发文机关,或已在文尾注明了发文机关,公文标题即可省略发文机关;如果难以用少量文字概括所发公文的内容,或公文内容较为简单,可省略发文事由。公文标题除法规、规章名称需加书名号外,一般不加其他标点符号,而以空格代之;标题字数太多,分行书写时,注意不得将固定词语拆开分写。

二是主送机关。即负责受理或答复该公文的机关。上行文只有一个主送机关,即文件责任的直接承担者;下行文可有多个主送机关,书写于左首顶格处,按级别高低顺序排列。

三是正文。是公文的主体,表述公文具体内容的部分,写在主送机关名称之后。

四是附件。即附属于正文的材料,用于对公文的补充或参考。附件名称要在正文之后注明,附件本身既可单独成件,也可与文件主体装订一起投送。

五是发文机关。即公文的法定作者名称,应采用机关全称或规范化简称,写于正文或附件名称之后一定距离的右下方。如需以机关领导人名义行文,则应在领导人姓名前冠以职务。联合行文时,应将主发机关排列在前。

六是发文日期。用以表明公文的生效时间,写于发文机关下方,使用年月日全称。

七是印章。即发文机关对公文的效力负责的凭证,盖于发文机关名称和发文日期的字面上。

文尾包括如下三个部分。

一是附件说明、附注、附件等。附件说明是公文附件的顺序号和名称。附注是公文印发传达范围等需要说明的事项。附件是公文正文的说明、补充或者参考资料。

二是抄送抄报机关。即除主送机关外还应了解公文内容的有关机关。上行文为抄报,平行文或下行文为抄送。

三是制发机构和制发时间。即公文的印制单位和时间,书写于同一行。单位居左,顶格;时间居右,顶格。

标记包括四个部分的内容。

一是秘密等级。按公文的机密性质,公文可分为内部文件、公开文件和保密文件三类,其中保密文件又可分为秘密文件、机密文件和绝密文件三等。秘密等级标在左上角,以醒目的黑体字印刷。

二是紧急程度。公文有紧急公文和非紧急公文两类,紧急公文又可分为紧急公文和特急公文两等。紧急程度应以黑体字标在密级上方。

三是阅读范围。即以工作需要和保密范围为依据所确定的公文的行文范围和阅读对象,通常写于发文日期之后。

四是印刷份数。指该公文的实际印制数量,用括号标注在文件左下方。

另外,公文纸一般采用 A4 型于公文左侧装订。

3. 语言要求

公文的语言虽然只是一个形式的问题,但能影响公文的内容,对公文整体起到举足轻重的作用。哪怕是一个小小的文字或标点错误,都有可能影响对公文的理解和执行。因此基层公务人员务必要注意公文撰制过程中的语言问题。一般而言,要做到准确、朴实、简明。

公文的语言要求准确,是指公文的用字用词要恰当,语句段落要通顺,数字标点要规范。只有准确用语,才能如实反映客观事物,如实传达发文意图,使公文得以更好地理解和执行。

公文具有政治性和严肃性的特点,因此公文的语言应当力求质朴无华,少用描写和抒情的手法。要直话直说,不可拐弯抹角或以含蓄的笔法委婉地表达意思。

公文语言的简要,是快速高效地传递信息的需要。冗长的公文不仅会让人望而生厌,而且不利于主旨的突出和重点的把握。简明扼要是公文写作的一项基本要求。要使公文语言简要,就须开门见山,尽快道出主题,紧扣主题,摒弃套话,并学会熟练使用一套常用的事务性词汇,简要对事物进行表达。

(二)公文行文礼仪

行文即公文的运转,行文关系则是指公文运转过程中发文机关与收文机关之间的关系,也即各级机关之间公文的授受关系。

1. 行文分类

按照公文在各级机关之间的运行方向,可将行文分为三类:上行文、平行文和下行文。相应地,行文关系也可分为上行文关系、平行文关系和下行文关系三种。

(1)上行文即下级机关向上级机关呈递的公文,一般可分为逐级行文、多级行文和越级行文三种。由于下级机关要对自己的直接上级机关负责,因此逐级行文最为普遍。只有在特殊情况下才可采用多级行文和越级行文的方式。上行文包括报告、请示和议案三种公文类型。

(2)平行文即互相没有隶属关系和业务指导关系,同级或不属同一系统的机关部门之间的行文。平行文多采用公函文件。

(3)下行文即上级机关对所属下级机关制发的文件,一般可分为逐级行文、多级行文、直到基层行文这三种。下行文的文种较多,有命令、决定、意见、公告、通告、通知、通报、批复、会议纪要等9种。

2. 行文规则

各级机关之间互相行文时,务必要遵守如下一些礼仪规则。

(1)行文机关应明确发文权限,在自己的职权范围内制发公文。对超出自己权限的待处理事项,应行文商请职权部门发文或双方联名行文,不可越俎代庖。越权而行之公文没有任何权威和约束力。

(2)下级机关应向自己的直接上级机关负责,不可随意越级向上行文。如有特殊情况必须越级请示,则应抄报所越机关。上级机关如有必要越级向下行文时,亦应同时抄送受文机关的直接上级机关。

(3)受双重领导的机关上报公文,应根据内容写明主报机关和抄报机关,由主报机关答复请示的问题。上级机关向受双重领导的下级机关行文时,应同时抄送另一上级机关。

(4)贯彻党政分开原则,实行党政分别行文。凡属政府的工作,应以政府名义行文;凡属党委的工作,则应以党委名义行文。

(5)若待办事项涉及多个机关的职权范围,或多个机关遇有相同问题需请示和报告时,各机关可联合行文。联合行文的各方应是同一级别。各部门若对某一问题未形成一致意见,均不得擅自向下行文。

(6)经批准在报刊上发表的行政公文,应被视为正式公文而依照执行。如不另外行文,发文机关应在报刊上发表该文时加以注明。

(7)本着精简高效的原则,严格控制发文的数量、投送范围。尽量减少行文的中间环节,不重复行文。

(三)公文办理礼仪

依照国家有关规定:"公文办理一般包括收文办理、发文办理和整理归档。"一般而言,公文办理是指各级行政机关和公务人员在收到公文后对它进行的办复。

1. 基本要求

基层公务人员办理公文务必须遵循准确、及时、安全三项基本要求。

(1)准确。所谓办理公文要准确,是指办理公文的每个环节都要井然有序,办理公文的顺序要合理,衔接要紧凑,办理的形式和方法要力求规范、标准。

(2)及时。为提高办事效率,基层公务人员办理公文时务必要及时,要避免因公文误期而影响工作。一是要强化时间观念。公文能办就办,说办就办,养成限定时间内办好公文的良好习惯,不可拖拖拉拉、办办停停。对于紧急公文,更须及时处理。二是要缩短运转周期。公务人员要尽量缩短公文的传递、留办时间,促进公文高效运转,避免在公文传递过程中浪费不必要的时间。三是要简化办文程序。要尽量减少公文办理所需的手续和环节,防止因环节复杂、程序繁多而导致的效率低下。

(3) 安全。基层公务人员在办理公文时要恪尽职守,确保经办公文的安全。这里的安全有两层含义。一是指要确保公文物质上的安全,防止公文受损或遗失。这就要求不可乱堆、乱放、乱叠公文,以免受到过多的磨损;要做到防潮防火防蛀,延长公文"寿命"。二是指要确保公文政治上的安全,严守国家机密。要积极做好保密工作,开展保密教育,做到有备无患,防止国家利益受损。

为了确保公文的安全,各级领导务必要端正态度,充分认识公文安全的重要性;要经常性开展公务人员业务培训,提高基层公务人员的素质和能力。

2. 收文程序

收到公文后,基层公务人员一定要按程序对其进行处理。

(1) 登记。各级行政机关在收到公文后,务必要对所收公文进行登记。各种公文一般可按"上级文件""下级文件""需承办文件""一般性文件"4个类型分类登记。登记内容包括收文序号、收文日期、来文单位、来文标题、密级、领导批示与承办情况、归卷号及备注等。收文登记时字迹要清晰工整,平件、密件要明确区分,急缓程度要严格分清。登记的基本要求是准确、翔实。

(2) 拟办、批办。基层公务人员在收到来文后提出初步的办理方案或建议,供领导参考。拟办意见应简明扼要,并可随同附上与来文有关的材料,交领导参看。批办即机关领导对需要办理的公文进行批示,提出执行、办理的原则与方法,并签署姓名与日期。批办要及时、迅速,批示的意见要明确、具体。

(3) 承办。基层公务人员根据领导批示意见,对公文的具体执行办理。承办时应当统筹规划、妥善安排。要分清来文的主次缓急,有步骤有计划地办理,优先办理重要的公文。一般而言,特急件应随收随办,当时或当天办结;急件也应随收随办;限时处理的公文当以规定时间为限,不得拖延;其他一般公文也应尽快办理。

(4) 催办。对公文办理的督促与检查。主要是指在收到公文后,对本机关各承办部门的公文处理工作进行监督与检查。各级行政机关应建立健全机关公文催办系统和催办的登记、分层逐级汇报制度,以落实催办工作。

三、公务接待礼仪

迎来送往是公务活动中最常见的礼仪,根据接待对象可分为内宾和外宾两种,根据接待人数可分为团体和个人两种,从内容上看,主要接待上级、下级或平行机关及新闻记者、有关公众等。因此,公务迎送过程中一定得分清迎送对象、迎送内容,才能做好这项工作,才能真正符合礼仪。

迎客、待客、送客是接待工作中的基本环节,也是一整套接风送行的礼仪要求。公务人员接待来访的客人,必须遵循礼貌、负责、方便、有效的原则。虽然领导不可能接见所有求见者,但是所有来访者都必须受到公务人员礼仪周全的接待。从客人踏进办公室到客人离开办公室,公务人员都是代表单位的领导接待客人,接待的态度如何,往往会对单位的形象产生重要的影响。

(一)迎客要热情

客人来访有两种情况。一种情况是客人事前预约了来访时间;另一种情况是客人事前未预约时间,突然来访。

当你看见来访者进来时,应马上放下手中的工作,站起来,礼貌地招呼一声:"你好,欢迎。"一般情况下不用主动和来访者握手,如果来访者主动把手伸过来,你要顺其自然,最好能立即确定对方从何处来,叫什么名字。

1. 事前准备

对于预约的来访者,在来之前,应事先做好迎客的准备,让客人有一个良好的第一印象。

(1)要记住对方的姓名。

(2)要搞好环境卫生,若是公务来访,就要把办公室或会客室收拾干净;将各类物品摆放整齐,打开门窗换换新鲜空气。

(3)要根据来客的特点适当准备一些待客的糖果、香烟、茶叶之类的物品。

(4)要准备好应有的资料,或做好所谈内容的精神准备,做到"胸中有数"。

(5)要事先安排好饭菜,预定好旅馆客房,以及返程的车、船、机票等等。

(6)估计来访的客人快到达时,应提前5分钟左右到大门口迎接客人,客人到达时,要快步向前与客人握手,以示欢迎,并以诸如"路上辛苦了""旅途劳累""非常欢迎您的来访"等与客人寒暄,让客人感到亲切、温暖、受欢迎、受尊重。将客人热情引入会客室后,立即向上司通报。

2. 热情迎接

(1)对前来欢迎的人不认识,应向客人一一进行介绍。客人进屋入座后,其他欢迎者若要离开,应礼貌地对客人说:"你们谈吧,我有点事,失陪了!""您歇着吧,我待会再来看望您"等一类的客气话,然后离开。

(2)遇到事先你并不知道的预约来访者时,当你问客人:"事先约好时间了吗?"来访者答:"约好两点钟见面。"你才知道这已是约好的客人,这时你一定要赶紧道歉:

"啊,真对不起,失礼了。"因为站在客人的立场来说,既是约好时间才来的,却被问有没有约好,内心一定感到不太高兴,而且也显示出公司本身信息传达没做好,或是上司忘交代,所以一定要道歉。

(3)有些来访者事先并未预约面谈时间,而临时来访,作为公务人员,也应热情友好,让客人感觉是受欢迎的。然后询问客人的来意,再依当时的情况,判断适当的应对方法。若遇客人突然来访,不能因为事前未预约而面露不悦,而应满脸笑容迎上去,一边走一边说"稀客、稀客""欢迎、欢迎""见到您真高兴"一类的话。当客人说"对不起,没有事先通知就来打扰您"等道歉的话时,应马上回答说:"没关系,我现在没有其他的安排"或者"没关系,我也正有事要与您商量"等来宽慰对方,使客人放下失礼的"包袱"。如果需要上司接待,要先问清你的上司是否愿意和是否有时间接待。假如上司正在开会或正在会客,并同意见客,你便可以对临时来访者说:"抱歉,经理正在开会,您可等一会儿。"如果上司没时间接待,你要记下对方的要求,日后予以答复,不能推诿、拖延或敷衍了事。

(4)来访者没有预先约定会谈时间,却突然来访,你向上司汇报,上司说不能会见,并请你找借口打发来访者,这时你的应对方式可以有两种情形:

一种是请示上司可否派人代理接见来客,如果上司同意派人代理,你可以告诉来访者"不巧,经理正在会客(或开会),我请××来与你谈,好吗?"

另一种是以既热情又坚定的态度回答上司确实无法接待的来客,帮助上司挡驾。公务人员还要学会在上司受到来访者纠缠不休时代为解围。

(5)已确定好的来访团组,则通常应根据上司的意图拟定接待工作方案,它包括来访客人的基本状况(单位名称、来客人数、日期、来访目的、要求);接待的详细安排(接待日程、各类接待人员名单、主要活动、日常迎送往来事务性工作),经领导批准后,分头布置各方面按接待方案落实。接待结束,公务人员应将整个接待工作进行总结,写成报告,作为存档资料。

(6)上级、贵宾、外单位团队来访,应当组织适当规模的欢迎仪式。如果是事先有约的远方来客,应主动到车站、码头或机场迎接;并准备好写有"欢迎××先生(或小姐)"字样的牌子。接到客人后,应致以问候和欢迎;同时作自我介绍。问候寒暄之后,应主动帮客人提取装卸行李。取行李时,最好不要主动去拿客人的公文包或手提包,因为里边一般是放置贵重物品或隐私物件的。将客人送到住宿处后,不宜久留,以便让客人尽快洗整、休息;但别忘了告诉客人与你联系的方式及下次见面的时间。

(二)待客应友好

1. 领路

在带领来访者时,要配合对方的步幅,在客人左侧前一米处引导。可边走边向来访者介绍环境。要转弯或上楼梯时,先要有所动作,让对方明白所往何处。侧身转向来访者不仅仅是礼貌的,同时还可观察留心来访者的意愿,及时为来访者提供满意的服务。到达会客室前要告诉客人"这是会客室",如果门是向外开的,用手按住门,让客人先进入,如果门往内开,自己先进入,按住门后再请客人进入。一般右手开门,再转到左手扶住门,面对客人,请客人进入门后再关上门,通常叫作外开门客先入,内开门己先入。

2. 引座

有时会客室的布置,经常会有使来客不知该坐何处才好的感觉,因此引导座位的行动是必要的。就座时,右为上座。即将客人安排在本单位领导或其他陪同人员的右边。

3. 服务

客人进屋后,如果是冬天,应帮助客人接过衣帽挂好;如是夏天,应打水让客人洗脸或递毛巾擦面,然后视情况上茶、上水果或递烟等等。

(1)招待客人茶点时,最好把茶点装在托盘里,再送到客人面前或旁边的茶几上或桌子上。茶水饮料最好放在客人的右前方,点心、糖果最好放在客人的左前方。

(2)上茶的时候,应在客人入座后,取出杯子,当着客人的面将杯盖揭开,注意,一定要盖口朝上地放在茶几上;倒入适量开水,烫片刻后将水倒掉;再放入适量茶叶,掺上约三分之一杯开水,将杯子盖好;从客人的左边为客人上茶,估计茶叶差不多已泡开的时候,再为客人掺上开水。注意,掺茶时茶杯盖子可以执于右手,如果要放在茶几上,盖口就须朝上,以免染上脏物或病菌;水不应掺得太满,一般约为杯子的五分之四左右即可。

(3)递烟时,应轻轻将盒盖打开,将烟盒的上部朝着客人,用手指轻轻弹出几支让客人自己取或抖出一两支让客人自己取。不要自己用手指取烟递给客人。如果为客人点火,则最好是打着一次火只为一客人点烟;如果连续点火,打一次火最多也只能为两人点火,绝对不要打一次火后为客人"点转转火";即使你的打火机再好也不能这样做,因为这是一种失礼的行为。如果用火柴点火,每划燃一根火柴,也不能为两人以上的人点火。点过以后,应先吹灭以后再丢进烟灰缸中。如果为多位客人点烟,点烟的顺序应是身份高的、年长的、女士在先。

（4）请客人吃水果前，应请客人先洗手。将洗净消毒的水果和水果刀交给客人削皮。如果代为客人削皮，一般只应削到你的手指即将碰到已削过的果肉为止，剩下部分最好向客人致歉后请客人自己削掉，以保持水果的清洁卫生。

（三）送客要礼貌

1. 亲切相送

如客人提出告辞时，接待人员要等客人起身后再站起来相送，切忌没等客人起身，自己先于客人起立相送，这是很不礼貌的。若客人提出告辞，公务人员仍端坐办公桌前，嘴里说"再见"，而手中却还忙着自己的事，甚至连眼神也没有转到客人身上，更是不礼貌的行为。"出迎三步，身送七步"是迎送宾客最基本的礼仪。因此，每次见面结束，都要以将"再次见面"的心情来恭送对方回去。通常当客人起身告辞时，公务人员应马上站起来，主动为客人取下衣帽，帮他穿上，与客人握手告别，同时选择最合适的言辞送别，如"希望下次再来"等礼貌用语。尤其对初次来访的客人更应该热情、周到、细致。

2. 注意客人物品

客人临走时要帮忙留意是否有物品遗漏，这是一种体贴客人的行为，不要让客人回头再来一趟，还可减轻自己保管客人物品的麻烦及责任，对双方都有好处。当客人带有较多或较重的物品，送客时应帮客人代提重物。与客人在门口、电梯口或汽车旁告别时，要与客人握手，目送客人上车或离开，要以恭敬真诚的态度，笑容可掬地送客，不要急于返回，应鞠躬挥手致意，待客人移出视线后，才可结束告别仪式。

如果以小轿车送客人时，要注意乘车的座次次序。乘小轿车时"右为上、左为下；后为上、前为下。"小轿车后座右位为首位，左位次之，中间位再次之，前座右位殿后。上车时，入右座进右门，入左座进左门，不要让客人在车内再移动座位。

3. 告知路线

客人离开前应询问是否熟悉回程路线，及搭乘交通工具的地点和方向，尤其对远道而来的访客更应表达关心之情。一般情况下要帮客人预定好返程票。

4. 目送远离

礼貌送客时，光说一声"再见"，有时显得太简单，不妨加上一两句话，如："今天能和你谈话很高兴"，"今天谈话受益很大，谢谢"，"欢迎下次再来"。一般公务人员在接待完成后站在门口鞠躬相送，目送客人离开，当客人偶然注意到你有礼的态度时，心中会感到十分温馨。一般单位在送客时可送至大门外、电梯口甚至送上车帮客人关车门。身份地位愈高的贵宾通常也愈有礼貌，往往于上车后将车窗摇下挥手道别，因此接待人员不可于客人上车后就离去,应等待客人坐车离开视线后再离去。

四、培养循规蹈矩的职业秉性

职业礼仪是在职业交往中,以一定的、约定俗成的程序、方式来表现的律己、敬人的过程,涉及穿着、交往、沟通、情商等内容。从职业修养的角度来看,职业礼仪是一个人职业素养的外在表现;从职场交往的角度来看,职业礼仪是一种交际方式或交际艺术,是一种约定俗成的示人以尊重、友好的习惯做法,是一种相互沟通的技巧。说到底,职业礼仪就是一种职业情商,是一种循规蹈矩的职业秉性,在职场中,尽力培养这种良好的职业秉性,有助于取得事业的成功。

(一)将循礼与专业技能的培养相结合

职业人格的魅力来自个人所具备的优秀职业品质。社会上千千万万的、具备良好专业技能的职业者,其专业技能的形成和优秀品质的养成,来自自身的努力和职场的培养。遵循职业礼规是基本的职业品质,也是基本的职业要求。公务、商务、服务类岗位的从业人员,由于特殊工作场合和工作性质,决定了其职业形象必须整洁、端庄、优雅、成熟。得体的职业形象会对公众产生亲和力、吸引力,它反映出一个人的精神状态和职业素养,可以引导公众对自己所代表的组织产生尊重与信任之情,心甘情愿地建立起一种信任和依赖关系,并自觉接受你传递出的所在组织的实体信息。孔子曰:"恭而无礼则劳,慎而无礼则葸,勇而无礼则乱,直而无礼则绞。"礼仪与职业形象的塑造息息相关,善于发现和顺应社会交往的基本要求,运用职业礼仪的每一个细节,可以给自己和组织提供难能可贵的良机。

职业者要养成良好的礼仪习惯,必须结合专业技能的要求,加强职业礼仪的训练。职业礼仪和其他礼仪一样,必须通过反复的练习,甚至强化训练才能形成。这就需要坚持灵活多样有效的原则,将强化训练与日常训练相结合。强化训练的方法可采用个体训练、群体训练、情景训练、反馈纠偏等训练手段,循序渐进求得效果。比如公关语言技巧的训练,可以根据特定的语言环境恰当地组织交谈的形式和内容,采取案例讨论、情景模拟、论辩演讲等形式加强语言训练,做到能清晰准确地表达思想、交流感情、发布信息。而个人形象设计的训练,则可以从掌握仪表修饰的方法开始,通过目光、表情、动作等肢体语言结合,求得亲切、真诚、老练、潇洒的第一印象,为交往和公关活动打下基础。日常训练则依赖于工作中的各个环节相互交融配合。以沟通礼节的技能训练为例,沟通是职业生涯中最主要的礼仪表现形式,也是职业生涯中一种必备的专业技能。一般由语言沟通和非语言沟通两部分组成。"言为心声",语言沟通是最准确、最有效的沟通方法,通过人们相互之间的语言交流,可以促使交际双方交流思想,沟通情感,消除误解,说服劝导,增进友谊,促进工作,愉悦身心。它是一种生动活泼又不失典雅庄重格调的言语表达。作为非语言沟通也是礼仪专业技能培训的一个十分重要的环节,同样能给人留下深刻的印象,甚至是"无声胜有声"。在交往中以姿势、动作、表情、体态等表达感情,有时比语言沟通能传达更多的信息。沟通礼节的技能训练如果结合对外交往、接待来访、同事交往和日常办公等方面自觉进行,会收到极佳的效果。

在专业技能的学习和培训中学习职业礼仪的基本规范和知识,能够帮助我们掌握职业交往技巧,积累职业交往经验,学会遵循相互尊重、诚信真挚、言行适度的原则,有助于提高人的职业自信和自尊,有利于避免不良情绪的产生,使职业人的专业技能发挥如虎添翼。

(二)将循礼与职业形象的塑造相结合

职业形象是对产品和服务的一个有力补充和完善,它包括组织与公众的信息沟通、管理水平、企业文化和员工的精神面貌等等。职业形象是人们对行业的识别、比较、评价和选择的信息集合,能够影响人们对行业的理解和态度。因此,各行各业力求通过形象管理,来向公众传递"美好形象"的信息,从而使组织形象深入人心。从业者是行业形象的软件,从业者的礼仪素质与被服务者的精神感受中最敏感的那一块直接相关,是提供优质服务的标志之一,在行业建设中备受重视。因此,在职业礼仪教育中,应该将循礼与职业形象的塑造相结合,掌握与职业形象相关联的礼仪技巧,以便塑造良好形象、凸显个人竞争力,获得竞争优势。

职业形象塑造必须以丰富的文化内涵和高雅的气质奠定其坚实的基础,必须通过一定的"修炼"来加以实现。那么,我们应该如何塑造个人职业形象呢?一般而论,职业形象塑造是一个综合的范畴,包括仪容仪表、语言谈吐和行为举止的整体和谐。要求能够娴熟地掌握社交礼仪,通过语音、举止、姿势动作传递自信、昂扬、妩媚、潇洒、优雅等多种信息。形成有文化、有内涵的职业形象。在职业形象塑造中,最重要的是个人职业定位的问题,你扮演什么角色,在不同环境中拥有什么身份,都需要准确定位,然后根据定位设计自己的仪表、表情、举止动作、服饰、谈吐、待人接物的方法,在遵循礼规中做到干什么就要像什么。

(三)将循礼与职业素质的培养相结合

职业素质是职业人必备的思想、知识、技巧等素质。在现代社会中,职业素质是用人单位选用人才的第一标准,是职场制胜、事业成功的第一法宝。职业素质可以有意识地内化、积淀和升华,随着学习、工作和环境的影响,这种素质是可以继续提高的。衡量一个人职业素质的好坏,不仅仅要看他的身体素质,更要看他的思想素质、心理素质、文化素质、道德素质等等。身体素质,有先天的因素,而精神的素质则需要通过适当的方式培养和训练才能形成和完善。

礼仪在其发展过程中,逐渐地由社会公共领域向职业领域扩展,成为职业规则和仪式的重要组成部分。首先,职业规则包括了在职业活动中应该遵守的礼仪规范和准则。礼仪所规定的仪容、仪态、语言的规范和准则,以及恭谦、诚恳、和善、适度的要求,同时也是职业的规范和准则。其次,职业规则包括各种具有职业特征的礼仪规范和准则。在现实社会里,根据不同职业的特点,形成了不同职业的礼仪规范和准则,它们都属于职业规则的内容。如公务礼仪、商务礼仪、服务礼仪等等,都是行业的礼仪规范,都具有职业特征,是不同行业的职业规范的重要组成部分,也是构造职业道德的重要内容。正由于礼仪是职业规则和仪式的重要组成部分,职业礼仪素质就成为职业生涯中不可或缺的素质。在"塑造行业形象"成为社会时尚,各行各业都将形象工程当作头等大事来抓的现代社会,从业者的礼仪素质直接关系到组织的形象档次与效益,因而备受重视。从目前高校的就业情况看,文秘、商贸、旅游、社工、航空服务等专业的学生,毕业后大多进入窗口单位,从事服务行业。热情友好,真诚公道,文明礼貌,不卑不亢,一视同仁是其职业道德的主要规范,是从业者为客人提供优质服务的标志之一,所以,在校期间对学生进行职业礼仪教育是职业素质培养的重要内容,它将为学生走向社会走向工作岗位打下良好的基础。

思考题:

1. 在《新时代公民道德建设实施纲要》中,提出要"推动践行以爱岗敬业、诚实守信、办事公道、热情服务、奉献社会为主要内容的职业道德",请结合实际谈谈你的看法。

2. 怎样才能把自己锻炼成一名既懂办公礼仪规范又受同事尊敬和喜欢的合格公务人员?

3. 小张是刚参加工作的一名新手,领导让他筹备一次小型展会,他需要做好哪些工作?

4. 下周某单位将到访并进行一次商务签约,小王应做好哪些相关工作?

5. 商务场合着装有哪些基本禁忌?

场景训练：

1.办公接待礼仪模拟

(1)通过人为设置的场景(如办公室、接待室、公众场合等环境)对公务人员应在不同场合所具备的姿态、表情和所表现出来的气质、修养及办公礼仪规范进行综合训练和评判。

(2)老师及同学组织评判小组对被训练者发表评价意见，最好形成逐一的具体评语反馈给被训练者，同时要求被训练者写出心得体会。

(3)通过实践训练，培养公务人员自觉得体的礼仪观念，且具备自我调节与修饰能力。

2.剪彩仪式模拟

(1)选十位同学，分成两组，五人为一小组，对仪式前的准备、仪式中的开展和仪式后的总结各项工作分工筹备。

(2)两组同学分别演示他们的"剪彩仪式"。

(3)其余同学针对这两个"模拟仪式"进行分析讨论，提出改进意见。

第六章 涉外礼仪

涉外礼仪在国际交往中非常重要。来自不同民族,不同文化背景的人们进行交流和沟通,相互理解并采取协调的行为方式是最基本的要求,在国际交往中的言行更应符合国际惯例。我国自古就有"礼仪之邦"的美誉,在交际活动中以礼相待是中华民族的优良传统。由于历史、文化、习俗、宗教等方面的差异,我国许多交往习惯与国际上通行的礼仪规范有所不同,有的甚至大相径庭。在不同性质、不同形式、不同层次的国际交往中,有些细枝末节似乎是司空见惯,不足挂齿的,但"外事无小事",且每个人在国际活动中的行为举止不仅代表个人,还代表着自己所供职的单位、所在的地方、自己的民族和国家。因此,懂得涉外礼仪非常重要,在涉外活动中了解和掌握国际礼仪常识,懂得相关习俗和规范,对于发展国际友谊并增进理解与合作具有重要的意义。

第一节 涉外礼仪概述

进入21世纪,经济全球化的发展使国与国之间的相互影响和依赖加深,随着我国国力的增强,国家的发展,对外交往的增多,中国公民的身份开始向"世界公民"的身份转变,拥有越来越多涉外交流的机会,与世界民众有了千丝万缕的联系。在与各国人民相互交流的过程中,各种问题、交往和沟通障碍也随之出现,很多问题只是涉及言谈举止、待人处事、衣食住行等一些与日常工作生活密不可分的小问题。这些所谓的小问题正是礼仪所规范的范畴,不同民族、不同信仰、不同肤色的人民如何克服各自的习惯、思维定式和背景,遵循一定的国际规范与惯例就显得尤为重要。

涉外礼仪,适用于国际交往。这是涉外礼仪和其他礼仪最大的一个区别。在进行国际交往和合作的时候,只有遵守了国际礼仪惯例,受到尊重才会有效地推进交流、沟通与互动,同时也使我们树立起良好的国际形象。

一、涉外礼仪内涵

国家的产生带来了国与国的交往。在人类历史上,国与国之间充满了矛盾、争斗和战争,同时又不断互派使节、互通贸易、缔约结盟,这就需要进行沟通、互动和交流,需要有共同遵守的规范与准则。于是,各种具有民族特点的礼仪在国际交往中反复碰撞、交流与融合,逐渐形成了一些具有国际共识的礼仪规范,国际礼仪由此而产生。国际礼仪的产生使礼仪的发展达到了一个新阶段,这时候,礼仪不仅体现于个人之间的交往活动,也成为国与国交往的一种手段。

进入现代社会,国际关系较之过去发生了惊人的发展变化。首先,是交往的规模日益扩大。20世纪初全球只有50多个独立国家,二次世界大战前增加到75个,到目前联合国的会员国近200个国家;其次,是交往越来越频繁。随着国际社会政治、经济发展速度加快,各国之间的交往也愈加频繁,各种国际活动目不暇接。再次,是交往的内容不断丰富。参加国际活动的人员空前增多,而涉及全球的问题,如环保、抗艾滋病、反毒、反恐怖等则引起了世界各国的关注。国与国之间关系既相互矛盾又相互依存。而国际关系的这种发展又是以国际贸易和世界市场的急剧扩大,科学技术的迅速发展为基础的,它同各国人民之间的文化、艺术、体育、旅游等来往交织在一起,构成了一幅空前广阔、繁复、多样化的图案,礼仪习惯的演变,加上国际关系迅速、广泛、深入的发展,必然使过去国际通用的礼仪程式也发生相应的变化,从而形成了一整套现代的国际礼仪。

中国自改革开放之后由落后向繁荣转变、由封闭向开放转变、由边缘向主流转变。进入21世纪,经济全球化的发展使国与国之间的相互影响和依赖加深,中国大跨步地发展已经从世界舞台的边缘走到了世界舞台的中央。如果说在与本国人打交道的过程中,礼仪可以提升修养、促进交流、展现风貌,那么在涉外交往中礼仪的必要性、价值、作用则更加明显。

所谓的涉外礼仪就是我国公民在国际交往中必须遵守的共同性的礼仪规范。它是在国与国的交往中产生,并由国际社会约定俗成且为国际交往活动所遵守的礼仪规范。

二、涉外礼仪的特点

涉外礼仪和其他礼仪相比较,既有其相通性,又有其独特性。犹如政务礼仪适用于政府交往,社交礼仪适用于一般的社会交往,商务礼仪适用于商务活动,服务礼仪适用于服务行业,那么涉外礼仪则适用于国际交往,其基本特征表现如下。

(一)国际性

涉外礼仪与其他礼仪最大的一个区别就是适用范围不一样,涉外礼仪是以国际范围为适用范围的。涉外礼仪遵循的规则起源于西方国家,受西方文化影响较深,与我国的国情、习俗有很大的差异,因此在礼仪的实际运用中应考虑所处的环境。如果是国际交往,要讲究国际规则,运用国际礼仪;如果是国内的交往,则应当尊重本国礼俗。

例如:国际交往讲究女士优先,这是指在特定的国际社交活动中,必须尊重女士,这是一种文明的体现,但是我们国家的习惯,包括东亚地区,像韩国、日本这样一些男权文化传统比较悠久的国家就难以完全做到。

(二)惯常性

国际礼仪的内容是国际交往中约定俗成的习惯性做法,称之为国际惯例。我们向来强调内外有别,其实外外也有别,不同国家,不同的民族有不同的做法,在国际交往中一定要有国际惯例的意识。在国际交往与合作时,首先需要了解的就是有哪些国际惯例必须遵守。只有遵守了这些国际惯例,才能受到尊重,才能积极地推动交流与沟通。

例如:现代国家不论大小强弱,主权一律平等。因此,现代的国际礼仪中须体现这种主权国家间的相互关系。尽管多边来往大量增加,从而在礼仪的做法上出现了一些新的做法。但不管怎样,都必须以相互尊重、主权平等为基础。又例如:座次的排列,国际交往也好,国内交往也好,这是一个不可回避的问题,中国的传统做法是强调左高右低,但是国际交往中约定俗成的惯例是以右为上。

(三)时效性

礼出于俗,俗化为礼,礼仪来自不同国家,不同民族的习俗。中国的礼仪是中国民俗的结晶,欧美的礼仪是欧美民俗的结晶,那么国际礼仪就是国际大家庭礼俗的结晶,但这个礼俗的结晶是以不同时代为背景的。社会的发展,历史的进步会出现很多的新问题、新特点,同时,随着世界经济国际化日益明显,各个国家、各个地区、各个民族之间的交往日益密切,各方的礼仪也就不断地相互影响、相互渗透、相互取长补短,不断地增加新的内容。这就要求国际礼仪与时代同步变化、发展,以适应新形势的新要求。

例如:除了政治外交、经济贸易、文化教育等国际来往以外,更多的社会团体、民间来往含有大量的社交活动,活动的形式更加多样化,具体安排更加灵活,由于"礼仪简化"成为趋势,所以实质性会谈更加受到重视,礼仪接待更加注重安全、舒适、方便,而较少铺张。

三、涉外礼仪的原则

(一) 遵守政策与纪律

涉外礼仪必须遵守执行国务院颁布的《涉外人员守则》十项规定：

1. 忠于祖国，忠于人民。坚决维护国家主权和民族尊严，不说不利于祖国的话，不做有损国格、人格的事。

2. 站稳立场，坚持原则，警惕和抑制敌对势力推行和平演变的图谋，自觉抑制资产阶级腐朽思想和生活方式的侵蚀，做到"富贵不能淫，贫贱不能移，威武不能屈"。

3. 坚决执行党和国家的方针政策，自觉遵守法律法规。如实反映情况，严格执行请示报告制度。

4. 保守国家秘密，严格执行保密规则。坚持内外有别，不泄露内部情况。

5. 忠于职守，尽职尽责。提高警惕，防奸、反谍、反策反。

6. 加强组织观念，自觉遵守纪律。在国外服从驻外使领馆的领导，遵守驻在国的法律，尊重驻在国的风俗习惯。不搞大国沙文主义，不搞种族歧视。

7. 不同外国机构和外国人私自交往，不利用职权和工作关系营私牟利。严禁索贿受贿，不违反国家规定收受各种名义的回扣归个人所有，严格执行授受礼品的规定。

8. 勤俭节约，廉洁奉公，分清公私界限，严格遵守财务制度。

9. 谦虚谨慎，不卑不亢。讲究文明、礼貌，注意服饰、仪容。严禁醉酒。

10. 顾全大局，发扬风格，协调配合，协同对外。

(二) 把握区域差异

中国礼仪的特点是重视血缘亲情、强调共性。中国人非常注重共性，在社会生活中强调集体主义原则，个人服从集体。人们比较注重他人和社会对自己的评价，而往往忽略自身的感受，由此在礼仪运用中也就反映出这样的倾向。而西方人强调个人至上，个性自由，特别注意维护个人的尊严，尊重个人的隐私，这一点是贯穿于整个人际交往的；中国人的性格一般含蓄内向、忍耐力强，同人相处往往谦虚谨慎、克制自己。而西方人则开放洒脱、不拘小节、感情外露，十分注意自我价值和自我感觉。比如对待别人的赞美，西方人会用"谢谢"来表示接受对方的好意，而中国人会用"做得不好"来表示自己的谦虚；中国人讲究礼节，注重礼尚往来，在相互的交往中，中国人往往更富有人情味和感情色彩，而西方人强调交往务实，认为在交往活动中，既要讲究礼貌,表示对对方的尊敬,又要简洁便利、实事求是,不喜欢繁文缛节。

(三)注意基本常识

国际礼仪的内容多,衣食住行,访谈迎送,任何一个问题都有很多的内容,不可能面面俱到,但必须掌握国际礼仪的基本常识。国际礼仪的常识内容包括国际礼仪通则、会见与会谈、着装、餐饮、出访、礼品与包装等各种礼仪内容。在涉外交往中由于文化习俗的不同,最易忽略和出错的地方都是我们必须重点掌握的基本常识。对于这些基本常识我们只有了解才能成功地进行外事活动,才能有效地运用国际礼仪。

国际礼仪切忌乱用。它既有时效性的问题,同时还有适用范围的问题。适用范围从大的方面讲适用于国际交往,从小的方面而言则适用于个人所从事的职业。那么学习国际礼仪就要注意与职业指向相结合,应该根据自己所从事的职业来熟悉和了解国际礼仪,如果你是国家公务人员就应了解国际政务礼仪;如果是公司、企业以及其他一切从事经济活动的人士,在经济往来中就应该多了解国际商务礼仪;如果是从事服务行业的工作人员,就应该多了解国际服务礼仪等等。这样才能更加熟悉地运用国际礼仪,才能在国际社会交往中展示自己的良好形象。

在涉外交往中,各种礼仪纷繁复杂,但万变不离其宗,总有一些通则可供人们遵循。涉外礼仪原则,不是哪个人规定的,也不是在一时一地形成的,它是在长期的国际交往中,由各国相同或相似礼仪规则慢慢演化为一种国际惯例,为各国共同遵守,形成了国际礼仪通则。

1. 国际礼仪通则的内涵

国际礼仪通则就是国际礼仪惯例的基本原则,它既是对国际礼仪的高度概括,也是在国际活动中所应遵循的基本准则和行为规范。了解和掌握国际礼仪通则并在实际工作中认真地遵守和灵活地运用,可以获得良好的沟通和交流效果。

2. 国际礼仪通则的特点

与我国传统礼仪相比较,国际礼仪通则有着自身不同的特点。

(1)国际礼仪强调个人至上。讲究崇尚个性、尊重个性,反对损害个人尊严,要求尊重个人隐私,维护人格自尊。

(2)国际礼仪强调女士优先。因为女性是人类母亲,强调在一切交际场所,不仅要讲男女平等,反对歧视,更要尊重妇女、照顾妇女、关心妇女,有意识地为妇女排忧解难。不尊重妇女,就等于没有教养、不守礼仪。

(3)国际礼仪强调交际务实。在交际活动中强调既要讲礼节、礼貌,又要实事求是,反对虚伪、造作,不提倡过分的客套,不认同过度的自谦、自贬,尤其是反对自轻、自贱。

3. 国际礼仪通则的基本点

(1)遵守最基本的共同生活准则。共同生活准则就是在公共生活和人们交往中公认的、最起码的公共生活准则。在公共场所应遵守公共秩序,讲究社会公德,文明礼貌,尊重他人,不给别人造成麻烦和不方便等均属于公共生活准则的范畴。随着人类社会不断进步,人们已意识到生存环境问题与自己的生活质量息息相关,在日常生活中遵守公共生活准则,自觉地爱惜和保护生活环境,在国际交往中也被视为一个人有没有教养、讲不讲社会公德的重要标志。公共生活准则尽管都是涉及的一些小节问题,但应引起重视,以免在国际交往中因小失大。

(2)不卑不亢。在涉外交往中,不卑不亢是事关国格、人格的大是大非问题,"外事无小事",外事人员的一言一行都代表着国家与民族的形象。在涉外交往中待人不仅仅要热情友好,更重要的是要把握好分寸,既不畏惧自卑、低三下四,又不自大狂傲,要做到堂堂正正、坦诚乐观、豁达开朗、从容不迫、落落大方、一视同仁,要关心有度、批评有度、距离有度。

(3)信守时约。信守时约作为国际礼仪通则的基本原则之一,是指在一切国际交往中必须严格地遵守承诺,承诺一定要兑现,约会必须信守时约。在现代社会,信誉就是效率、信誉就是形象、信誉就是生命。在国际交往中,取信于人,是与交往对象建立彼此之间良好关系的基础。信守时约,遵守约定,是取信于人的基本要求。要做到信守时约,必须做到如下几点:

在时间的许诺上一定要谨慎和明确,切不可含糊不清,模棱两可。

任何事情一经约定,就必须认真遵守,而不可随意变动或取消。

对于双方约定的时间唯有准时最为得体,早到与晚到都是失礼的,更不允许早退。

由于难以预料的因素导致失约,务必要向交往对象及早通报,解释缘由,并向对方致以歉意,切不可避而不谈。

(4)入乡随俗。入乡随俗就是对交往对象所在国家和地区特有习俗加强了解,予以尊重并遵从。入乡随俗包括对交往对象的宗教、习俗、历史、语言等文化的尊重,了解其与本国、本民族文化的不同点和禁忌,在言谈举止上引起重视,主动带着欣赏的态度去了解和理解,在理解的基础上予以尊重,不可以少见多怪,妄加非议。"入乡随俗"是对外交往中彼此之间相互理解与沟通的一条最佳的捷径。另外,在涉外交往中作为东道主时,应"主随客便";而作为客人时,就应"客随主便",这也是"入乡随俗"的一种具体表现。

(5)求同存异。世界各国的礼仪和习俗都存在着一定程度差异,不同文化背景的人的礼仪传统和习俗有着各自的特点。"求同",就是要遵守有关礼仪的国际惯例,要重视礼仪的"共性"。"存异"则是要求对他国的礼俗予以尊重,不可忽略礼仪的"个性",应了解具体对象的礼俗禁忌,并予以尊重。

(6)女士优先。应尊重、照顾、关心、体谅、保护妇女并且想方设法、尽心竭力地为妇女排忧解难。"女士优先"是国际社会公认的一条重要的国际礼仪通则。强调"女士优先"不是因为女性是弱者,值得同情、怜悯,而是因为西方人认为妇女是人类的母亲,对妇女处处给予优待,是对母亲的尊重和感恩。值得注意的是,"女士优先"主要适用于社交场合、公务场合。另外,在阿拉伯国家、东南亚地区以及日本、韩国等东方国家,人们依然讲的是"男尊女卑"。

(7)以右为尊。在国际交往中,各类外交活动、商务往来、文化交流、社交应酬、私人交往等凡是涉及位置排列时,原则上都讲究右尊左卑、右高左低,这就是国际礼仪通则中的"以右为尊"的原则。"以右为尊"的具体做法是:在涉外交往活动中,为了表示对客人的尊重,主人应主动居左,请客人居右。在国际交往中遵循"以右为尊"的原则,可以以不变应万变、化繁为简、化难为易。

(8)尊重隐私。在国际交往中,收入支出、年龄大小、恋爱婚姻、身体状况、家庭住址、个人经历、信仰政见、所忙何事等都属于个人隐私问题,要尊重外国友人的个人隐私权,在与对方交谈时就必须自觉地避免主动涉及这些方面的问题。

第二节 涉外礼仪基本内容

一、涉外交往礼仪

涉外交往活动中,迎送外宾时既要继承和发扬我国礼待外宾的优良传统,同时还要借鉴国际上通行的礼宾惯例。其核心就是:待来者如宾,使宾至如归。

(一)涉外礼宾规格

在涉外接待中,礼宾规格指的就是在礼待不同层次宾客时所必须遵守的国际惯例,通常也在涉外接待中被视作头等大事。

1. 礼宾规格的特征

在涉外接待中,没有礼宾规格或者是不遵守礼宾规格,往往就会出现各种差错导致礼宾接待无法正常进行。一般来说,礼宾规格的标准都是由国家正式文件所规定的,具有规范性、稳定性、礼宾性、差异性和简约性等主要特征。

(1)规范性:礼宾规格通常由国家的外交、外事部门明文规定,有时候也有可能出自国际惯例或者是本国对外交往中约定俗成的做法。因其规范,在实际操作中便于操作。

(2)稳定性:礼宾规格不会一劳永逸、一成不变,会根据自身需要对其进行调整。不过一般情况下,对它的调整都属于微调。相对而言,礼宾规格往往比较稳定,具备一定的稳定性。

(3)礼宾性:礼宾规格主要适用于礼遇来宾,不可用于对待自己人,礼宾性是礼宾规格的主要特征。

(4)差异性:在接待不同的外宾时,往往有许多不同的规定或要求,即为礼宾规格的差异性。在某些特定的情况下,当交往双方的关系发生重大变化或受到某种因素左右时,用以接待外宾的礼宾规格也会与既往的做法略有不同。注意礼宾规格的差异性,才能使礼宾工作做到恰到好处。

(5)简约性:从全球的发展来看,各国的礼宾工作都发生了一定程度的变革。变革的主要趋势就是不断地简化再简化。我国用以外事接待的礼宾规格同样也在不断简化,与过去相比简约这一特征表现得十分明显。

2. 礼宾规格的执行

(1)服从外交。接待中的礼宾规格的具体安排要服从我国外交工作的需要,礼宾规格的操作必须为我国的外交工作服务。

(2)身份对等。在确定接待外宾的礼宾规格时,就与外宾的具体身份相称,同时还应参照外方在接待我方身份相仿者时所采用的具体的礼宾规格。也就是要求我方所给予来访人员的礼遇恰到好处,以免我方人员在出访对方时可能会受到任何形式的怠慢。

(3)一视同仁。依照国际惯例,在外事活动中,多边关系不仅讲究对等,而且讲究平等。由此,在确定和执行礼宾规格时,无论其国家大小,须不分强弱、不看贫富、不讲亲疏,严格条件地平等相待。

(4)主随客便。指我方在确定和执行用以接待来自与我方存在习俗差异及其他差异的外宾的礼宾规格时,必须充分考虑双方的差异性,须充分尊重对方的风俗习惯以及其他方面的特殊做法。

(二)涉外礼宾次序

所谓的礼宾次序,是指国际交往中对出席活动的国家、团体、各国人士的位次按某些规则和惯例排列的先后次序。

在涉外活动中,多边交往日益频繁,在多边的涉外接待中经常会遇到如下情况:在同一时间、同一地点需要同时接待来自不同国家、不同地区、不同部门、不同组织具有不同职级、不同人数的外宾,此时此刻需解决的就是来宾的排序问题,根据惯例,解决此类问题最佳也是唯一切实可行的做法就是依据礼宾次序行事。

一般说来,礼宾次序体现了东道主对各国宾客所给予的礼遇,在一些国际性的集会上则表示各国主权平等的地位。礼宾次序安排不当或不符合国际惯例,会引起不必要的争执与交涉,甚至会影响国家关系。礼宾次序是国际礼仪中的一项重要内容,它不仅反映一个国家对外宾的接待水平,而且反映一个国家对国际礼仪的重视程度。因此在组织涉外活动时,对礼宾次序应给予高度重视。

在多边交往中,同一时间到场的外宾越多,排列其顺序、位次的必要性就越突出。礼宾次序可以妥善解决多方来宾的排序;外事接待工作有如一扇窗口,遵守礼宾次序可以间接反映我方接待工人的水准,有助于我们接待工作的顺利开展,可以恰到好处地向国际展示我国的风貌,促进国际友谊;在多边活动中,来宾都会十分在意东道主对待自己和对待他方的态度是否友好、是否公正。按照礼宾次序办事,可以真诚体现我国对于来宾的公正,使来宾心悦诚服;在多方接待过程中,遵守既定的礼宾次序而非随心所欲,有助于我方做好接待工作,同时将有力地推动多边关系的发展。

(三)礼宾次序的排列原则

礼宾次序的排列,国际上有惯例,有些排列顺序和做法已由国际法所规定,如外交代表位次的排列在《维也纳外交关系公约》中就有专门的规定,常见的有如下几种排列方式。

1. 按身份与职位的高低排列

这是礼宾次序排列的主要根据。一般的官方活动,须按身份与职务的高低安排礼宾次序。如按国家元首、副元首、政府总理(首相)、副总理(副首相)、部长、副部长等排列。在外事交往中,各国提供的正式名单或正式通知是确定职务的依据。由于各国的体制不同,部门之间的职务高低不一致,故要根据各国的规定,按相当的级别和官衔进行安排。在多边活动中,有时也按其他方法排列,但无论按何种方法排列,都要考虑身份与职务的高低问题。

2．按字母顺序排列

多边活动中的礼宾次序有时按参加国国名字母顺序排列，一般以英文字母排列居多，少数情况也有按其他语种的字母排列的。这种方法多见于国际会议、国际体育比赛等。在国际性的会议上，公布与会者名单，悬挂与会国国旗，安排座位等，都采用按各国国名的英文字母的顺序排列，如联合国大会各专门机构的会议和悬挂会员国国旗、大会的席次等都采用此方法排列。不过，为了避免一些国家总是占据前排的席位，因此每年抽签一次，以决定本年度大会席位以哪一个字母打头。国际体育比赛代表队名单的排列，开幕式出场的顺序，一般采用按国名字母顺序排列，东道国排在最后。代表团观礼或理事会、委员会等，则按出席代表团团长的身份高低排列。

3．按通知代表团的日期先后排列

在一些多边活动中，按通知代表团的日期先后排列礼宾次序也是经常采用的方法之一。东道国对同等身份的外国代表团，按派遣国通知代表团组成的日期排列，或按代表团抵达活动地点的时间先后排列，或按派遣国决定应邀派遣代表团参加该活动的答复时间先后排列。采取何种排列方法，东道国在致各国的邀请书中，一般都应加以明确说明。

在实际工作中，遇到的情况往往是复杂的，有的国家根本不依据以上种种惯例，所以礼宾次序的排列通常不能只按一种排列方法，而是几种方法交叉，并考虑其他因素，如首先按正式代表团的规格，即代表团团长身份的高低来确定，这是最基本的。在国际代表团中则采用按国名英文字母的顺序排列。安排礼宾次序所考虑的其他因素还包括国家之间关系、所在地区、活动的性质和对于活动的贡献大小以及参加活动人的威望、资历等。例如，常把同一国家集团的、同一地区的、同宗教信仰的，或关系特殊的国家代表团排在前面或排在一起。对同一级别的人员，常把威望高、资历深、年龄大者排在前面，有时还考虑业务性质、相互关系、语言交流等因素。一般在观礼、观看演出、比赛，特别是在大型宴请时，在考虑身份、职务的前提下，将业务性质对口的、语言相通的、宗教信仰一致的，习俗习惯相近的国家安排在一起。

针对安排礼宾次序的复杂性，我们在具体工作中，要耐心、细致、周到、反复地考虑研究，设想多种方案，以避免因礼宾次序方面的问题引起不愉快。

（四）涉外迎送礼仪

迎送活动是涉外交往活动中的重要环节。

1．确定规格

对来宾的迎送规格各国做法不尽相同。在我国，来宾迎送规格的确定，通常的依据是来访者身份、访问性质、访问目的,并适当考虑两国关系,同时参照国际惯例,综合平衡来确定迎接人员的规格。

迎送外宾人员必须与外宾的身份对等,如由于各种原因不能完全对等时可灵活变通,由职位相当的人或副职出面,但是主人与客人的身份不能相差太大。如遇特殊情况当事人无法到场,应指派代表前去,并以礼貌的方式向对方作出解释,适当表示歉意。

特殊情况下,为了两国的外交关系或政治需要,可打破常规,安排较大的迎送场面,给予较高的礼遇,但要避免产生不必要的误会,以免造成厚此薄彼的印象。对于一些属私人性质的访问,迎送的安排则要以礼貌、方便、实际为原则。

2. 前期准备

(1)充分掌握来宾情况。为保证迎送工作进行得圆满顺利,达到双方满意的效果,我方人员应对外方的具体情况做充分的掌握,这是做好迎送工作的基本保证。

来宾的个人简况:姓名、性别、年龄、民族、单位、职务、职称、宗教信仰、生活习惯等,尽可能更多地掌握信息。

来宾的总体情况:具体人数、性别概况、组团情况以及负责人等。

来宾的整体计划:来宾来访的目的、指导方针、大致安排等,我方应有一定程度的了解。

来宾的具体要求:在迎送活动前,以及在其具体进行中,我方对于外方提出的要求,应予以充分考虑。对于其他来宾的个人意见、建议也要认真听取。

来宾的来去时间:对于来宾正式抵达和离去的具体日期、时间及其相关的航班号、车次、地点都应进行充分掌握,进行再三核对,并及早通知全体迎送人员和有关单位做好准备。

(2)全面了解我方意图。涉外接待都有全套的工作方案,要做到明确接待方针、了解具体意图、熟知礼宾规格、清楚礼宾次序、注重操作重点、准备迎送预案。

(3)密切关注外方反应。为慎重起见,在外事接待过程中,对其他各方对我方迎送活动的反应,应予以重视。

官方反应:对于各个国家、各个国际组织的正式表态要首先关注。

民间反应:对于来自各国民间反响,也应有所了解,以免有失偏颇。

媒体反应:对于各种传播媒体的相关报道,必须及时掌握,并在必要时做出相应的反应。

3. 礼节周到

外事无小事,同时细节决定成败。在外事接待中,各方面接待礼节都应按国际礼仪的细节注意做到。比如献花环节时须用鲜花,并注意保持花束整洁、鲜艳,忌用菊花、石竹花等,通常由儿童或女青年进行献花。再如介绍环节,客人与迎接人员见面应相互介绍。通常先将欢迎的人员介绍给来宾,由礼宾交际工作人员或其他接待人员介绍,也可以欢迎人员中身份最高者介绍等等。总之标准、细心、周到、礼貌应贯穿整个接待环节。

4. 注意事项

在迎送外宾的具体活动中,既要事事从大局着眼,明辨大是大非,又要处处从小事着手,关注具体的细枝末节。特别要从气象、交通、安全、忌讳方面予以高度关注。

(1)气象状况不可不查。在任何时候,气象条件的变化都会对正常活动产生一定的影响。因此,在具体安排迎送外宾活动时,要充分了解当地的气候变化规律,确定气候变化的应对措施。

(2)交通状况不容回避。在迎送活动中如果交通方面存在隐患,必将影响活动的顺利进行。因此,一定要保证数量满足要求,并应准备一定的机动车辆,还应事先向交管部门通报,以取得交管部门的支持与合作。

(3)安全状况不可忽视。迎送工作的安全状态要高度重视,安全第一。要采取必要的安全措施,通常应采取一定的保密措施,如果有需要需调动安保人员到场。相关部门应各负其责,宾主双方要沟通与合作,同时还需密切关注社会动态。

(4)外宾忌讳不可小觑。在迎送活动中,特别要注意外宾的一些习俗。常言说:"十里不同风,百里不同俗。"不同国家、不同民族都会有各自的忌讳,这一点我们要十分注意,避免不礼貌的情况发生。

数字的忌讳:西方人认为13是不吉利的,应当尽量避开,星期五也是不吉利的,尤其是逢到13日又是星期五时,最好不举办任何活动。"4"字在中文和日文的发音与"死"相近似,所以在日本与朝鲜等东方国家将它视为不吉利的数字,如遇到"四"且非说不可时往往会说"两双"或"两二"来代替。另外,在日语中"九"的发音与"苦"相近似,因而也居忌讳之列。

食品的忌讳:伊斯兰国家和地区的居民不吃猪肉和无鳞鱼;日本人不吃羊肉,东欧国家的人不爱吃海味,忌吃各种动物的内脏;叙利亚、埃及、伊拉克、黎巴嫩、约旦、也门、苏丹等国的人,除忌食猪肉外,还不吃海味及各种动物内脏(肝脏除外);在阿拉伯国家做客不能要酒喝。

颜色的忌讳:日本人认为绿色是不吉利的象征;巴西人以棕黄色为凶丧之色;欧美许多国家以黑色为丧礼的颜色;埃塞俄比亚人则是以穿淡黄色的服装表示对死者

的哀悼；叙利亚人也将黄色视为死亡之色；巴基斯坦忌黄色；蓝色在埃及人眼里是恶魔的象征；比利时人也最忌蓝色；土耳其人认为黄色和紫色与死亡有关。

花卉的忌讳：德国人认为郁金香是没有感情的花；日本认为荷花是不吉祥之物；菊花在意大利和南美洲各国被认为是"妖花"，只能用于墓地与灵前；法国认为黄色的花是不忠诚的表示；绛紫色的花在巴西只能用于葬礼；在国际交往场所忌用菊花、杜鹃花、石竹花，黄色的花献给客人成为国际惯例，在欧美被邀请到朋友家去做客，献花给夫人是件愉快的事，但在阿拉伯国家，则是违规的礼仪。

第三节　外事活动礼仪

在涉外友好交往过程中，经常要出国出境，经常要举办各种活动，总的来说，我国和亚洲国家的仪式相比欧美国家来讲都较隆重。因此，在举行各类涉外活动中，要熟知出入国境的常识，应以活动目的为出发点，以达到圆满为落脚点。

一、出入国境常识

在国际交往中一个最常见的行为就是出入国境。出入国境必需持有公民合法证件（护照与签证），需要经过必要的检查（出镜检查与入境检查），还要做好各项准备工作。为了顺利出入境就需了解国际旅行的一般常识。

（一）护照

护照是通过口岸的通行证，是主权国家发给本国公民出入境的合法证明和国籍证明。在国际上，只有持有护照，才能证明一个人的合法身份。因此，护照是个人在国外的"身份证"，任何国家都不允许没有护照的人进入其国境。

1. 护照种类

我国护照分为四类：外交护照、公务护照、因公普通护照和因私普通护照。护照不是永久性证件，有一定的使用期限，一般为1年、2年或5年，在有效期内使用。一般各国使领馆在颁发签证时都要求护照的有效期在6个月以上，否则不发给签证。因此，若护照有效期不足6个月，则必须到颁发护照的机关申请延期或重新办理新护照。

（1）外交护照：我国现行的外交护照封皮印有明显的"外交护照"字样，为大红色，故称为"红皮护照"。此护照主要发给副部长、副省长等以上级别的政府高级官员，党、政、军等重要代表团正、副团长，外交官员、领事馆员及其随行配偶与未成年子女，外交信使等。

按照国际惯例,各国军政当局通常都会给予外交护照持有者以应有的礼遇、尊敬、外交特权与豁免。

(2)公务护照:我国现行的公务护照封皮印有明显的"公务护照"字样,为墨绿色,故称为"绿皮护照"。此护照主要颁发给我国各级政府部门工作人员,中国驻外国的外交代表机关、机关、驻联合国组织系统及其有关专门机构的工人人员以及他们的随行配偶、未成年子女等。

依照国际法和国际惯例,各国军政当局一般均应对公务护照的持有者在执行公务时给予应有的通行便利、外交特权与豁免。

(3)因公普通护照:我国现行的因公普通护照封皮印有明显的"因公普通护照"字样,或在护照页内注有"因公"字样,为深棕色,故称为"棕皮护照"。此护照是要颁发给我国军队、国有企业、事业单位出国从事经济、贸易、文化、体育、卫生、科技交流等公务活动的人员,以及公派访问学者、公派出国从事劳务的人员等。

(4)因私护照:我国现行的因私护照封皮标有"护照"两字,为紫色,故称"紫皮护照"。此护照一般颁发给定居、探亲、访友、继承财产、留学、就业、旅游的人员。

2.护照的办理

(1)外交护照、公务护照、因公普通护照的办理:一般采用统一办理方式办理。

(2)因私普通护照办理:向自己所在地的公安部门提出申请,提交相应的材料后由公安部门负责签发。办理程序如下。

领取申请表:凭有效身份证到就近的派出所或公安部门出入境管理处免费领取《中国公民因私出国(境)申请审批表》;

按要求填写表格:申请表须用黑色或蓝黑墨水填写,字迹清晰、整洁,不准涂改;

备齐相关证明材料:本人户口簿、身份证原件和户口簿首页、本人资料页和身份证复印件;填写完整的表格原件;符合办理要求的申请人近期正面免冠彩色照片三张;国家公职人员按组织、人事和行政隶属关系提供所在单位的意见;根据出国目的的相关证明材料;

领取护照:公安局出入境管理部门在受理申请后进行审核,一般可在14个工作日后或在回执上标明的取证日期领取护照。领取时须携带本人户口簿或身份证和回执。领取后应仔细校对护照上的各项内容正确无误,然后在护照上的签名一栏上签署本人姓名并妥善保管,切勿任意涂改。同时注意须在回执上标明取证日期的三个月内领取,否则出入境管理局将予以销毁。

(二)签证

签证即得到你准备前往的国家同意你入境的许可的证明,所以,所谓签证是指一个主权国家的官方机构对于本国或外国公民出入境、过境或居住的许可证明。内容一般包括签证有效期限、有效次数、停留期限、出入境口岸、偕行人员等等。

1. 签证种类

外交签证、公务签证和普通签证。入出境签证有入境、入出境、出入境、过境几种。此外,还有居留签证。有些国家还发放礼遇签证、旅游签证和非移民签证。

2. 申请签证的主要内容

主要包括三个方面,一是填写签证申请表,二是提交申请签证的有关材料,三是签证面试。

3. 申请签证提交材料

本人有效护照或其他旅行证件;国外邀请信原件或传真件,担保函原件,护照或身份证的复印件以及其他相关材料(如邀请人的经济收入证明、纳税证明等);有关申请人本人的各类相关资料(如有关公证书、国际机票等);本人照片(须与护照照片一致)。

4. 签证面试

有些国家有签证面试(俗称面签)要求,申请人应根据使领馆的要求和安排,准时应邀见面并在以下几方面引起注意。

(1)讲究礼貌、礼仪,落落大方,既不能恃才自傲,也不能卑躬屈膝;

(2)实事求是地跟面签官讲清自己申办签证的目的和动机,入出境时间,停留期限,并保证遵守前往国法律和近期回国等;

(3)认真回答面试官提出有关置疑的问题,要如实正面回答,以解除面试官的怀疑,切不可用反问的方式回答问题;

(4)要一问一答的方式,即面试官提出一个问题,申请人回答一个问题,回答时语言要简练,力求准确,不可冗长烦琐。

(三)出国出境前的准备

常言道:"有备无患。"做什么事事前做足了充分的准备工作才可以提高效率和顺利成功。

1. 熟悉目的地国家情况

应对目的地国家(包括经停、中转)的国情、气候、民俗、法律、宗教、文化、主要语言、饮食、交通等方面有详细的了解,以保证旅途顺利。

2. 进行外事纪律、安全和保密教育

出国前应进行人身安全、财产安全、交通安全、交往安全和保密知识方面的教育，以提高出国人员的应变意识和安全防范能力，有利于强化对国外生活条件和环境的适应力。出国人员要坚定爱国信念，传播中国文化，搭建友谊桥梁，讲好中国故事，成为推动世界和平和发展的友好大使。

在保密方面出国(境)人员应增强保密防范意识，了解保密防范知识，自觉保守国家秘密，维护国家安全。做到载体携带须谨慎、言论活动有分寸、资料填写要警惕、交流合作要小心、紧急情况要报告。

3. 相关物品准备

这里包括生活物品准备；行李箱包准备（每件行李箱上贴上自己中文和英文姓名、地址、电话号码、国别及前往国家）；护照、机票、现金等请务必随身携带；礼品准备；卫生保健准备、预防接种准备和通信手段准备。

4. 其他准备

订购机票、购买保险等。

二、会见、会谈礼仪

会见、会谈是涉外交往中常见的重要活动。在涉外活动中，应根据双方身份及来访目的，安排相应的对等接待。会见会谈的目的在于双方通过直接的、面对面的交谈与互动来增进感情，加深了解，交流看法，或通过磋商来解决矛盾，达成共识。

会见，国际上又分为接见或拜会，身份较高者见身份较低者，或是主人会见客人，称为会见；身份较低者见身份较高者，或是客人去见主人，一般称为拜会或拜见，我国统称为会见。会见分礼节性的、政治性的和事务性的。礼节性会见一般时间不长，话题较为广泛，形式也比较随便；政治性会见一般要谈论双边关系、国际局势等重大问题，话题较为严肃，形式也较正规；事务性会见涉及一般外交交涉、业务商谈和经贸、科技、文化交流等内容，有较强的专业性。

会谈是指双方或多方就某些重大的政治、军事、经济、文化问题以及其他共同关心的问题交换意见，内容较为正式，政治性或专业性较强，不论会见与会谈都应注意以下礼仪：

（一）座位安排

1. 会见的座位安排

会见通常安排在会客室、会客厅或办公室。各国的会见礼仪程序不尽相同，通常宾主各坐一边，也可穿插而坐。会见具有独特的礼仪程序，如安排双方简短致辞、赠礼、合影等。我国习惯在会客室会见，客人坐在主人右边，翻译和记录安排坐在主人和主宾的后面，其他客人和主方陪同人员按礼宾顺序分别在主宾和主人一侧就座，座位不够时可在后排加座，如图 6-1 所示。当来宾或主人的身份较高时，可分别如图 6-2 或图 6-3 安排座位。

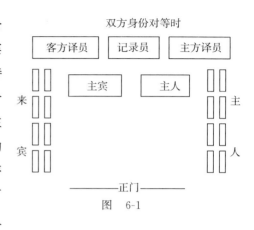

图 6-1

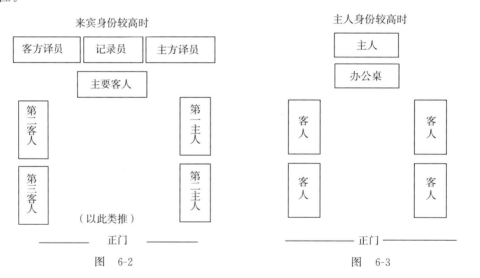

图 6-2　　　　　　　　　　　图 6-3

2. 会谈的座位安排

会谈的座位安排使用长方形、椭圆形或圆形的桌子，一般有两种摆放方式：

会谈桌横放：宾主相对而坐，以正门为准，主人背门、客人面门落座，双方主谈人居中。我国习惯把译员安排在主谈人右侧，有些国家地区根据情况安排译员坐在后面，一般尊重主人安排。其他人按礼宾顺序左右排列。记录员可安排在后面，会谈人数少可安排在会谈桌就座。（如图 6-4 所示）

会谈桌竖放：以入门方向为准，遵循"以右为尊"的原则，右边为客方，左边为主

方。(如图6-5所示)

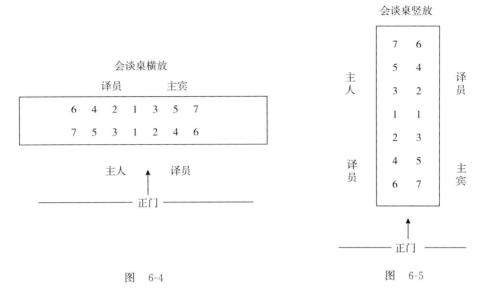

图 6-4　　　　　　　　　　　图 6-5

无论任何会谈,都必须体现出双方相互平等的意念。

(二)行为端庄

会见、会谈行为要求正规,主要行为有介绍、握手、谈话三项。

介绍:正式会见,由第三者介绍,礼貌地以手示意。在我国,一般由引见人先将外宾向我方介绍,然后将我方人员向外宾介绍。

握手:会见会谈中的握手一般在双方介绍完以后相互握手。握手礼规按国际交际场所的礼规执行。

(三)语言得体

涉外交往中,会见、会谈时,要落落大方,诚恳自然。谈话时,要注意倾听,不要轻易打断,要给对方充分表达思想的机会。与外宾谈话时,要实事求是,称赞对方不宜过分,自己谦虚也需适当,许诺要谨慎。

(四)注意细节

事前准备:提出会谈会见要求的一方,应该及时将会见人的姓名、职务以及目的预先告知对方,并同时将参加会见的人员名单(包括姓名、性别和职务等较详细的情况)提交对方。被要求会见的一方在得到通知后要及时做出安排,并尽快通知对方会见的时间、地点、会见人员和注意事项等,同时安排会见当中的一些具体事项(如接送人员、车辆、场地、旗帜、茶点、座位卡等等),如因故不能接待,应及时婉言予以解释。

场地准备：备足座位，根据参加人员数量和场所面积的大小，决定场所的一应准备工作，安排好座位图，放置中英文座位卡，或者由对外宾比较熟悉的几位人士引导就座。

合影留念：按礼宾次序事先排好合影人员位置图，礼宾次序为主人居中，以主人右首为上，主客双方间隔排列，两端主方人员把边。合影的时间一般安排在主客双方见面之后，也可安排在会见、会谈之后。

迎宾礼仪：主人应在门口迎接客人，位置可在楼正门，也可在会客厅门口。主人不到楼门口迎接，应安排工作人员在楼门口迎接，并将宾客引入会宾厅。领导人之间的会见或会谈，除陪同人员和必要的译员、记录员之外，其他工作人员待安排就绪后均应退出，会见结束后，主人送客到车门口道别，目送客人离去后离开。

茶水：会见、会谈时备用的饮料，国际上没有统一的规定，我国主要是准备传统饮料——茶水，夏天加冷饮，有时也摆放矿泉水等，不能准备含有酒精的任何饮料。如果会见时间较长，可适当准备咖啡或红茶。

（五）国旗的悬挂

国旗，是一个国家的标志和象征。在正式活动中，通过升挂本国国旗维护本国的尊严和荣誉，同时有助于对他国表示应有的尊重与友好。悬挂国旗不可随意而行，在国际交往中形成了悬挂国旗的一些惯例，为各国所公认并执行。

按国际关系准则，一国元首，政府首脑在他国领土访问，他国接待来访的外国元首、政府首脑时，在隆重的场合、下榻的宾馆、乘坐的汽车上悬挂来宾方的国旗。按照国际惯例，国际会议、展览会、体育比赛等国际性活动，都应悬挂相关国家国旗。

升挂国旗时，以其正面面向观众，即旗套居于国旗的右方；悬挂双方国旗时，按国际惯例，以旗身面向为准，右高左低。汽车上挂旗则以汽车前进方向为准，驾驶员左手为主方，右手为客方。所谓客、主双方，不以活动举行所在国为依据，而以举办活动的主人为依据。

(1)旗帜悬挂：主要分为国旗与其他旗帜，中国国旗与其他国家国旗两类情况。

第一，国旗与其他旗帜

当国旗与其他旗帜悬挂时，按照《中华人民共和国国旗法》及其使用的有关规定，我国国旗代表国家，必须按国旗悬挂原则居于上首位置。

国旗悬挂原则：居前为上、以右为上、居中为上、以大为上、以高为上。

第二,中国国旗与其他国家国旗

在国际商务交往中,中国旗帜和其他国家旗帜同时悬挂时,应分别对待。

活动以我方为主:我方为主人角色时,外方应该受到尊重,其国家的国旗应处于上位;

活动以外方为主:外方为主人角色,中国国旗应该处于上位。

(2)几种国旗的悬挂法:

两面国旗并挂(如图6-6所示)

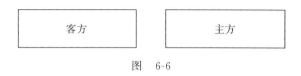

图 6-6

三面以上国旗并挂:多面并挂,主方在最后;国际性会议,无主客之分,则按会议的礼宾顺序排列。(如图6-7所示)

图 6-7

并列悬挂:(如图6-8所示)

客方　主方

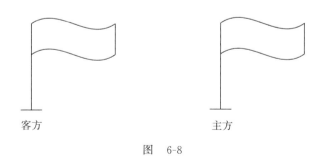

图 6-8

国旗不能倒挂,某些国家的国旗因图案、文字等原因,既不能竖挂,也不能反挂。在正式场合悬挂国旗宜以正面(即旗套在旗杆的右方)面向观众,不能用反面。如果挂在墙壁上,避免交叉挂法和竖挂;并排悬挂不同比例的国旗,应将其中一面略放大或缩小,以使旗的面积大致相同。

我国规定:在中国境内悬挂外国国旗时,必须同时升挂中国国旗,并将中国国旗置于上位。

外国驻华机构,外商投资企业、外国公民在同时升挂中外国旗时,应当将中国国旗置于上位。具体方法是:一列并排时,以旗面面向观众为准,中国国旗在最右方;单行排列时,中国国旗在最前面;弧形或从中间往两旁排列时,中国国旗在最中心;圆形排列时,中国国旗在主席台或主入口处对面的中心位置;同时升挂国旗时,须先升挂中国国旗;降落时,应最后降中国国旗。

三、涉外仪式礼仪

涉外仪式是涉外活动的重要内容,需要遵循相应的礼仪。

(一)涉外签字礼仪

签字是文件有效的重要标志。国与国之间通过谈判,就政治、军事、经济、文化、科技文化等某一领域的相互关系达成协议,在缔结条约、协定公约时,都需要举行签字仪式。国家领导人出访某国,两国发表联合公报或联合声明,有时也举行签字仪式。现在,许多地方与国外发展友好合作关系,达成合作项目的协议、备忘录甚至合同也都举行签字仪式。

1. 签字仪式的准备工作。举行签字仪式之前,要准备好文本,文本的定稿、翻译、印刷、校对、装订、盖印等,均要确保无误,同时还要准备好签字时用的文具、国旗,确定助签人员,助签人员应事先与对方就有关细节问题进行沟通。

2. 确定签字仪式的参加人员。签字人的身份必须与待签文件的性质相符,双方签字人的身份、职位、人数应该大体相当。按惯例,双方参加洽谈的全体人员都应参加签字仪式,双方人数最好大体相等。如一方要求让某些未参加会谈的人员出席,应征得另一方的同意,有时为了对签字的协议表示重视,可安排更高或更多的领导人出席签字仪式。

3. 签字仪式的会场布置。签字现场的布置各国不尽相同。我国的做法是在签字厅安放一张长方桌作为签字桌,桌面覆以深色或白色的台布,桌后放两把椅子,为双方签字人座位,根据"面门为上"的原则,主左客右。并根据座位桌面摆放本国保存的文本,文本前面放有签字文具;桌子中间摆放旗架悬挂双方国旗,双方助签人员分别站在各自主签人员的外侧,双方参加仪式的其他人员,按身份顺序排列于各主签人员的座位之后。(如图6-9所示)

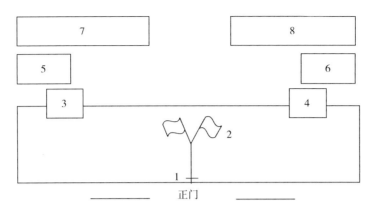

1. 签字桌 2. 双方国旗
3. 客方签字人 4. 东道国签字人
5. 客主助签人 6. 东道国助签人
7. 客方参加签字仪式人员 8. 东道国参加签字仪式人员

图 6-9

有的国家则在签字厅内安放两张方桌为签字桌,双方签字人各坐一桌,双方的小国旗分别悬挂在各自的签字桌上,参加仪式的人员坐在签字桌的对面。(如图 6-10 所示)

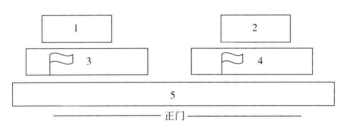

1. 客方签字人席位 2. 东道国签字人席位
3. 客方国旗 4. 东道国国旗
5. 参加签字仪式人员席位

图 6-10

还有的国家则是安排一张长方桌为签字桌,签字人分坐左右,国旗分别悬挂在签字人身后,参加签字仪式人员分坐签字桌前方两旁。(如图 6-11 所示)

多边签字仪式与双边签字仪式大体相似,若只有三四个国家,一般只相应地多配备签字人员席位、签字文具、国旗等物。如果签字国家众多,通常只设一个座位,由文本保存国代表先签字,然后由各国代表按礼宾次序轮流在文本上签字。

第六章 涉外礼仪

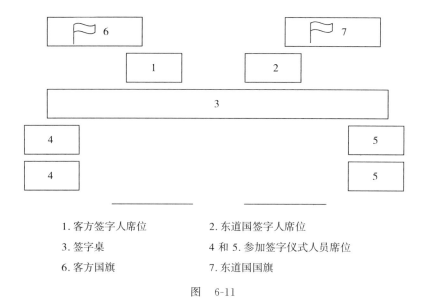

1. 客方签字人席位　　　2. 东道国签字人席位
3. 签字桌　　　　　　4 和 5. 参加签字仪式人员席位
6. 客方国旗　　　　　7. 东道国国旗

图 6-11

4. 签字仪式程序。仪式参加人员进入签字厅后,签字仪式开始,签字人员首先入座,其他人员分宾主双方按身份礼宾顺序就位,助签人员分别站在各自签字人的外侧,协助翻译文本,指明签字处,用吸水纸按压签字部位。签字人在本国保存的文本上签字后,由助签人员传递文本,再在对方保存的文本上签字。签毕,双方签字人交换文本,并互相握手。仪式结束也可根据情况上香槟酒,宾主双方共同举杯庆贺。

(二)涉外开幕仪式

国际交流中,展览会、交易会、文化节、艺术节等重大活动,都可举行开幕仪式。

1. 开幕式的参加人员。开幕式通常由主办单位的负责人主持,双方有关人员参加。可以邀请有关国家的代表团、各国驻当地的使节、外国记者出席。如果是高规格的开幕式,东道国的国家领导人往往出席。

2. 开幕式的准备工作。要选择宽敞的场地(室内、室外均可),会场正面要悬挂开幕式的横幅,悬挂有关各方的国旗,会场周围可插上彩旗;准备话筒,供主持人、致辞人和翻译等使用;准备剪彩用的彩带(球)和剪刀;备好签名簿,请领导人和来宾题词或签名留念。

3. 开幕式的程序。双方出席开幕式的人员入场后,宾主双方面向外分左右两边排开,主持人宣布大会开始。首先请开幕式主办单位的主要负责人或代表团团长致辞,若是双方合作,一般请一方负责人致开幕词,请另一方致贺词,致辞后即开始剪彩,若是双方合作,可各推荐一位负责人任剪彩人进行剪彩。剪彩结束后,主人陪同宾客参观,有时还举行执行会。

四、涉外馈赠礼仪

礼品馈赠是涉外交往中常见的行为,起着联络感情、加深印象、沟通信息等作用,因而要遵守赠送礼品的礼仪规范。

(一)礼品的挑选

礼品选择时应细致周到,主要注意四个方面的原则:

1. 纪念性。涉外馈赠,送礼讲究的是"礼轻情义重",一般国家都不提倡赠送过于贵重的礼品。

2. 民族性。给外宾赠送礼品应该选择具有民族特色的物品,例如我国的风筝、筷子、民间手工艺品、笛子、书画、茶叶、绣品等等,往往备受青睐,身价倍增。

3. 针对性。挑选礼品时一定要因人、因事而异。国务活动时,宜向国宾赠送鲜花、艺术品;出席家宴时,宜向女主人赠送鲜花、工艺品、土特产;办公用的礼品可选用名片盒、套笔、相框、商务书籍等;探望病人时更多地注重精神效应,如一束鲜花、一张CD都能让病人感到温馨,增强与疾病抗争的信心。

4. 差异性。向外宾赠送礼品一定要注意对方的风俗习惯,特别注意六个方面的禁忌:一是与礼品品种有关的禁忌;二是与礼品色彩有关的禁忌;三是与礼品图案有关的禁忌;四是与礼品形状有关的禁忌;五是与礼品数目有关的禁忌;六是与礼品包装有关的禁忌。

在我国,向外国友人赠送礼品除了要注意纪念性、民族性、针对性、差异性外,因公赠礼时,还应注意不选择以下几类物品作为正式赠予交往对象的礼品:一是现金、信用卡、有价证券;二是价格过于昂贵的奢侈品;三是烟、酒等不利于健康的物品;四是易使异性产生误解的物品;五是触犯受赠对象个人禁忌的物品;六是药品与营养品。

(二)馈赠的技巧

赠送礼品要讲究方式,赠送的方式和时间如果不合时宜,不仅有损于礼物的价值,而且会影响到已建立的关系。

1. 精心包装。在国际交往中,礼品的包装是礼品的有机组成部分之一。被视为礼品的外衣,送礼时不可缺少。因此,礼品应认真地包装,包装讲究材料、包封、图像及捆扎、包裹乃至缎带结法的具体方式。对待信奉基督教的国家,避免将丝带结成十字交叉状。

2. 把握时机。涉外交往中,由于宾主双方关系不同,所处的时间、地点以及送礼的目的不同。依照国际惯例,把握礼品赠送的最佳时机,关键在于具体情况具体安排。会见或会谈时,应选择告辞之时;向交往对象道喜、道贺时,应在双方见面之初;出席宴会向主人赠送礼品,可在起身辞行之时,也可在餐后;东道主接待外国来宾时,可在来宾向自己赠送礼品之后进行回赠,也可以在外宾临行前的一天,在其下榻之处进行探访之时;若同时向多人赠送礼品,应先长辈后晚辈,先女士后男士,先上司后下级,按照次序,有条不紊地进行。

3. 赠礼的方式。馈赠的途径主要有两种,一种是当面亲自赠送,另一种是委托他人转送。在涉外交往中一般情况下都是由送礼人亲自当面将礼品交给受礼人。这样可以在赠送礼品时随机应变,或畅叙情义,或介绍礼品的寓意,或演示礼品的用法,有助于充分发挥赠礼的作用。确实不能当面赠送托人赠送,所托之人在转交礼品时,一定要以恰当的理由来向受赠对象解释赠礼人不能当面赠礼的原因。

(三)受礼礼仪

涉外交往中,接受外品应彬彬有礼、落落大方。

1. 欣然接受。来宾赠送礼品时,应大大方方,高高兴兴接受,不要推来推去,过分客套。接受礼品时,应起身站立,面向对方,面含微笑,行注视礼,双手接受礼品,与对方握手并郑重其事地道谢。受礼时面无表情,以左手接受礼品,受礼后不致谢都是非常失礼的表现。

2. 启封赞赏。在国际交往中,特别是在欧美国家,受礼人接受礼品后,应当面拆启礼品的包装,欣赏礼品并适当加以赞美,这与我国的受礼风俗有所不同。我国习惯于不当场启封,或暂时将礼品放在一旁,在涉外交往中,这些做法是失礼的表现。

3. 拒绝有方。涉外交往中,五类礼品是不可接受的。一是违法、违禁物品;二是有辱我方国格人格的物品;三是可能使双方产生误会的物品;四是价格过分昂贵的物品;五是一定数额的现金、有价证券。不能接受的礼品,应当即礼貌地说明原因,并当场退还。

4. 事后致谢。接受礼品后,特别是较为贵重的礼品最好在一周之内写信或打电话给对方正式致谢。如果礼品是由他人代为转交的,则更应再次感谢。再见送礼人时,在适当的时机,再次当面向对方表达谢意,告知对方,礼品非常喜欢,并且经常地使用,这样会令送礼的人非常开心。

馈赠小知识

在涉外交往中,给外宾赠送礼品时,尤其是委托他人转送给礼品,应附上一枚送礼人的名片。它既可以放在礼品盒之内,也可以放在一枚写有受礼人姓名的信封里,然后将这枚信封固定在礼品的外包装上。这样做一是表达礼貌,二也可将自己的信息告知对方,以便日后沟通。

第四节　常见国家礼俗

一、亚洲国家：日本、韩国、印度、泰国、新加坡

亚洲是世界上第一大洲,有 40 多个国家和地区,人口众多,是世界上语种、种族和宗教种类最多的地区,崇尚个人的谦恭和集体的和谐,商业通用语言是英语。在亚洲,佛教徒最多,其次为伊斯兰教教徒,也有一部分基督教徒。亚洲是三大宗教影响最大的地区。

（一）日本

日本的正式名称是日本国,位于亚洲东部,全国总面积为 37.78 万平方公里,盛产樱花,贸易发达,造船工业与钢铁工业居于世界前位,有"樱花之国""贸易之国""造船王国""钢铁王国"之称。

主要宗教为神道教和佛教,神道教是日本本土的宗教,佛教从中国传入,少数日本人信奉基督教或天主教。

官方语言是日语,货币为日元。1972 年 9 月 29 日与我国建立了正式的外交关系。

1. 社交礼仪

交往礼仪：见面时多采用鞠躬礼。行鞠躬礼时行者要毕恭毕敬,而鞠躬的幅度、时间的长短,鞠躬的次数与对方的受尊敬程度成正比。他们在任何场合都彬彬有礼,不使对方感到尴尬,一件事不管办成与否都会报以微笑。初次见面时不谈工作,相互引见,自行介绍,互换名片已成为一整套礼仪,因而有"鞠躬成自然,见面递名片"之说。

馈赠礼仪：重视人情往来，喜欢送小礼物，不能送梳子、圆珠笔、火柴、T恤衫。接受了赠礼，要找机会报答，否则处境会很尴尬。接受礼物时，不要马上把礼物接过来，要向主人让一两次之后再收，接收礼物用双手，受礼后要表示感谢。送礼讲究包装，认为这是一种礼貌和文化修养的表示。

称呼礼仪：需称呼姓，只有家里人和朋友才称呼名字，一般称"先生""小姐"或"夫人"，也可以在其姓氏之后加一个"君"字，将其尊称为"××君"。

2. 衣食习俗

服饰礼仪：衣着不整齐是不礼貌的行为，商务交往，政务活动以及对外的场合都要求穿西服；和服是日本传统的民族服装，是隆重的社交场合和节庆时的主要服饰。

餐饮习俗：日常饮食主要有三种料理：一是和食，传统的日本料理，是日本人祖祖辈辈流传下来的独特饮食方式；二是中华料理，即中餐，偏爱广东菜，北方菜，淮扬菜以及四川菜；三是西洋料理，即西餐。喜欢清淡，忌油腻，爱吃鲜中带甜的菜，早餐喜喝稀饭、牛奶，吃面包。午餐，晚餐一般吃米饭。他们爱吃鱼、牛肉、生鱼片、瘦猪肉、生鸡蛋、豆腐、酱菜、泡菜及各种时鲜蔬菜，但不喜爱羊肉和猪内脏。

重视茶道，讲究"和、敬、清、寂"四规的茶道，具有参禅的意味，陶冶情趣，作为最高礼遇来款待远道而来的尊贵宾客。

3. 习俗禁忌

喜爱樱花，十分反感荷花，荷花仅用于丧葬活动；忌送菊花，菊花是皇室的标志；忌数字"9"和"4"，因发音与"苦"和"死"相同；因有中间一人受制于人的说法，忌三人合影；忌黑白相间色，绿色，紫色和深灰色，喜爱红、白、蓝、橙、黄色。

日本人对鹤和乌龟有好感，认为二者都是长寿、吉祥的代表，而十分反感金色的猫、狐狸和獾，认为它们是"晦气""贪婪"与"狡诈"的化身。

（二）韩国

韩国位于亚洲东北部，全国总面积为9.94万平方公里，韩国经济实力雄厚，造船业和汽车业、电子工业享誉世界，为世界十大电子工业国之一。

主要的宗教为佛教，还有儒教、天主教、基督教或天道教。春节、清明、端午等是韩国的传统节日。

官方语言是韩语，货币为韩国元。1992年8月24日与我国建立了正式的外交关系。

1. 社交礼仪

交往礼仪：注重礼节礼貌，见面礼采用握手礼。行握手礼时用双手或右手。晚辈对长辈、下级对上级规矩严格，须表示特别的尊重，若与长辈、上级握手时还要以左手轻置于其右手之上,躬身相握,以示恭敬。大多场所采用先鞠躬,后握手的方式作为与他人相见的礼节。男子见面,可打招呼相互鞠躬并握手,女性通常不握手,只行鞠躬礼。与他人相见或告别时,对方是有地位,有身份的人,要多次行礼;初次打交道要预先约定,遵守时间,并且要使用名片。

馈赠礼仪:宜选择鲜花、酒类和工艺品,特别注意不宜送日本产品,收礼时大都不习惯当场打开礼品。

称呼礼仪:称呼他人时用尊称和敬语,不可直接称呼对方名字。

2. 衣食风俗

服饰礼仪:讲究朴素整洁、庄重保守,社交活动和商务活动着西服,重要的节庆日,以及结婚等家人聚会的场所,着本民族的传统服装。看重留给交往对象的印象,为维护个人形象,在社交场合的穿着打扮十分在意,邋里邋遢、衣冠不整的人,以及着装过露过透都会让人轻视。

餐饮习俗:饮食品味偏清淡,不喜油腻;以辣和酸为主,主食是米饭和冷面,汤是吃饭时必须提供的;爱吃烤肉、烤狗肉、人参鸡、豆芽等等,不吃鸭子、羊肉和肥猪肉,韩食以泡菜文化为特色,一日三餐都离不开泡菜,传统名菜烧肉、泡菜、冷面已成为世界名菜,男子爱喝酒,喜欢喝大麦茶或冷开水。用餐时很讲究礼节,不边吃边谈,如有长辈同桌就餐,晚辈不可先动筷子。

3. 习俗禁忌

喜爱白色,对熊与虎十分崇拜,忌讳"4"这个数字,因其音与"死"相同,与其交谈时,发音与"死"相似的"私""师""事"等几个词最好不要使用;韩国有"李"姓,非常反感解释为"十八子"李。

(三)印度

印度的正式国名是印度共和国,它位于南亚次大陆,首都新德里,全国总面积为297.47万平方公里,印度各族人民称他们的国家为"婆罗多",意为月亮,在印度,月亮是一切美好事物的象征,所以亦称为"月亮之国"。

主要宗教为佛教,其他有印度教、伊斯兰教、基督教、锡克教、耆那教等。

官方语言是英语和印地语,货币为印度卢比。1950年4月1日与我国建立了正式的外交关系。

1. 社交礼仪

交往礼仪:常见的见面礼节是合十礼和拥抱礼,其他还有三种较有特色的见面礼节,一是贴面礼,流行于印度的东南地区;二是摸脚礼,它是印度极高的见面礼遇,主要用于晚辈拜见长辈；三是举手礼，是合十礼的一种变通。迎接嘉宾时，向对方敬献用鲜花编织而成的花环，花环的大小长度视客人的身份而定，献给贵宾的花环既粗又长，超过膝盖。印度是一个东西方文化共存的国度，有的印度人见到外国人时，能用标准的牛津大学英语问候"你好"，有的则用传统的佛教手势——双手合十进行问候。目前也采用握手礼，但男人不可与印度女子握手，即使在公共场所也不要和女人单独说话。进印度的庙宇或到家庭做客，进门必须脱鞋。

2. 衣食习俗

服饰礼仪：着装朴素、整洁，在一般场合，男子的着装往往是上身一件"吉尔达"，即一种宽松的圆领长衫，下身一条"陀地"，即一种以一块白布缠绕下身，垂至脚面的围裤，在极少数的活动中，会在"吉尔达"之外加上一件外套；女子的服装是纱丽，即将一大块丝制长巾披在内衣之外，好似一件长袍。纱丽非常漂亮，色彩鲜艳，图案优美；不喜露出头顶，出门或在正式场合，男子根据宗教信仰不同而戴不同的帽子或在头上包裹一块头巾，女子则要披纱巾。

印度的女子习惯在自己的前额上以红色点上一个"吉祥痣"，过去用于表示已婚，而今则用于装扮。印度女子喜欢佩戴首饰，她们不仅将首饰视为装饰品，而且当作趋吉避邪的象征物。

餐饮习俗：主食既有大米，又有面食，依个人情况而定。他们烹调食物常以炒、煮、烩三种方法，以素食为主，口味偏咸和辣。社会地位越高的人越忌荤食，爱吃马铃薯。有许多印度人不吃蛇肉、竹笋、蘑菇、木耳和鸡蛋，绝大多数印度人不吸烟。"羊肉汁拌饭""烤饼"是印度的特色食物。大都不饮酒，白开水和红茶是他们的常用饮料，饮茶常用"舔饮"，即把茶盛在盘子中伸舌舔饮。

3. 习俗禁忌

忌讳白色，忌弯月图案，忌送百合花，"1""3""7"三个数字被认为不吉利；崇拜蓝孔雀和黄牛，蓝孔雀为吉祥、如意的象征。印度人敬牛、爱牛、不打牛、不杀牛、不吃牛肉，不使用牛皮制品，印度人喜欢蛇、猫、狗等动物，但一般不喜欢龟、鹤及其图案。

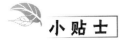 小 贴 士

"迪勒格"的含义

去过印度的人都会发现，印度妇女，不分老幼，都在前额正中点一个红点，称为吉祥痣，即"迪勒格"。按照传统的方法，点吉祥痣时要用朱砂、糯米和玫瑰花瓣等材料

捣成糊状,点在前额的眉心。据说这本来是一种宗教符号,可以消灾避邪。

印度古代的瑜伽行者认为,前额的眉心是人的生命力的源泉,必须涂药膏加以保护。至今仍有不少印度教苦行僧前额点上朱砂。在印度教的婚礼仪式上,点吉祥痣是不可缺少的部分,有的地方是在婚礼之前请婆罗门祭司为新娘点吉祥痣,有的地方则是在婚礼仪式最后,由新郎为新娘点上吉祥痣,预示着婚后生活的幸福美满。

(四)泰国

泰国的正式名称是泰王国。它位于亚洲东南部,全国总面积为51.3万平方公里。盛产大米,大米出口是泰国外汇收入的主要来源之一。世界第一产虾大国,盛产热带水果,自然资源丰富,拥有"微笑之国""佛教之国""黄袍佛国""千佛之国""大象之国"等称呼。

主要宗教为佛教。

官方语言是泰语,英语为通用语言,1975年7月1日与我国建立了正式的外交关系。

1. 社交礼仪

交往礼仪:常用礼节是行"合十"礼。朋友相见,双手合十放在胸前,稍稍低头,互相问好,双手抬得越高,越表示对客人的尊重。但双手的高度不能越过双眼,遇有他人向你合十致敬时,应当合十回礼,否则就是失礼。见面一般不握手,尤其男女之间不握手,但在政府官员和知识分子中流行握手礼。

称呼礼仪:不按姓来称呼对方,习惯以"小姐""先生"等国际上流行的称呼彼此相称,为了表示友善和亲近,习惯称呼其名,比方说,他们不会称"周先生""刘小姐",而会称"志国先生""珍珠小姐"。因深受佛教文化的影响,有涵养,喜欢面含微笑,讲究"温、良、恭、俭、让"。交谈时,低声细语,与人交往中,越谦虚礼貌,越受欢迎。

2. 衣食习俗

服饰礼仪:泰国民族众多,每个民族都有自己的传统服饰,除了在商务交往中泰国人会穿深色的套装或套裙外,其他正式场所,泰国人都会穿着他们引以为荣的传统服饰。服饰喜用鲜艳之色,习惯用颜色来表示不同的日期,星期一为黄色,星期二为粉红色,星期三为绿色,星期四为橙色,星期五为淡蓝色,星期六为紫红色,星期日为红色。

餐饮习俗:泰国人以大米为主食,副食是蔬菜和鱼,口味喜辣,不喜欢过咸或过甜的食物,也不喜欢吃红烧的食品,最爱吃的就是"咖喱饭"。他们不喝热茶和开水,喜喝白兰地和苏打水,餐前有喝一大杯水的习惯,爱吃鸭梨和苹果,但不吃香蕉。

3. 习俗禁忌

崇敬佛和国王,不能当着他们的面议论佛和国王。忌讳他人触摸自己的头部,忌用脚底对人和在别人面前盘腿或双腿叉开而坐,忌用脚把东西踢给别人,不准用脚踏门、踢门或是踩踏门槛,接触时千万不要动手拍打对方,切忌用左手接触他们,因他们认为左手不洁。喜欢红色和黄色,对蓝色也颇有好感,在泰国三色国旗中,蓝色居中并代表王室,忌讳褐色,喜爱大象,忌讳狗的图案。

泼水节的传说

泰国主要节日送干节(泰历4月13日至16日)颇受欢迎。"送干",在泰语中是"求雨"的意思。因泰国的送干节内容和缅甸的泼水节相似,故又称"泼水节"。关于泼水节,傣族人民有着这样的传说:在很久很久以前傣族居住的地方,有个本领很大的恶魔,它做尽了坏事,百姓都很痛恨它。恶魔还霸占了7个美丽的姑娘做它的妻子,7个姑娘决心为民除害。一天,在恶魔酒醉的时候,她们用话套出了杀死恶魔的秘诀,趁恶魔熟睡的时候,杀死了恶魔。不料,恶魔的头一落地,大地就燃起了熊熊烈火,只有把恶魔的头举起来,大火才会熄灭。于是7个姑娘不怕血污和疲劳,轮流举着恶魔的头,并相约在每年傣历新年这一天交换。傣族人民举行泼水节仪式就是纪念这7个姑娘为民除害并表示对她们的感激和祝福。

(五)新加坡

新加坡的正式名称是新加坡共和国,它位于东南亚马来半岛的南端,是一个岛国,全国总面积为647平方公里,国内一年四季鲜花盛开,清洁美丽,因此有"花园之国"的美称,旅游业非常发达,有"亚洲旅游王国"之称。

主要宗教为伊斯兰教,其他还有佛教、印度教和基督教。

新加坡的国语是马来语。马来语、英语、华语和泰米尔语为官方语言,货币为新加坡元,1990年10月3日与我国建立了正式的外交关系。

1. 社交礼仪

交往礼仪:见面礼节为握手礼,政府特别注重保护各民族的传统,在社交场所,不同民族的人见面有不同的礼节,如华人往往习惯拱手作揖,或者行鞠躬礼,而马来人则大都采用"摸手礼"等。西式的拥抱和亲吻不大受新加坡人欢迎。

讲礼貌是新加坡人的行动准则,该国旅游业得以迅速发展的一个重要原因就是服务质量高,礼貌服务做得好,待人接物总是笑脸相迎,彬彬有礼。

2. 衣食习俗

服饰礼仪:公务活动和商务交往中,着装非常讲究。男士一般穿白色长袖衬衫和深色西裤,打领带。女士则穿套装或深色长裙;正式交往中,则按照国际惯例穿深色的西装和套裙;日常生活中,不同民族的有各自民族的习惯性打扮;牛仔装、运动装、沙滩装和袒胸露背等服装往往被禁止穿入公共场所。

餐饮习俗:主食为米饭,副食为鱼虾等。口味喜欢清淡,偏爱甜味,讲究营养。粤菜、闽菜和上海菜在当地非常受欢迎,喜欢饮茶和饮用一些用中药制成的补酒。

3. 习俗禁忌

喜爱红色,对白色也普遍爱好,而黑色和紫色不受他们喜爱。不喜欢数字"4"和"7",华人认为数字"3""6""8""9"分别表示"开""顺""发""久"的意思,是他们喜爱的吉祥数。因为华人较多的缘故,新加坡对传统的民俗非常讲究,吉祥字、吉祥画随处可见。交谈时,要多使用谦语和敬语,不可口吐脏字,不可与他们讲"恭喜发财"的话,认为这句话有教唆别人发横财之嫌,是挑逗、煽动干预社会和他人有害的事。普遍遵守社会公德,政府采用"法"与"罚"两大法宝促使人们提高社会公德意识。在新加坡,有法可依,有法必依,执法必严,违法必究。在新加坡一定要注意,如不可随地吐痰、扔弃废物,不准嚼口香糖,不能闯红灯,公共场所不准吸烟等,否则就会受罚,甚至会吃官司和遭到鞭打。

新加坡的《礼仪手册》

新加坡文化部专门印发《礼仪手册》,对国民的礼仪修养加以指导。街头宣传品总是印着笑脸和一句口号,主张"处事待人,讲究礼貌","真诚微笑,处世之道"。新加坡法律对非礼行为的处罚十分严厉,随地丢弃垃圾、损坏公物等不文明行为将被罚巨款,因此国民礼仪素质普遍很高,公共环境十分整洁,被称为花园式的国度。

二、欧洲国家:英国、法国、德国、意大利、俄罗斯

欧洲国家众多,人口相当密集,人们习惯把欧洲分为东、西、南、北、中5个区域,欧洲国家自然环境优美,文化古迹多,而且工业发达,国民生活水平也较高。

(一)英国

英国的正式名称是大不列颠及北爱尔兰联合王国,位于欧洲西部,全国总面积为

24.41万平方公里。英国是世界经济强国之一,主要出口机械、汽车、航空设备、电子产品,化工产品和石油,旅游业也非常发达,其首都伦敦是世界著名的金融中心之一。

主要宗教为基督教。

官方语言是英语,货币为英镑,1954年6月14日与我国建立了正式的外交关系。

1. 社交礼仪

交往礼仪:常见的见面礼节为握手礼。在社会交往中,有四个较为明显的特征,一是为人处事较为谨慎和保守,对待任何新生事物都会持观望的态度,生活方式和习惯基本一成不变,感情不外露,轻易不会与人一见如故,不容易与人推心置腹;二是待人接物讲究含蓄和距离,与人打交道时,感情内敛、保持距离不愿过于亲近,不喜欢别人问及有关个人生活的问题;三是在人际交往中崇尚宽容和容忍,善解人意,懂得体谅人、关心人、尊重人;四是在正式场合注重礼节和风度,重视个人教养,有绅士风度,风度不仅体现在对妇女的尊重与照顾方面,同时也体现于仪表修饰,服装得体和举止有度方面,在待人方面常常是"对不起""谢谢""请""您好"等敬语不离口,即使是家人、至交也是如此。

馈赠礼仪:宜送鲜花、威士忌、巧克力、工艺品及音乐会门票,不欢迎贵重的礼物,不喜欢涉及私生活及带有广告标志的物品。

称呼礼仪:对"英国人"这一笼统称呼极为反感,认为抹杀了民族的个性,要称为"英格兰人""苏格兰人""威尔士人""北爱尔兰人"。在社交场所,对年纪大的人,要称呼其世袭的爵位或荣誉头衔,如果没有,要称之为"阁下""先生""小姐""夫人"。

2. 衣食习俗

服饰礼仪:注重衣着,出门便会衣冠楚楚,爱以衣帽取人。在正式场合的穿着十分庄重保守,一般是男士身穿三件套的深色西装,女士则穿深色的套裙,或者素雅的连衣裙,正式场所穿西装时忌打条纹式领带,忌不系长袖衬衫的袖口扣子,忌穿凉鞋、浅色皮鞋。

餐饮习俗:喜清淡酥香,不爱辣味,除了面包、火腿、牛肉之外,最爱吃的就是土豆,炸鱼和煮菜,讲究的除了一日三餐,喜欢喝下午茶。用餐跟为人处事一样,非常注重礼节,讲究座次、服饰、方式等餐饮礼仪。爱喝咖啡,还非常爱喝红茶。早上就要喝一杯浓红茶,讲究泡茶仪式,倒茶前,先往杯子里倒入冷牛奶,加点糖,先倒茶后倒奶认为是无教养之举,常饮葡萄酒和冰威士忌,一般不饮烈性酒。

3. 习俗禁忌

忌讳"13"与"星期五"的数字,二者恰巧碰到一起,更是认为大难临头,他们还不喜欢"3",对"666"也十分忌讳。色彩方面,喜爱蓝色,红色和白色,忌讳墨绿色。喜欢玫瑰、月季、蔷薇,十分忌讳百合花和菊花,认为这两种花都是死亡的象征。喜欢一种叫知更的鸟,讨厌孔雀与猫头鹰,十分宠爱动物,其中最喜欢狗和猫,厌恶黑色的猫和大象。

谈话时,若坐着,应避免两腿张开过宽,更不能跷起二郎腿;若站着,不可把手插入衣袋,忌当着面耳语,不能拍打肩背,谈话内容忌涉及英王、王室、教会以及英国各地区之间的矛盾。忌一根火柴连点三支香烟,忌当众打喷嚏,忌鞋子放在桌上,忌屋内撑伞,忌从梯子下面走过。

 小贴士

复 活 节

复活节是纪念耶稣复活的节日。复活节是根据月历计算的,因此每年庆祝的日子不相同,但总是在春分后第一次月圆的第一个星期日,大致在4月底5月初。俄罗斯复活节的日子和西方国家的往往不相同。这时,俄罗斯中部大地春意正浓,积雪融化,树枝吐芽,青草萌发。因此,复活节是欢呼春回大地、期待谷物丰收的节日。节日前夕,即星期六晚上,人们要在耶稣像前点起油灯,供上圆柱形面包和彩蛋。教徒要手持蜡烛和彩蛋到教堂门口排队领圣餐。夜间12时整,教堂门大开,内有神父喊:"耶稣复活了!"人们跟着喊:"耶稣复活了!"并相互拥抱、亲吻、交换彩蛋。然后,神父把少量的面饼和葡萄酒分给众人吃。传说,面饼为"圣体",葡萄酒为"圣血",吃了"圣餐"的人会得到幸福。

(二)法国

法国的正式名称是法兰西共和国,它位于欧洲西部,全国总面积为55.16万平方公里。法国经济发达,国内总产值居世界前列,是仅次于美国的世界第二大农产品出口国,同时商业也非常发达。是著名的旅游国,谈到法国,就会想起"浪漫"一词,"艺术之邦""时装王国""葡萄王国""奶酪之国""名酒之国""美食王国"等都是世人给予法国的美称。

主要宗教为天主教,少数人信奉基督教、犹太教或伊斯兰教。

法国的官方语言是法语,货币是欧元。1964年1月27日与我国建立了正式的

外交关系。

1. 社交礼仪

交往礼仪：见面礼节主要有握手礼、拥抱礼和吻面礼，特别热衷吻面礼，认为行吻面礼是亲切友好的表示。爱好社交，善于交际，为社交是人生的重要内容。人际交往中他们天性浪漫、诙谐幽默。法国人自认为受过良好的教育，自己的意见都是正确的，喜欢和别人展开激烈的争论，谈问题开门见山，作结论和决定则很慢，看重用时间探讨问题细节的过程。日常生活中，崇尚自由，喜欢创造宽容轻松的氛围，渴求自由，一般纪律性较差，不喜欢集体活动，约会要事先约定，但又常常会姗姗迟来。待人彬彬有礼，礼貌语言不离口，对女性谦恭礼貌，充当"护花使者"是他们一直引以为豪的传统。

馈赠礼仪：对礼物非常重视，初次见面不赠送礼品，宜选择有艺术品位和纪念意义的物品，不宜送刀、剑、剪刀、餐具或是带有明显的广告标志的物品，忌给一般女士赠送香水。接受法国人的礼品一定要当着送礼人的面打开礼品，否则认为是一种无礼的行为。

称呼礼仪：一般称第二人称复数，对官员、贵族、有身份的人称"殿下""阁下""陛下"，对陌生人称"先生""小姐"或"夫人"，切忌使用带有"老"字的称呼。

2. 衣食习俗

服饰礼仪：首都巴黎是世界的"时装之都"，非常注重着装。正式场合，男士通常穿西装，女士穿套裙和连衣裙。出席庆典仪式时要穿礼服，男士着配以蝴蝶结的燕尾服，或是黑色西装，女士着连衣裙或单色的大礼服或小礼服，佩戴薄纱面罩、手套。社交活动时都非常注重仪表的修饰，女士要化妆和佩戴首饰，男士剃须修面，头发"一丝不苟"，身上略洒一些香水，认为是男人应具备的基本教养。

餐饮习俗：是世界三大烹饪王国之一，用餐十分讲究。在西餐之中法国菜是最讲究的，主食为面食，早餐一般是面包、黄油、牛奶、咖啡，午餐喜欢吃炖鸡、炖牛肉、炖火腿、炖鱼等，晚餐都非常丰盛。口味特点是喜鲜嫩肥浓，爱用大蒜、丁香、洋葱等作为配料，烹饪大多是二三成熟，最多七八成熟，有不少菜直接生食，爱吃牛肉、鸡肉、鱼子酱、蜗牛、鹅肝、蛙腿、鸡肉，不吃肥肉、不吃肝脏之外的动物内脏，不吃无鳞无鳍的鱼和带刺带骨的鱼。

爱吃奶酪，喜欢喝啤酒、葡萄酒，讲究吃鱼喝白葡萄酒，吃肉要喝红葡萄酒，还爱喝咖啡和生水。正式的宴会上，交谈是非常重要的，宴会大多时间较长，如果用餐时只吃不谈是极不礼貌的。

3. 习俗禁忌

忌数字"13""666"和"星期五",喜爱蓝色、白色和红色,忌讳黄色和黑绿色,尤其不喜欢黄色的花。不喜欢核桃,认为不吉利,对核桃图案也非常讨厌,忌仙鹤图案,认为仙鹤是蠢汉和荡妇的象征。

西方的愚人节

每年 4 月 1 日,是西方的民间传统节日——愚人节(April Fool's Day),也称万愚节。对于它的起源众说纷纭。一种说法认为这一习俗源自印度的"诠俚节"。该节规定,每年 3 月 31 日这天,不分男女老幼,可以互开玩笑、互相愚弄欺骗以换得娱乐。较普遍的说法是起源于法国。1564 年,法国首先采用新改革的纪年法——格里历(即目前通用的阳历),以 1 月 1 日为一年的开端,改变了过去以 4 月 1 日作为新年开端的历法。新历法推行过程中,一些因循守旧的人反对这种改革,仍沿袭旧历,拒绝更新。他们依旧在 4 月 1 日这天互赠礼物,组织庆祝新年的活动。主张改革的人对这些守旧者的做法大加嘲弄。聪明滑稽的人在 4 月 1 日这天给顽固派赠送假礼物,邀请他们参加假庆祝会,并把这些受愚弄的人称为"四月傻瓜"或"上钩之鱼"。以后,他们在这天互相愚弄,日久天长便成为法国流行的一种风俗。该节在 18 世纪流传到英国,后来又被英国早期移民带到了美国。起初,任何美国人都可以炮制骇人听闻的消息,而且不负丝毫的道德和法律责任,政府和司法部门也不会追究。相反,谁编造的谎言最离奇、最能骗取人们相信,谁还会荣膺桂冠。这种做法给社会带来不少混乱,因而引起人们的不满。现在,人们节日期间的愚弄欺骗已不再像过去那样离谱,而是以轻松欢乐为目的。

(三)德国

德国的正式名称是德意志联邦共和国,位于欧洲东部,全国总面积为 35.70 万平方公里,德国是世界第三大经济体,高度发达的工业国家,经济实力居欧洲首位。德国是啤酒生产大国,产量居世界前列。德国有"经济巨人""欧洲心脏""出口大国""啤酒之国""香肠之国"等美称。

主要宗教为基督教和天主教。

官方语言是德语,货币为欧元,1972 年 10 月 11 日与我国建立了正式的外交关系。

1. 社交礼仪

交往礼仪：见面通常采用握手礼，握手时要坦然的注视对方，握手时间稍长些，力量要稍大些，忌四个人交叉握手和交叉谈话。遵纪守法，纪律严明，法治意识极强。在日常生活中，他们讲究有法可依，有法必依，对待目无法纪的人，会敬而远之。人际交往中，非常有时间观念，讲究信誉，十分珍惜时间，不喜欢说大话、空话、恭维话来浪费时间。

馈赠礼仪：不宜选择刀、剑、剪刀、餐刀和餐叉，不能用褐色、白色、黑色的包装袋和彩带包装礼品。

称呼礼仪：重视称呼礼节，不可直呼名字，要称全称或称姓，对职衔、学衔、军衔等头衔非常看重，对有此类头衔者一定要称呼其头衔。"阁下"这一称呼在德国不通用，对初次见面的成年人及老年人要称"您"，对熟人、朋友、同龄者称"你"，"您"表示尊重，"你"表示地位平等，关系密切。

2. 衣食习俗

服饰礼仪：穿着讲究庄重、朴素、整洁，不穿过于时尚、过分鲜艳花哨的服饰，对衣冠不整、服装不洁者难于接受。正式场合，一般穿戴整齐，衣着多为深色；商务活动中，男士穿三件套西装，女士穿裙装；日常生活中，衣着简朴。

餐饮习俗：主食是面包、蛋糕，副食最喜欢吃猪肉，不喜欢吃羊肉、鱼虾等海味，喜欢吃油腻之物，爱吃冷菜，口味偏甜酸，不爱过咸过辣的食物，一日三餐中，最重视晚餐，吃晚餐时喜欢点蜡烛，在幽暗的光线下边吃边谈心。是啤酒的高产量国家，最爱喝啤酒，葡萄酒、咖啡、红茶、矿泉水。

3. 习俗禁忌

忌数字"13""666"和"星期五"，对纳粹党党徽的图案"卍"十分忌讳。喜欢黑色和灰色，不喜欢红色以及渗有红色或红、黑相间之色。喜欢菊花，不喜欢郁金香，蔷薇花则用于悼亡，忌核桃。忌公共场所窃窃私语，认为是十分无礼的行为。

慕尼黑啤酒节

慕尼黑啤酒节可以追溯到1810年。当年巴伐利亚加冕王子路德维希和特蕾瑟公主10月完婚，官方的庆祝活动持续了5天。人们聚集到慕尼黑城外的大草坪上，唱歌、跳舞、观看赛马和痛饮啤酒。从此，这个深受欢迎的活动便被延续下来，流传至今,每年9月的第三个星期六至10月的第一个星期日就固定成为啤酒节。历史上,除因战争和霍乱中断外,慕尼黑啤酒节已整整举办了186届了(截至2019年)。

(四)意大利

意大利的正式名称是意大利共和国,位于欧洲南部,全国总面积为30.13万平方公里,在世界上有着"欧洲花园""旅游之国""航海之国""欧洲炼油厂"的美称。是世界上最大的葡萄酒生产王国,皮制品世界有名。

主要宗教为天主教。

官方语言是意大利语,货币为欧元,1970年11月6日与我国建立了正式的外交关系。

1. 社交礼仪

交往礼仪:见面时以握手礼作为见面礼,在熟人、亲人之间举手礼、拥抱礼、亲吻礼比较常用。亲友之间经常跳舞联欢,待人接物也颇有艺术情调,重视友谊,善于交际,比德国人少一分刻板,比法国人多一分热情。人际交往时表情丰富,尤其喜欢用不同的手势来表达自己的思想感情,如竖起食指来回摆动表示"不";一边伸出手掌,一边撇嘴,表示"不清楚""无可奉告";伸出双手,手掌向上,并且耸动肩膀,表示"我不知道此事"等等。对地位、等级十分在意,商务交往中,企业的决策权大都掌握在总经理手里。

馈赠礼仪:鲜花、工艺品、书画、名著、葡萄酒和巧克力都是送礼的佳品,但不可将手帕、丝织品、亚麻织品送给意大利人,上门拜访要给女主人赠送礼品。

称呼礼仪:正式场所,宜称全姓。社交场合,称姓氏,或与"先生""小姐""夫人",对于关系密切者可直呼其名,称"您",以示恭敬,切忌称"老人家""小鬼"。

2. 衣食礼俗

服饰礼仪:穿着打扮非常讲究,衣着时髦,讲究个性,认为衣着既体现修养与见识,也反映了个人为处世的态度。意大利的时装、皮鞋、皮具世界闻名,在政务、商务场所通常着西装和套裙。

餐饮习俗:喜欢吃米饭和面食,面食的种类繁多,通心粉和比萨饼世界有名,菜肴具有味浓、原汁原味的特点,偏爱西餐,喜甜喜辣,不喜欢烧、烤食物。意大利三面濒海,海鲜丰富,喜食海鲜,尤其是生的牡蛎和蜗牛。喜欢饮酒,最爱喝葡萄酒,也爱喝咖啡和酸奶。

3. 习俗禁忌

忌数字"13""666"与"星期五"。玫瑰花和菊花不能随意送人,前者是用来示爱,而后者用于丧葬之事,给女性送花以单数为宜。最喜欢绿色、灰色、蓝色,对黄色也有好感,忌讳紫色。

威尼斯狂欢节

意大利威尼斯狂欢节起源于公元 11 世纪,到 18 世纪时成为欧洲最著名的狂欢节,由于王孙贵族纷至沓来又不想暴露身份,戴面具和乔装改扮就成了传统。与巴西狂欢节及意大利其他地方的狂欢节相比,威尼斯狂欢节给人的感觉是欢而不狂,人们更倾向享受放松愉悦的生活。

(五)俄罗斯

俄罗斯的正式名称是俄罗斯联邦。它位于欧洲东部和亚洲北部,人们在习惯上把它看作是欧洲国家,全国总面积为 1708 万平方公里,是世界上面积最大的国家。

主要宗教为东正教。

官方语言是俄语,许多少数民族都有自己的语言,德语、法语也较为普及,懂英语的人不多。俄罗斯的货币为卢布。1949 年 10 月 3 日,苏联与我国建立外交关系。苏联解体后,俄罗斯作为其继承国,继续与中国保持外交关系,两国于 1991 年 12 月 27 日正式确定国家关系。

1. 社交礼仪

交往礼仪:人际交往中,非常热情、豪放、勇敢和耿直。初次见面时先开口问好,"早安""午安""晚安"或者"日安"是常用的问候之语。问好后再行握手礼,非常熟悉的人,特别是在久别重逢时,大多热情拥抱对方,有时还会与对方互吻双颊,这些都是常规的见面礼节。对于非常尊贵的客人,通常会献上"面包和盐",是一种极高的礼遇,来宾要高兴地接受。在社交场所相约准时。尊重女性,男性有帮女性拉门、脱大衣等习惯。

称呼礼仪:以前俄罗斯人习惯称呼"同志",随着时间的推移和社会制度的变更,正式场所称呼"先生""小姐""夫人";看重社会地位,对有职务、学衔、军衔的人,称其职务、学衔、军衔。俄语中"您"这个称呼多用于称呼女士、长辈、师长、上司或贵宾,表示尊重与客气。

2. 衣食礼俗

服饰礼仪:讲究仪表,注重服饰。城市中的俄罗斯人多穿西装或套裙,妇女大多喜欢穿连衣裙。外出上班或参加社交活动,一般都会衣冠楚楚,女性还会认真地化妆,他们认为敞开衣服,不系纽扣,或者将衣服拎在手上、搭在肩上、围在腰上都是不文明、不礼貌的行为。

餐饮习俗:日常以面食为主食,爱吃用黑麦烤制的黑面包。以鱼、肉、禽、蛋和蔬菜为副食。他们喜欢吃牛、羊肉,但大多不爱吃猪肉;讲究量大实惠,制作上较为粗糙。喜欢酸、辣、咸的口味,偏爱炸、煎、烤、炒的食物;鱼子酱、红菜汤、酸黄瓜、酸牛奶是他们大名远扬的特色食品;不吃海参、海蜇、乌贼、黄花菜和木耳。爱吃冰淇淋等冷饮,爱喝烈性酒,特色烈酒伏特加是他们的最爱,对我国的"二锅头"等白酒也爱不释手。

3. 习俗禁忌

忌数字"13""666"与"星期五,偏爱"7",认为是成功、美满的预兆,葵花是他们的最爱,被视为光明的象征。偏爱红色,不喜欢黑色。崇拜盐和马,认为盐有驱邪避灾的力量,马则会给人们带来好运。厌恶黑猫,极为讨厌兔子。

三、北美洲国家:美国、加拿大

北美洲主要国家是美国和加拿大,由于地理位置优越,自然环境良好,工农业生产的专门化,机械化和商品化发展也较早,起步快,两国迅速成为资本主义发达国家。

(一)美国

美国的正式名称是美利坚合众国,国土大部分位于北美洲中部,还包括北美洲西北部的阿拉斯加半岛和位于太平洋中部的夏威夷群岛,全国总面积937.26万平方公里,美国是高度发达的现代市场经济国家,其国内生产总值和对外贸易额均居世界首位,"世界霸主""超级大国""国际警察""电影王国""钢铁王国"等都是美国的代名词。

主要的宗教为基督教,极少数信奉犹太教、东正教。

官方语言是英语,货币为美元,1979年1月11日与我国建立了正式的外交关系。

1. 社交礼仪

交往礼仪:性格开朗、不拘小节,讲究实际,直言不讳,乐于与人交际,不拘泥于正统礼节,没有过多的客套,与人相见不一定以握手为礼,笑一笑,说声Hi(你好)就算有礼了;分手时他们也是习惯挥挥手,说声"明天见""再见"就行,如果别人向他们行礼,常用的礼节有握手、点头、行注目礼、吻手礼等。

美国职业女性,不要有太强的性别意识,越来越多的女性跻身政界、商界,有些担任很高的职位。她们不喜欢别人把她们当作装饰品,如果你想表示对妇女的尊重,可以替她们开门,给她们让座位等。与女性见面握手时,应让对方主动,公务活动时,她们会主动伸出手来,一旦女性伸出手时,就要很快地做出反应与对方握手,否则被认为很不礼貌。

讲活中礼貌用语很多,"对不起""请原谅""谢谢""请"等礼貌用语不离口,显得很有教养。交谈中喜欢夹带手势,有声有色,不喜欢别人打断讲话。崇敬自由,重视隐私权,忌讳被人问及个人的私事,交谈时与别人一般保持50～150cm的距离。业务交往中特别讲究准时。

称呼礼仪:很少用全称,喜欢直呼其名,以示双方关系亲密,若非官方的正式交往,他们不喜欢称呼官衔,乐于使用能反映其成就与地位的学衔、职称,如一位拥有博士学位的议员,称其"博士"比"议员"让他更乐于接受。

2. 衣食习俗

服饰礼仪:比较随意,讲究个性。正式场合,会按国际惯例着装,一些名牌大学、商店、公司对其教员和职员在工作时间内着装要求很严格。着装方面尽管很随便,但非常注意服装的整洁,衬衣、袜子、领带必须每天更换,看不起着装肮脏,折皱,有异味的人。穿深色西装套装时穿白色袜子,穿凉鞋穿袜子,让衬裤或袜口露出自己的裤腿、裙摆之处,长丝袜太短等都是缺乏基本着装常识的表现。

餐饮习俗:日常生活以食肉类为主,喜食"生""冷""淡"的食物,喜欢牛肉、鸡肉、鱼肉,不喜欢吃羊肉、淡水鱼、动物头及动物内脏和带刺激性的食物如生蒜、韭菜等等。快餐食品越来越受欢迎,土豆片、三明治、汉堡包、热狗、炸鸡成为美国日常餐桌上老少皆宜的食品。爱喝饮料,冰水、矿泉水、红茶、咖啡、可乐、牛奶、果汁、葡萄酒等都是常喝的饮料。

3. 习俗禁忌

忌讳的数字"666""13""3"和星期五。最喜欢白色,认为白色是纯洁的象征,还喜欢蓝色和黄色,忌讳黑色,黑色只在丧葬活动时用。认为狗是人类最忠实的朋友,喜欢狗、象、驴、秃鹰,厌恶蝙蝠,认为它是吸血鬼与凶神,偏爱山楂花和玫瑰。忌讳他人打探隐私,问年龄、收入、婚姻、健康、籍贯、学历、住址、种族、血型等涉及个人隐私的问题,在美国随意打骂、训斥孩子会引来官司。

感恩节的由来

11月的最后一个星期四是感恩节。感恩节是美国人民独创的一个古老节日,也是美国人合家欢聚的节日,因此美国人提起感恩节总是倍感亲切。

感恩节的由来要追溯到美国历史的发端。1620年,著名的"五月花"号船满载不堪忍受英国国内宗教迫害的清教徒102人到达美洲。1620年和1621年之交的冬天,他们遇到了难以想象的困难,处在饥寒交迫之中,冬天过去时,活下来的移民只有50来人。这时,心地善良的印第安人给移民送来了生活必需品,还特地派人教他们怎样狩猎、捕鱼和种植玉米、南瓜。在印第安人的帮助下,移民们终于获得了丰收,在欢庆丰收的日子,按照宗教传统习俗,移民规定了感谢上帝的日子,并决定为感谢印第安人的真诚帮助,邀请他们一同庆祝节日。

在第一个感恩节的这一天,印第安人和移民欢聚一堂,他们在黎明时鸣放礼炮,列队走进一间用作教堂的屋子,虔诚地向上帝表达谢意,然后点起篝火举行盛大宴会。第二天和第三天又举行了摔跤、赛跑、唱歌、跳舞等活动。第一个感恩节非常成功。其中许多庆祝方式流传了300多年,一直保留到今天。直到美国独立后,感恩节才成为全国性的节日。

每逢感恩节这一天,美国举国上下热闹非常,人们按照习俗前往教堂做感恩祈祷,城乡市镇到处都有化装游行、戏剧表演或体育比赛等。劳燕分飞了一年的亲人们也会从天南海北归来,一家人团团圆圆,品尝美味的感恩节火鸡。所以感恩节又称火鸡节。

(二)加拿大

加拿大位于北美洲北部,全国总面积为997.06万平方公里,是西方七大工业国家之一,制造业和高科技产业较发达,在世界上有着"移民之国""枫叶之国""万湖之国""真诚的北疆""粮仓"等多种美称。

宗教主要为天主教和基督教。

官方语言是英语和法语,货币为加拿大元,1970年10月13日与我国建立了正式的外国关系。

1. 社交礼仪

交往礼仪:喜欢无拘无束,同时也非常讲究礼貌,性格开朗热情,对人朴实友好,十分容易接近,见面时会主动打招呼,见面和分别采用握手礼,拥抱或亲吻礼仅仅适用于亲友、熟人、夫妻之间。

称呼礼仪:喜欢直呼其名,在非常正式的场合连姓带名称呼,并且加上"先生""小姐""夫人"的尊称,在官方场所使用对方的头衔、学位、职务。注重事先了解对方是英裔加拿大人,还是法裔加拿大人,抑或居于其他种族,然后区别对待,比方说,魁北克省是法裔加拿大人,与他们交往最好能讲法语。

2. 衣食习俗

服饰礼仪：正式场合着西服、套裙；社交活动着礼服和时装，日常生活着装欧式为主；休闲场所着装较自由，随个人喜好。参加社交活动，一定要进行仪容修饰，男士理发、修面，女士化妆，选戴首饰，否则会被认为对交往对象不尊重。

餐饮习俗：习惯上与英、法两国相似，面包、牛肉、鸡肉、鸡蛋、土豆、西红柿等是日常饮食，忌肥肉、动物内脏、虾酱、鱼露及一切带腥味的食品。喜清淡，爱吃酸、甜之物，特别爱吃烧烤食品，爱吃奶酪和黄油，餐后吃一些水果。喜欢喝咖啡、红茶、牛奶、矿泉水，不爱喝酒。

3. 习俗禁忌

忌数字"13""666"和星期五，喜欢红色，忌讳黑色和紫色。喜欢枫叶，枫叶被视为国花，是加拿大的象征，枫树被定为国树，忌讳百合花，百合花用来悼念死者。

圣 诞 节

12月25日，是基督教徒纪念耶稣诞生的日子，称为圣诞节。从12月24日至翌年1月6日为圣诞节节期。节日期间，各国基督教徒都举行隆重的纪念仪式。圣诞节本来是基督教徒的节日，由于人们格外重视，它便成为一个全民性的节日，是西方国家一年中最盛大的节日，可以和新年相提并论，类似我国过春节。

四、非洲国家：埃及、南非

非洲是世界文明的发源地之一，非洲人勤劳、智慧。

（一）埃及

埃及的正式名称是阿拉伯埃及共和国，它位于中东地区，全国总面积100.2万平方公里，埃及主要盛产原油、油品、棉花等，在世界上有着"文明古国""金字塔之国""棉花之国"的美称。

主要宗教为伊斯兰教。

国语是阿拉伯语，货币为埃及镑，1956年5月30日与我国建立了正式的外交关系。

1. 社交礼仪

交往礼仪：人际交往中，见面的礼节主要是握手礼，握手时切忌使用左手，除握手礼外，也会使用拥抱礼和亲吻礼。初次见面时，喜欢双方互致问候，像"真主保佑你"

"祝你平安""早上好""晚上好"等都是他们常用的问候语,见面问候时,年轻的先问候年长者,位低者先问候位高者,单个人要先问候多数人。

称呼礼仪:称呼礼节非常有特色,为了表示尊敬或亲切,老年人将年轻人叫作"儿子""女儿",学生管老师叫"爸爸""妈妈",穆斯林之间互称"兄弟",国际上通行的称呼他们也会采用,使用一些阿拉伯语的尊称会让他们更高兴,如:"赛义德"即"先生"可称呼所有男性;"乌斯塔祖"即"教授"称呼有地位的人,"答额突拉"即"博士"称呼政府官员。

2. 衣食习俗

服饰礼仪:城市中政界、商界、军界、教育界、文化界的人着装基本与国际潮流同步,有西装、套装、连衣裙、夹克衫、牛仔裤。日常喜欢穿长衣、长裤和长裙,贫民大多穿着阿拉伯民族传统服——阿拉伯大袍。

餐饮习俗:主食为面包,配奶酪和汤,爱吃羊肉、鸡肉、鸭肉、土豆、豌豆、南瓜、洋葱、胡萝卜。忌食猪肉、狗肉、驴肉、龟、虾、蟹、鳝、整条和带刺的鱼、动物的血液和内脏、自死动物。口味偏淡,不喜欢油腻,爱吃又甜又香的食品,在正式场所用餐使用刀叉和勺子,平时多用手取食,餐前一定要洗手。爱喝酸奶、茶和咖啡,伊斯兰教禁止教徒饮酒。

3. 习俗禁忌

数字方面没有特别的禁忌,少数信奉基督教的科普特人忌数字"13",喜欢数字"5"和"7",认为它们分别是吉祥与完美的代表。非常喜爱莲花,将它定为国花,喜欢猫和仙鹤,厌恶猪和大熊猫。喜欢绿色和白色,讨厌黑色和蓝色,民间非常看重葱,认为它代表真理,忌讳"钟","针",是骂人的字。人际交往中要注意,一是不要主动与女子攀谈,并不能夸奖女子身材苗条,因其以丰满为美;二是不称赞埃及人家中之物,会理解为你想索取此物。

(二)南非

南非的正式名称是南非共和国,位于非洲大陆的最南端,全国总面积为122.1万平方公里,南非是非洲经济最发达的国家,自然资源丰富,是世界五大矿产国之一,特别盛产钻石,南非有"彩虹之国""钻石之国""黄金宝石之国"的美誉。

主要宗教为基督教和天主教。

官方语言为英语和南非荷兰语,货币为兰特,1998年1月12日与我国建立了正式的外交关系。

1. 社交礼仪

交往礼仪:南非的黑人和白人所遵从的社交礼仪差别很大,要区别对待。南非黑人往往会感情外露,形体语言十分丰富,南非白人则大多较为矜持,往往喜怒不形于色。社交礼仪讲究绅士风度,女士优先,守时践约等英式礼仪,见面采用握手的礼节。

称呼礼仪:主要是"先生""小姐""夫人"。如果称呼南非黑人,在其姓氏之后加上相应的辈分。

2. 衣食习俗

服饰礼仪:正式场所注重端正、严谨,公务活动和商务活动中着装遵从国际惯例,穿着深色的西装或裙装;日常生活中穿休闲装。喜爱白衬衣、牛仔装、短裤,偏爱艳丽的颜色,特别喜欢穿花衬衣。南非黑人有穿民族服装的习惯。

饮食习俗:也有黑白之分,白人主要以西餐为主,爱吃牛肉、鸡肉、鸡蛋和面包,爱喝咖啡与红茶;黑人主食是玉米、薯类、豆类,爱吃牛肉和羊肉,不吃猪肉和鱼,不爱吃生食。

有一种名叫"南非国饮"的如宝茶,备受南非各界人士推荐,与钻石、黄金称为"南非三宝"。

3. 习俗禁忌

信奉基督教的南非人,忌讳数字"13"及"星期五"。与之交往要了解他们的宗教信仰,南非黑人都信仰本部族传承下来的原始宗教,女子地位低,一些被视为神圣宝地的地方,如火堆、牲口栅等绝对禁止女子靠近,不要为生男孩表示祝贺。

五、大洋洲国家:澳大利亚、新西兰

大洋洲是世界上第七大洲,由澳大利亚、新西兰及许多岛国组成,16世纪时这里人烟稀少,只有土著人居住,后来随着美国、英国和其他欧洲移民的迁居,这里曾经是发达国家的殖民地,目前这一地区大多国家已独立。

(一)澳大利亚

澳大利亚的正式名称是澳大利亚联邦,位于南半球,全国总面积为768.23万平方公里,是一个后起的发达资本主义国家,农牧业发达,自然资源丰富,有"骑在羊背上的国家""坐在矿车上的国家""牧羊之国""淘金圣地"等之称。

主要宗教为天主教和基督教。

官方语言是英语,货币为澳大利亚元,于1972年12月21日与我国建立了正式的外交关系。

1. 社交礼仪

交往礼仪:因曾经是英国殖民地,待人接物方面有很浓厚的英国习俗,公务活动和商务活动中采用英式礼仪。见面既采用握手礼,也有拥抱礼、亲吻礼、鞠躬礼、拱手

礼、点头礼,还有土著民族见面时的勾指礼。人际交往中乐于交朋友,碰到陌生人会主动聊天,共饮一杯酒后就成新朋友。有浓厚的自由和无拘无束的气氛,见面互相直呼其名,只称呼名,不称呼姓,老板与职员之间,教师与学生之间也是如此,爱请人到家里做客。

2. 衣食习俗

服饰礼仪:正式的公务活动和商务活动中着西装或套裙;日常生活中,穿T恤、短裤、牛仔服或夹克,由于阳光强烈,喜欢戴一顶棒球帽来遮挡阳光。土著人喜欢按照他们的习惯着装,只在腰间围上一块布遮掩,喜欢佩戴各种饰品及一些彩色羽毛。

餐饮习俗:主食为面包,爱好英式西餐,喜欢吃新鲜蔬菜、煎蛋、炒蛋、火腿、鱼、虾、牛肉等,忌吃狗肉、猫肉、蛇肉及动物内脏与头爪,不吃加味精的食物,口味方面喜清淡,不喜油腻,忌辣,部分人不爱吃偏酸味的食物。爱喝牛奶、咖啡、啤酒和矿泉水。

3. 习俗禁忌

忌数字"13""666"和"星期五",喜欢袋鼠与琴鸟,认为兔子是不吉利的动物。爱交朋友,喜欢邀请友人一同外出游玩,此类邀请不要拒绝,会被认为不给面子。

交流时不要说"外国"和"外国人",要具体到某个国家,认为笼统的称呼会抹杀个性,是失敬的做法,不要在公共场所大声喧哗,尤其在门外高声喊人。

(二)新西兰

新西兰,属于大洋洲,位于太平洋西南部,全国总面积为27.05万平方公里,是一个现代、繁荣的发达国家,环境十分优美,畜牧业是国家的经济基础。有"世界边缘的国家""绿色园之国""白云之乡""畜牧之国""牧羊之国"的美称。

主要宗教为基督教和天主教。

官方语言是英语,货币为新西兰元,1972年12月22日与我国建立了正式的外交关系。

1. 社交礼仪

交往礼仪:欧洲移民较多,主流社会的交际礼仪具有鲜明的欧洲特色,双方见面时,最多用的是握手礼,与女性握手时须由女方先伸手方可。奉行"平等主义",反对讲身份、摆架子。

称呼礼仪:喜欢直呼其名,反感称呼官衔。

2. 衣食习俗

服饰礼仪:看重质量,讲究庄重,偏爱舒适,强调服装的"TPO"原则。日常生活中以欧式服装为主,女性在社交场所着盛装,认为这是基本的礼貌修养。

餐饮习俗：英式西餐为主，爱吃乳制品、牛羊肉、瘦肉、鸡肉和鱼肉，忌狗肉。爱饮酒，喜欢威士忌、葡萄酒和啤酒。极爱红茶，有"一天六饮"的习惯，分别是早茶、早餐茶、午餐茶、下午茶、晚餐茶和晚茶。

3. 习俗禁忌

忌数字"13""666"和"星期五"，喜爱动物，特别喜欢几维鸟和狗。毛利人信奉原始宗教，相信灵魂不灭，忌讳拍照、摄影。忌当众闲聊、剔牙、吃东西、喝饮料、嚼口香糖、紧腰带，认为都是不文明的行为。在男女交往方面较为拘谨保守，男女同场活动往往遭到禁止，即便是看电影也要分男女场。

各国礼俗

匈牙利人比较迷信，新年的餐桌上不许摆放禽类制作的菜肴，认为那样的话，幸运会随禽类飞走。

挪威人讲究守时及与人谈话保持一定距离，拜访或出席家宴，要准备花或糖果送给女主人。出外郊游不要惊吓河鸟（挪威国鸟），红色为流行色。

德国人讲究效率的声誉。习惯于在所有场合穿一套西装（不要将手放在口袋里，这被认为是无理的表现）。馈赠要针对个人，即使是以公司的名义。

希腊人爱睡午觉，为亚热带气候所致。说"午安"可包括深更半夜，最后分别才道"晚安"。做生意方法比较传统，讨价还价到处可见。

奥地利人不喜欢在新年期间食用虾类。因为虾会倒着行走，不吉利，若吃了虾，新的一年生意就难以进取。

西班牙人强调个人信誉，宁愿受点损失也不愿公开承认失误。如果你认为他们在协议中无意受到了损失而帮助他们，那么便永久地赢得了他们的友谊和信任。

法国人给人印象最爱国，英语讲得再好也会用法语进行谈判，且毫不让步。穿戴极为讲究。

卢森堡人是日耳曼人的后裔。国家小，多数人中午驾车回家吃饭，午间不办公。

荷兰人曾是欧洲最传统的民族，爱清洁、讲秩序，做生意时希望你在到达荷兰前就事先约定。性格坦率，开诚布公。

葡萄牙人很像希腊人，随和，喜欢社交。和他们谈判时，应衣着整洁，并在工作和社交场合戴上领带。

英国人凡事都循规蹈矩。基于将英语作为母语的自负,除了英语外,不会讲其他语言。

各国的习俗,体现着"十里不同风,百里不同俗"文化背景,世界上几百个国家和地区,各自的历史和文化丰富多彩,各种各样,各国的礼仪标准是建立在各自的文化基础之上的,只有了解了其国家的风土人情、风俗习惯,信仰禁忌,才能有针对性地根据不同文化背景来调整自身的礼仪行为。随社会的发展和时代的变迁,很多礼仪规范也在发生变化,应注意了解并做出相应的调整。同时,通晓不同民族的礼仪习惯并不意味着我们可以置我国的礼仪文化而不顾。近年来,随着我国对外文化交流、商务交往的增多,很多国家在对华交往中也十分注意尊重中国的传统文化习俗。

第五节　塑造不卑不亢的交往形象

我国对外经济和外交活动日益频繁,涉外礼仪在这些交往活动中的作用日益重要,应该引起相应的重视。从礼仪的角度来看,在涉外活动中,要向交往对象表达出我们的尊重友好之意;同时,要塑造不卑不亢的良好国际交往形象,这样才能获得良好的交往效果,实现交往的预期目标。尊重交往对象,塑造不卑不亢的良好国际交往形象,是涉外礼仪中的应有之义,是对外交往成功的重要条件和重要路径。

一、尊重不同的文化习俗

尊重对外交往对象的文化与宗教等习俗以及国际礼仪惯例是对外交往成功的前提条件。由于民族文化的差异,世界各国都拥有许多独具特点的风土人情,给不同文化背景中的人们之间的相互理解与和睦相处带来极大的困难。要克服文化差异所产生的障碍,克服礼俗差异所带来的困难,就要了解各个国家、各个民族文化的特点,掌握不同文化背景下的礼俗。这对于涉外活动的展开非常有益。在对外交往中,如果我们按本国的礼俗办事,与对方国家和地区不尽相同的地方要尽量让对方理解并接受,与对方习俗相悖的地方要理解对方并调整自己的行为,以免出现尴尬与难堪。

以欧洲为例:欧洲国家有着西方人关于数字、颜色、花卉及动物的许多共同忌讳。西方许多国家都把黑色作为葬礼的表示;在国际交往场合,忌用菊花、杜鹃花、石竹花和黄色的花献给客人;另外,在我国分别被认为吉祥、喜庆、长寿的大象、孔雀、仙鹤等动物图案在一些西方国家也被列于忌用之列,被分别视为蠢笨(英国)、荡妇(英、法国)和蠢汉(法国)的代称。

由于民族文化的差异,欧洲各国都拥有许多各自的特点。如招手一类友好的手势,在希腊却意味着"下地狱",希腊人表示告别,是把手背向对方招手。因此记住一些关于欧洲国家各自民族文化习俗特点,对于跨国文化经贸活动的展开将是非常有益的。

二、遵从国际惯用的表达方式

每一种文化的形成必有其历史,地域、生态各方面的渊源,各国的宗教、习俗、历史、语言等文化均存在不同点和禁忌。在了解的基础上理解,在理解的基础上尊重,是国际交往的过程中的正确态度。如宗教是世界上最普遍的社会文化现象之一,在世界人口中约有80%的人信仰各种宗教,宗教在一些国家往往是人们生活中重要的组成部分,世界上信徒人数最多的宗教是基督教、伊斯兰教和佛教。西方国家的人主要受基督教的影响,中东是伊斯兰教,东南亚国家则信奉佛教,在与不同宗教信仰的人交往时,有一些最基本的礼节要遵守:信奉基督教的人认为13是不吉利的数字,各种活动都要避开这个数字;信奉伊斯兰教的不吃猪肉;禁饮酒也不能送酒;佛教徒食素、戒酒等。每种宗教都有特定的宗教礼仪,表面上看是一些烦琐、重复的行为活动,实质上体现了信仰者从内心对宗教信仰的承认,通过这些行为来表达自己的承诺和信仰,不信仰的人或信仰不同宗教的人都应该对别人的信仰表示充分的尊重。

不过,正因为不同的文化背景需要尊重,而相互间进行交流和沟通又必须协调,那么,就需要一种国际惯用的表达方式,也即国际惯例。国际惯例是国际交往中约定俗成的标准化、正规化的做法,国际惯例一方面来自国际法,国际法实际是一种国际交往的公约,例如外交特权与豁免;另一方面来自国际社会习惯的做法,实际也就是从各个国家习惯性做法中的共同处约定出来的,例如:保护环境,遵守时间等等。从礼仪这个角度讲,国际礼仪就是国际交往的行为规范,在国际交往中那些因为地域的因素,民族的因素,文化的因素以及习俗因素存在的差别,在不能说谁是谁非的时候,只有通过遵守国际通行的礼规来达到沟通,实现互动。

三、塑造不卑不亢的国际交往形象

国际交往中人与人、国与国之间应是平等的关系。中国人与外国人交往时不卑不亢,这也是涉外礼仪的重要原则。

不卑不亢,是涉外礼仪的一项基本原则。它的主要要求是:每一个人在参与国际交往时,都必须意识到,自己在外国人的眼里,是代表着自己的国家,代表着自己的民族。因此,其言行应当从容得体,堂堂正正。处理国际事务时,既不应该表现得畏惧自卑,低三下四,也不应该表现得自大狂傲,放肆嚣张。在涉外交往中坚持"不卑不亢"的原则,是每一名涉外人员都必须给予高度重视的大问题。

要做到"不卑不亢",不能对对方有金钱与物质利益上的希望和企图。"心底无私天地宽",双方的人格就平等。应实事求是,不过谦,也不说过头话。以宴请为例,中国人请客,即使是相当丰盛的一桌,主人也会对客人说:"今天没什么好菜,请随便吃点。"西方人则相反,不管饭菜质量如何,主人都要自我夸赞:"这是本地最好的饭店","这是我的拿手好菜",目的在于表示诚意。所以,在国际交往中,客气与谦虚都不能过分。

在涉外交往中要求每一名涉外人员要努力表现得不卑不亢,主要是因为,这是事关国格、人格的大是大非的问题。在涉外交往中:"事事无小事,事事是大事。"每一个中国人在外国人面前的一言一行、一举一动,实际上都被对方与中国和中华民族的形象联系在一起。忠于祖国,忠于人民,是涉外人员所应具有的基本素养。而要做到这一点,首先就应当热爱自己的祖国,时刻不能忘记祖国的利益高于一切,时时刻刻心中装着祖国和人民,坚决维护国家的主权和民族的尊严,不做有损国格、人格的任何事情。在原则问题上,一定要坚持不懈,丝毫不可含含糊糊,绝不做任何有辱国格、人格的让步。周恩来同志曾经要求我国的涉外人员"具备高度的社会主义觉悟,坚定的政治立场和严格的组织纪律,在任何复杂艰险的情况下,对祖国赤胆忠心,为维护国家利益和民族尊严,甚至不惜牺牲个人一切";江泽民同志则指出,涉外人员必须"能在变化多端的形势中判明方向,在错综复杂的斗争中站稳立场,再大的风浪中也能顶住,在各种环境中都严守纪律,在任何情况下都忠于祖国,维护国家利益和尊严,体现中国人民的气概"。他们的这些具体要求,应当成为我国一切涉外人员的行为准则。进而言之,涉外人员在对外交往中真正做到"不卑不亢"不仅在思想上要提高,要正本清源,端正态度,而且在工作中要付诸实践,一定要对"不卑"与"不亢"二者同时予以坚持,防止过犹不及,以一种倾向掩盖另外一种倾向。

一方面,要在虚心向外国学习一切长处,尊重外国的风俗习惯的同时,坚决反对所谓"外国的月亮都比中国的月亮圆"的自卑自贱的思想。在对外交往中,要以自尊、自重、自爱和自信为基础,表现得堂堂正正,坦诚乐观、豁达开朗,从容不迫,落落大方;要既谨慎,又不拘谨;既主动,又不盲动;既注意慎独自律,又不是手足无措,无所事事。对于外国所取得的成就,没有必要视若不见,加以贬低,但也不必自叹弗如,自惭形秽,由此而认为外国的一切都比自己做得好,在洋人面前卑躬屈膝,直不起自己的腰来。更不能够在正式的涉外谈判中,认定外方人员一贯正确,自以为理不直,气不壮,对外方有求必应,让对方牵着自己的鼻子走。对于外方给予我方的帮助,既要诚心致谢,又不必总是挂在自己的嘴上,认为自己是在单方面受惠。其实,任何性质的国际合作或国际援助,都是互利互惠的。在这一过程中,有关各方各有所求,各有所图,并不存在单方面有求于人或受惠于人的意思。

另一方面,要在坚持自立、自强,以自己的实际行动在外国人面前体现出"中华民族站起来了"的精神风貌的同时,坚决地反对所谓"义和团式"的盲目排外的思想,要在对外交往中谦虚谨慎,戒骄戒躁。在一切对外交往中,既不可妄自菲薄,但也不应当高傲自大,盛气凌人,孤芳自赏,目空一切,自以为是,对交往对象颐指气使,冷漠无情。务必要在自己坚持开拓进取的同时,虚心学习其他一切国家先进的科学技术、管理经验和有益的文化,积极吸取、借鉴世界文明的一切成果,博采天下之长,弥补自己之短。同时,还应注意对任何交往对象都要一视同仁,一律平等,给予同等的尊重与友好,不要对大国小国、强国弱国、富国穷国亲疏有别,或是对大人物和普通人有厚有薄。

四、通过友善的礼节彼此接纳

尽管各民族的礼仪存在差异,但在国际交往过程中,人们总是通过友善的礼节彼此接纳。例如见面的礼仪,中国的拱手礼、韩国的跪拜礼、日本人的鞠躬礼、泰国人的合十礼、阿拉伯的抚胸礼、欧美的拥抱礼,加上国际上通用的握手礼,都能为世界所接受,因为这些礼仪的本质而言都是表达尊敬、友好、致谢、承诺等意思。还有不少的较为通行的礼节,如见面时仪容要进行美化和修饰;表情应当亲切自然;服饰要按场合进行着装;语言应该礼貌规范,这些都被世界各国所认可和接纳,正是这种认可和接纳使得交往双方便于沟通,避免周折,融洽共处,互相接受。

在国际交往中,如果男士们遵循"女士优先"的国际通则,走路和进出门时让女士先行;在人行道上行走时,男士走在靠马路的一侧,确保女士不受车辆伤害;进出门时,男士主动协助女士脱下或穿上外衣;上下电梯或汽车时,男士主动为女士开门,给予照顾并让其先行;出席宴会、舞会、音乐会时,男士主动帮助同行的女士就座;参加社交聚会时,男士主动向先行抵达的女士问候等等,那么,就是在有着"男尊女卑"的社会习俗的阿拉伯世界,东南亚地区以及日本、韩国、中国等地,虽然有些不习惯,也能使交往对象倍感友善。

当今世界经济一体化和信息网络化已把现代人领到了一个无限伸展而又不断浓缩的空间——地球村。在国际交往频繁,世贸范围日广的今天,各国民族礼俗既属于本国和本民族,同时也影响全世界。在国际交往中,既要礼貌地对待其他国家和民族的礼俗,把其作为一种国际交往的游戏规则去了解,熟悉和遵从,又要熟知自己国家和民族的礼俗,在遵循国际礼规的基础上,保持不卑不亢的交往形象。如此才能在交往过程中相互欣赏,相互了解,相互认可,表达宽容和友善,获得好感与合作,达到交往的目标。

思考题:

1. 我国的涉外政策是什么?
2. 国际礼仪通则有哪些?
3. 常见的礼宾次序有哪几种?
4. 在国际交往中,我方根据什么确定迎送国际宾客的规格?
5. 涉外迎送礼仪有哪些内容?
6. 什么是会见和会谈?二者有什么区别?
7. 会见、会谈应注意什么礼仪?安排会见、会谈应做哪些准备工作?
8. 悬挂国旗应注意哪些有关事项?

场景训练:

1. 人员安排:教学班级所有学生参与,分为6组。
2. 场景设计:涉外迎送场景、涉外会见场景、涉外签字场景、涉外开幕场景、涉外馈赠场景、涉外授勋场景。
3. 每一个场景由一组学生负责承担设计方案,安排演示角色,设计演示环节,并适当准备好演示道具。
4. 演示:安排适当的场地,由学生分组进行演示所设计的场景。
5. 点评:教师在每组学生演示完之后进行点评,同时也可请每组派代表参与点评,以达到随堂就教、现场指导的作用。

主要参考文献

1. 葛晨虹.中国礼仪文化[M].北京:经济科学出版社,2001.
2. 刘惠恕.论"礼"的精神[M].上海:上海人民出版社,2011.
3. 柳诒徵.中国文化史[M].北京:中国大百科全书出版社,1998.
4. 顾希佳.礼仪与中国文化[M].北京:人民出版社,2001.
5. 杨志刚.中国礼仪制度研究[M].上海:华东师范大学出版社,2001.
6. 邹昌林.中国礼文化[M].北京:社会科学文献出版社,2000.
7. 陈戍国.中国礼制史[M].长沙:湖南教育出版社,2002.
8. 杨向奎.中国传统伦理思想纵横[M].北京:红旗出版社,1991.
9. 杨华.先秦礼乐文化[M].武汉:湖北教育出版社,1997.
10. 王炜民.中国古代礼俗[M].北京:商务印书馆,1997.
11. 王贵民.礼俗史话[M].北京:社会科学文献出版社,2011.
12. 伏尔泰.风俗论[M].北京:商务印书馆,1997.
13. 孟德斯鸠.论法的精神[M].严复译.上海:上海三联书店,2009.
14. 马克斯·韦伯.经济与社会[M].上海:上海人民出版社,2010.
15. 威斯勒、钱岗南、傅志强.人与文化[M].北京:商务印书馆,2004.
16. 王国维.观堂林集[M].北京:中华书局,1959.
17. 杨向奎.礼的起源.儒学与道德建设[M].北京:首都师范大学出版社,1997.
18. 李安宅.《礼仪》与《礼记》之社会学的研究[M]上海:上海人民出版社,2005.
19. 刘志琴.晚明城市风尚初探.中国古代文化史论[M].北京:北京大学出版社,1986.
20. 费孝通.乡土中国[M].北京:中华书局,2013.
21. 杨天宇.礼记译注[M].上海:上海古籍出版社,2004.
22. 彭林.礼乐人生[M].北京:中华书局,2006.
23. 王烨.礼仪[M].北京:中国商业出版社,2007.
24. 乌丙安.中国民俗学(新版)[M].沈阳:辽宁大学出版社,2002.
25. 刘师培.刘师培全集第二册[M].北京:中共中央党校出版社,1997.
26. 许嘉璐.礼、俗与语言(民俗理论卷)[M].北京:社会科学文献出版社,2002.
27. 郭沫若.十批判书[M].北京:东方出版社,1996.
28. [美]玛丽·米切尔,约翰·考尔.商务礼仪[M].沈阳:辽宁教育出版社,2002.

29. 孟德斯鸠.论法的精神(上册)[M].北京:商务印书馆,1978.

30. [美]伊丽莎白·波斯特.西方礼仪集萃[M].上海:上海三联出版社,1991.

31. 冯天瑜.中华文化史[M].上海:上海人民出版社,1990.

32. 徐梓编.家训——父祖的叮咛[M].北京:中央民族大学出版社,1996.

33. 谭家健.中国文化史概要[M].北京:高等教育出版社,1988.

34. 向燕南等.劝孝·俗约[M].北京:中央民族大学出版社,1996.

35. [英]马林诺夫斯基.文化论[M].北京:中国民间文艺出版社,1987.

36. [法]安德烈·孔特·斯蓬维尔.小爱大德[M].北京:中央编译出版社,1998.

37. [英]亚当·斯密.道德情操论[M].北京:中国社会科学出版社,2003.

38. 周辅成.西方伦理学名著选辑[M].北京:商务印书馆,1964.

39. [日]佐井智勇.日企商务礼仪实例论[M].北京:世界图书出版公司,2004.

40. 李小凤、周生力.服饰形象设计[M].北京:化学工业出版社,2017.

41. 杨静.形体礼仪实用教程[M].北京:中国戏剧出版社,2013.

42. 李莉.实用礼仪教程[M].北京:中国人民大学出版社,2004.

43. 易银珍、蒋璟萍等.女性伦理与礼仪文化[M].北京:中国社会科学出版社,2006.

44. 钱玄,钱兴奇.三礼辞典[M].南京:江苏古籍出版社,1998.

45. 大卫·休谟著,楼棋译.人性论[M].北京:中国社会出版社,1999.

46. 金正昆.政务礼仪教程[M].北京:中国人民大学出版社,1999.

47. 李惠中.跟我学礼仪[M].北京:中国商业出版社,2002.

48. 北京市东城区教育局.礼仪常识[M].北京:北京燕山出版社,1992.

49. 何秉尧.魅力礼仪[M].北京:人民出版社,2008.

50. 任之编.教你学礼仪[M].北京:当代世界出版社,2003.

51. 陈新民,张小林,马健编.现代礼仪[M].武汉:湖北辞书出版社,2004.

52. 李柠.国际商务礼仪[M].北京:中国财政经济出版社,1995.

53. 赵景卓.公关礼仪[M].北京:中国财政经济出版社,1995.

54. [美]查理·米歇尔.国际商务文化[M].北京:经济科学出版社,2002.

55. 陈合宜.秘书学[M].广州:暨南大学出版社,2002.

56. 胡锐.现代礼仪教程[M].杭州:浙江大学出版社,1995.

57. 李元授.交际礼仪学[M].武汉:华中理工大学出版社,1997.

58. 肖沛雄.交际·推销·谈判语言艺术200题[M].广州:中山大学出版社,1994.

59. 丛杭青.公关礼仪[M].北京:东方出版社,1997.

60. 陆永庆,崔晓林.现代旅游礼仪学[M].青岛:青岛出版社,1998.

61. 熊经浴.现代实用社交礼仪[M].北京:金盾出版社,2003.

62. 胡世福.旅游服务接待礼节礼貌常识[M].北京:高等教育出版社,2001.

63. 白巍.社交礼仪[M].北京:农村读物出版社,2000.

64. 杨军,陶犁.旅游公关礼仪[M].昆明:云南大学出版社,2000.

65. 李晴,牟红.旅游礼宾原理与实务[M].重庆:重庆大学出版社,1998.

66. 刘志伟,刘硕.服务员培训与管理[M].北京:中华工商联合出版社,2001.

67. 赵颖梅.现代人完全礼仪手册[M].海口:海南出版社,2002.

68. [加]英格丽.修炼成功[M].北京:中国发展出版社,2003.

69. 杨向奎.礼的起源[J].孔子研究.1986(创刊号).

70. 杨志刚.朱子家礼:民间通用礼[J].传统文化与现代化,1994(4).

71. 向仍旦.中国古代文化史论[M].北京:北京大学出版社,1986.

72. 杨志刚.中国礼学史发凡.复旦学报,1995(6).

73. 蒋璟萍.礼仪的伦理学视角[M].北京:中国社会科学出版社,2007.

74. 蒋璟萍.现代礼仪教程[M].长沙:湖南人民出版社,2005.

75. 蒋璟萍.现代礼仪[M].北京:清华大学出版社,2009.

76. 蒋璟萍.礼仪的道德功能[N].光明日报,2003-10-28.

77. 蒋璟萍.传统思想中的"礼"和"礼仪"[J].伦理学研究,2004(2).

78. 蒋璟萍.高等院校开设礼仪课的设想[J].中国高教研究,2006(3).

79. 蒋璟萍.东西方礼仪教育之比较[J].湘潭大学学报(社科版),2006(5).

80. 蒋璟萍.礼仪的伦理学视角[J].船山学刊,2007(4).

81. 蒋璟萍.礼仪道德结构分析[J].湘潭师范学院学报,2007(1).

82. 蒋璟萍.礼仪道德的历史传统及现代价值[J].求索,2004(5).

83. 蒋璟萍.高校礼仪课德育功能简论[J].湖南师范大学教育科学学报,2004(3).

84. 蒋璟萍.礼仪教育:道德建设的重要领域[N].湖南日报,2003-11-25.

85. 蒋璟萍.在文明创建中提高公民礼仪素质[N].湖南日报(理论版),2007-07-19.

86. 蒋璟萍.论礼仪道德与职业道德的关系[J].湖南行政学院学报,2004(3).

87. 蒋璟萍.礼仪在和谐社会建设中的积极作用[J].沈阳大学学报,2009(5).

88. 袁媛淑,蒋璟萍.论礼仪文化的隐性社会控制功能及其实现路径[J].湖南大学学报,2013(6).

89. 蒋璟萍,袁媛淑.论礼仪文化促进社会治理创新的机理和路径[J].湘潭大学学报,2013(6).

90. 蒋璟萍.礼仪文化与社会主义核心价值观[N].光明日报(理论版),2014-09-24.

91. 蒋璟萍.我国行政管理中的礼仪运用[J].中国行政管理,2012(1).

后　　记

　　礼仪是人类文明的标尺,也是人的社会化的重要内容。对礼仪的学习与践行,促进着人类文化的延续和文明水准的提高。中国是"礼仪之邦",礼仪渗透于社会生活的方方面面,积淀为民族的行为习惯,成为维系血缘纽带、协调人际关系、维护社会秩序的重要手段,被古人称为"经国家、定社稷、序民人、利后嗣者也"。(《左传·昭公十五年》)随着人类社会的不断发展,礼仪在不同时代被赋予了不同的内容和功能,从而更好地适应社会发展的需要。在这个过程中,传统礼仪的精华不是消失了,而是逐步内化为风俗和文化而传承下来。进入新世纪,我国提出了建设文化强国的目标。礼仪文化是传统文化的重要组成部分,也是新时代文化建设的重要内容,必须结合时代特点和文化建设的使命进行深入研究。

　　从古至今,礼仪文化一直是我国学者研究的重要领域。历代学者主要是从经学和史学的意义上探讨礼仪,也包括对传统礼仪的批判与反思。改革开放之后,我国的社会科学工作者面向社会生活的具体实际,开展了各种礼仪问题的研究,形成了一系列研究成果,为我国的礼仪文化建设提供了一定的理论支撑和实践指引。但是,与礼仪文化在文化建设中的地位和作用相比较,对礼仪的研究却明显滞后,翻阅近年来的研究论文、著作、教材及全书等,总的感觉是我国的礼仪研究尚不深入且未形成体系,具体表现为介绍性的多,研究性的少;规范性的多,理论性的少;概述性的多,专题性的少。特别是在教材建设上,我国现今出版的上百种礼仪教材中,介绍的都是一些实用的礼仪规范,比较注重规范性与操作性的知识介绍,理论性明显不足。涉及礼仪的历史传统及现代价值,基本原则和基本特征,基本精神与修养途径等方面的问题,一般都是在教材的第一章"诸论"中匆匆带过,不足一万字的篇幅,既要讲清楚中西方礼仪的起源、发展,又要讲清楚其内容、原则与特点,还要讲清楚修养的途径,显然比较肤浅。而且许多教材是互相借鉴,理论综述部分大多一致,没有什么研究与创新。特别是许多教材大量使用西方礼仪的基本知识,却又不从理论上讲清楚中国礼仪与西方礼仪的异同,中国礼仪与西方礼仪的关系,礼仪在现代社会的发展及其与个人修养、社会角色要求的关系,以至于读者在学习礼仪时往往会面对许多困惑,弄不清楚中国传统礼仪中哪些是可以继承的,哪些是应该摒弃的;国外的礼仪规范哪些是需要学习的,哪些是不用借鉴的;礼仪在社会生活中的地位到底如何定位才算恰当等等。而对这些问题的阐释恰恰是人们学习礼仪的必要之需。因此,高校目前普遍缺乏适合自身特点的礼仪教材。针对这种现状,我们集合多年的研究成果,在原来编纂的系列教材的基础上,撰写了《礼仪教程》一书,得到了清华大学出版社的大力支持,将本书列为2020年出版计划予以支持。

  从结构上来看,全书可以分为两个部分,第一部分为第一章,该章系统地介绍了礼仪学的基础理论,包括礼仪的起源、礼仪的内涵、礼仪的功能与学习礼仪的途径。这一部分凝结了本书主编多年从交叉学科的视角研究礼文化的成果,增加了基础理论的厚重性。第二部分为第二到六章,分别介绍了个人礼仪、家庭礼仪、公共礼仪、职业礼仪、涉外礼仪等内容。这一部分不同于大部分的书籍简单地将各种礼仪规范和学说组合成一个大杂烩的做法,而是在认真研究当今世界和中国国情的基础上,针对学生适应社会发展的礼仪需求,精选出了一些最普遍、最适用的礼仪规范和习俗对学生进行礼仪教育,具有很强的思想性、实用性和操作性。学生能够借助本教材学习礼仪知识,运用礼仪规范,培养文明的素养,做到敬人、自律、适度、真诚。

  具体地说,本教材主要有四个特点:一是将礼仪教育与道德教育相结合,坚持寓思想道德教育于礼仪教育之中;二是将传统礼仪与现代礼仪相结合,坚持以传统礼仪为基础,现代礼仪为主导;三是将中国礼仪与外国礼仪相结合,妥善处理民族性和世界性的关系;四是将系统介绍与精简实用相结合,按等院校学生的特点,选择好教学内容。

  本书是湖南省公民礼仪素质研究基地、湖南女子学院现代伦理与礼仪教育研究所研究人员集体智慧的结晶。主编蒋璟萍教授拟定了全书的提纲,副主编周红才以及其他教授、副教授分别撰写了初稿;第一章由蒋璟萍撰写;第二章由康琳撰写;第三章由袁媛淑撰写;第四章由周红才撰写;第五章由龚展撰写;第六章由王奕撰写。主编对全书进行了细致的修改和润色,最后定稿。

  在本书的编写过程中,得到了清华大学出版社,湖南女子学院等单位的领导、专家和朋友们的大力支持。清华大学出版社纪海鸿女士为本书的出版给予了许多指导,湖南女子学院石卉老师校阅了书稿。在此致以诚挚的谢意!

编 者
2020 年 12 月 15 日